国家级新工科研究与实践项目（教高厅函【2018】17号）

国家社会科学基金重大项目（14ZDB101）子课题

广东省高校重大科研项目（2017KTSCX048）

广东省高等教育教学研究和改革项目（粤教高函[2016]236号）

广东省学位与研究生教育改革研究项目（2016JGXM_ZD_30）

共享经济理论与
人工智能机器人

朱定局 /著

Sharing Economic Theory and
Artificial Intelligence Robot

人民出版社

责任编辑:吴焰东
封面设计:胡欣欣

图书在版编目(CIP)数据

共享经济理论与人工智能机器人/朱定局 著. —北京:人民出版社,2018.10
　　(2020.1 重印)
ISBN 978 - 7 - 01 - 019664 - 0

Ⅰ.①共…　Ⅱ.①朱…　Ⅲ.①商业模式-研究②智能机器人-研究
　　Ⅳ.①F71②TP242.6

中国版本图书馆 CIP 数据核字(2018)第 190325 号

共享经济理论与人工智能机器人
GONGXIANG JINGJI LILUN YU RENGONG ZHINENG JIQIREN

朱定局　著

人民出版社 出版发行
(100706　北京市东城区隆福寺街 99 号)

北京中科印刷有限公司印刷　新华书店经销

2018 年 10 月第 1 版　2020 年 1 月北京第 2 次印刷
开本:710 毫米×1000 毫米 1/16　印张:16.75
字数:230 千字

ISBN 978 - 7 - 01 - 019664 - 0　定价:68.00 元

邮购地址 100706　北京市东城区隆福寺街 99 号
人民东方图书销售中心　电话 (010)65250042　65289539

目　录

前　言

　　本书对共享经济的理论及其人工智能应用进行了原创性的深入研究，共享经济的发展必然召唤人工智能的参与，所以两者是天生的一对，相辅相成，相互促进。本书对共享经济的诠释形象生动，能让零基础的读者看得懂；同时本书对共享经济的机制、产业及人工智能前沿技术进行了深入分析和研究，使得专业人士看后有所收获。

　　"而今我谓昆仑：不要这高，不要这多雪。安得倚天抽宝剑，把汝裁为三截？一截遗欧，一截赠美，一截还东国。太平世界，环球同此凉热。"[①] 毛泽东这首大气磅礴的诗词，其追求的目标和共享经济不谋而合，共享经济的目标也是让人人都能低成本地共享无限的产品服务。共享服务平台利用不同类型用户高峰期和低谷期的互补性来平衡和协调不同用户的资源使用，从而提高所有用户的资源利用率，不同类型用户在高峰期需要使用的资源可以从共享服务平台中及时调集，在低谷期时闲置资源会调用给其他用户。同时，互联网技术飞速发展使得用户可以在任何能上网的地方访问共享服务平台，用户可以通过手机、电视甚至电器来访问共享服务平台。因此，共享服务平台能让用户像使用自来水和电那样随时随地想用多少就取多少，而无须购买安装维护服务产品。

　　由于作者水平有限，书中难免有不妥甚至错误之处，恳请读者批评指正。

朱定局

2017 年 10 月 1 日

　[①]　毛泽东：《念奴娇·昆仑》，《诗刊》1957 年 1 月号。

第一章 共享经济影响世界重构

共享经济之所以从共享自行车开始兴起，是因为自行车在中国清朝时就已经从国外引进，到了新中国成立后开始流行，所以中国人都对自行车非常熟悉并有着难以割舍的情感。随着中国经济的快速发展，私家车逐步取代了自行车，但交通拥堵、停车难使得自行车被再次重视起来，因为自行车有利于缓解交通压力。虽然自行车同样存在停放不便的问题，但共享单车的出现使得自行车可以随处停放，给人们出行带来了极大方便。不过共享单车的随处停放也带来了影响市容和占用车道、人行道的问题。这一方面要求政府对城市交通设施的重构，另一方面要求市民共享单车出行习惯的重构，要求市民使用共享单车时遵守停车规则，自觉把共享单车停好。

让人意想不到的是，近几年在中国开始流行的共享单车不但唤起了中国民众对自行车的热情，也唤起了其他各国民众对自行车热情的回归，甚至引发了共享一切的热潮，带来了一股席卷全球的重构力量。

人类经济在不断发展，但受限于有限的自然资源和能源供应，人类的需求很难得到无限制的满足，而共享经济是解决这一困境的灵丹妙药，通过提高资源利用率来使得人们的需求得到更大程度的满足。共享经济不但能提高资源利用率，而且还能够提高服务质量和改善用户体验，正在重构着世界。

第一节　共享经济的研究现状

　　与他人共享某些东西的做法已由来已久。[①] 虽然个人仍然经常将所有权视为最理想的方式来获得产品，但随着共享经济的普及，越来越多的消费者开始习惯付钱临时享有产品和服务，而不是购买或拥有它们。[②] 共享经济产生是多方因素共同作用的结果，支撑共享经济要素包含了硬件、软件、技术、经济、行为习惯等众多必要条件。[③] 共享经济又被称为协同消费，共享经济的发展让人们对租房、拼车、物品共用产生了极大的热情。[④] 共享经济的实质是交易成本的最小化。[⑤] 信息和通信技术促成了这种协同消费。[⑥] 与共享经济相关的协同消费发生在有组织的系统或网络中，参与者进行租赁、出借、交易、服务等共享活动。[⑦] 随着越来越多的个人消费实体被共享，共享经济潮流正在成为社会的主流产业模式之一。[⑧] 共享的理念一经获得共识，就迅速在信息技术发达的国家演变成了声势浩大的社会实践。[⑨] 共享经济既能像传统消费模式一样满足人们的物质需求，又能解决人们对于环境保护的焦虑，降低新产品的生产量和原材料消耗，改变人们的消费观念。[⑩] 共享经济是一种潜在的可持续发展的新途径。[⑪]

[①]　Schor J. B., Fitzmaurice C. J., "Collaborating and Connecting: The Emergence of the Sharing Economy", *Handbook of Research on Sustainable Consumption*, No. 410, 2015.

[②]　Matzler K., Veider V., Kathan W, "Adapting to the Sharing Economy", *MIT Sloan Management Review*, No. 2, 2015.

[③]　郑志来：《共享经济的成因》，《党政视野》2016 年第 7 期。

[④]　高原：《共享经济的现状及其在中国的发展趋势》，《经营管理者》2015 年第 35 期。

[⑤]　卢现祥：《共享经济：交易成本最小化，制度变革与制度供给》，《理论参考》2016 年第 9 期。

[⑥]　Hamari J., Sjöklint M., Ukkonen A., "The Sharing Economy: Why People Participate in Collaborative Consumption", *Journal of the Association for Information Science and Technology*, No. 9, 2016.

[⑦]　Möhlmann M., "Collaborative Consumption: Determinants of Satisfaction and the Likelihood of Using a Sharing Economy Option Again", *Journal of Consumer Behaviour*, No. 3, 2015.

[⑧]　阮晓东：《共享经济时代来临》，《新经济导刊》2015 年第 4 期。

[⑨]　汤天波、吴晓隽：《共享经济："互联网＋"》，《科学发展》2015 年第 12 期。

[⑩]　董成惠：《共享经济：理论与现实》，《广东财经大学学报》2016 年第 5 期。

[⑪]　Heinrichs H., "Sharing Economy: A Potential New Pathway to Sustainability", *GAIA-Ecological Perspectives for Science and Society*, No. 4, 2013.

共享经济的现有研究在共享经济的兴起、共享经济对资源配置模式的重构、共享经济对服务供给模式的重构、共享经济对产业链的重构、共享经济对市场调节机制的重构、共享经济对未来的重构这些方面还是很薄弱甚至几乎空白，但这些方面的研究对于共享经济影响世界重构的研究来说非常重要，所以本章将围绕这些方面进行研究阐述。

第二节　共享经济的兴起

共享经济使得用户可以在任何时间、任何地点以共享的方式获得任何服务，就像我们日常生活中使用自来水和电那样方便。随时随地打开手机 APP 就能获取自己想要的共享服务，包括共享汽车、共享单车、共享 KTV、共享充电宝、共享篮球……用户不需要购买产品、安装产品，也不需要维护和升级产品，只需要在用的时候申请共享，不用的时候归还。即使在服务繁忙期间，共享服务平台也不缺资源。这是因为共享服务平台的资源通过共享调度，使得不同时空中的资源可以共享互补，进而使得共享资源对用户而言取之不尽、用之不竭；在服务淡季，由于资源在所有用户之间甚至所有共享服务平台之间共享，所以不存在空闲资源的情况，某个用户或某个平台的空闲资源会被共享调度到其他用户或其他平台进行充分利用。正是因为共享经济具备这种服务共享调度机制，所以使得共享经济比传统经济具有更高的资源利用率。在共享经济体系中，同样多的资源可以被更多用户使用，那么反过来也就是同样多的用户只需要使用更少的资源，从而达到了节约资源的目的。

共享经济的浪潮近年来席卷中国，也正在席卷全球，原因在于共享经济的条件已经趋向成熟。用户只要能够连接到互联网就可以申请使用共享服务，国内外已经出现了多个成功的共享服务平台，例如共享自行车。根据中华人民共和国交通部的数据，截至 2017 年 7 月，中国共有近70 家自行车共享公司，全国 100 多个城市已部署 1600 多万辆共享单车，注册用户超过 1.3 亿户，累计服务超过 15 亿次 。共享经济最重要的发展动力是提高资源利用率和能源效率，因为人类已经意识到地球上的资源和能源并非取之不尽，所以需要节约资源和能源，而共享服务平台可以有效地避免重复建设和资源闲置。同时，用户日益多样化和个性化的需求，无法在传统经济模式下得到满足，因为相互独立的平台和服务中有限的资源难以应对多样化和不断变化的用户需求。只有通过共享服务平台中海量资源的快速调度，才能快速满足海量用户的个性化需求。

当前的共享经济已经成为各国政府高度重视的重要技术革命和商业模式。共享经济是一件新事物，每个国家的共享经济都是刚起步，所以不同发达程度的国家能够站在同一条起跑线上进行传统经济向共享经济的转型升级。以中国为代表的国家在共享经济实践取得了成功，使得共享经济引起了各国的关注，尤其是那些担心资源短缺和能源危机的各国领导者、没有资金购买服务产品的企业领导者、拥有大量闲置服务产品但卖不出去的公司、在繁忙期间缺乏资源的公司，要么将共享经济视为救命稻草，要么将共享经济视为前所未有的发展机遇。中国国家信息中心发布的《中国共享经济发展报告 2017》显示，中国共享经济的快速增长为经济发展、引领创新、扩大就业作出了重要贡献，报告指出，未来几年，共享经济仍将保持约 40% 的年均增长率。到 2020 年，经济交易份额将占 GDP 的 10% 以上，到 2025 年将增至 20% 左右。

共享经济之所以能够解决传统经济存在的一系列问题，并能够给传统产业的发展注入新的动力，主要原因有以下几点：第一，当前资源积累已经达到了海量的程度，这是共享经济的基础，否则巧妇难为无米之炊，共享调度的技术无论多高明，如果没有足够的资源用于共享调度，那也是纸上谈兵。第二，"互联网 +"、大数据、人工智能技术的技术积累使得对资源的共享调度在信息技术层面变成了可能。第三，当前经济的发展已经越来越明显地受到资源短缺和能源危机的影响，而通过共享来更高效地利用资源，就是一种有效解决这种发展困境的有效途径。第四，共享经济通过整合平台资源，再灵活地分配给用户，来提高资源利用率，减少资源的闲置与浪费，同时能快速满足各种用户的个性化需求，这些是传统经济模式所无法实现的，所以共享经济才应运而生。

第三节　共享经济对资源配置模式的重构

一、用户是共享的主人

在共享经济模式中，用户往往以多重身份和多种角色充分参与其中。共享用户分为生产设施共享用户、生产平台共享用户和产品共享用户。同一个用户往往兼有服务需求者和服务提供者的角色，正是因为海量用户自身在共享服务平台中形成了一个闭环，所以为共享服务平台的可持续发展注入了永不衰竭的活力。因此，共享服务平台由海量用户自己建设、自己使用，共享经济产业是一个完整的闭环和产业链，而传统经济的生产者和消费者往往是独立和分离的。例如，一些用户骑着共享单车去为其他用户提供共享上门服务，如接机、做饭、接送儿童，这些用户既是共享服务的提供商，又是共享服务的消费者。

由于共享服务平台可以通过平台间共享服务的调度来进行无限扩展，所以可以服务海量的用户。用户数量的不断增加往往会导致传统平台不堪重负而崩溃，但用户数量的不断增加不仅不会对共享服务平台产生压力，反而能进一步发挥共享服务平台的优势，因为用户越多，共享服务平台就越能平衡不同用户使用共享服务的时间差异和空间差异，从而使不同时空的资源能被更充分地利用。

二、用户是共享经济的成就者与受益者

非共享经济为用户提供用户可以独占资源，而共享经济则基于用户的需求分配共享资源。在非共享经济模式下，用户需要资源时必须购买资源，而且不同用户的资源之间因为不存在共享机制而无法彼此共享。

在共享经济模式下，用户需要资源时不需要购买资源，只需要按需购买共享服务，而且需要使用资源的量、时长、类型都可以在申请共享服务时进行定制，同时在使用共享服务时，无须用户进行服务资源的构建、升级和维护，因为这些工作都已经在共享服务平台内部完成了。

在非共享经济模式下，因为不同用户的资源是各自独自占有的，所以在不同时间段内有的用户资源不足、有的用户资源闲置，这种资源不均衡情况的发生原因有很多，例如业务旺季与淡季的影响、资金短缺与富余等等。共享经济模式可以改变这种现状。通过不同用户之间资源的共享，一些用户的闲置资源可以通过共享机制调度给资源紧张的用户。这样一来，通过用户之间的相互共享、互助互利，既解决了一些用户的资源闲置的问题，提高了资源利用率，又解决了另一些用户资源紧张的问题，满足了用户的需求。当用户数量很多时，不同用户的紧缺资源和空闲资源在不同时间和空间上发生的概率应该相近，从而在不同的时空上的资源利用的高峰期与低谷期可以相互抵消，从而达到资源的均衡利用。通过资源服务的共享可以使得闲置的资源不再限制，紧缺的资源不再紧缺，因此无须增加资源量，就能够提高资源利用率和满足更多用户的资源需求。

在共享经济模式下，资源紧张的用户不需要购买更多资源，只要他们在使用期间支付共享服务费用，这样可以节省大量的资源购置费用；反之，如果用户在业务旺季时购买更多资源来缓解资源紧张的压力，不但会耗费大量的资源购置经费，而且这些新购置的资源必然会在业务淡季时闲置，造成资源的浪费。同时，资源闲置的用户可以通过共享调度向资源紧缺的用户提供闲置的资源，使用共享资源的用户需要向提供共享资源的用户支付一定的共享服务费，从而使得资源闲置被充分利用，提高了资源利用率，同时也使得用户可以通过共享闲置资源获得额外收益。一般这些资源的流动和服务的共享不一定直接在用户之间进行，而是通过共享服务平台及其运营商进行共享的组织和运营。资源有限的用户不需要花费更多资金购买资源，只需要从共享服务平台申请相应资源对应的服务，这些服务在不需要时就会停止而不会产生额外费用，同时拥有闲置资源的用户不用担心资源闲置会造成资源的浪费和经济的损失，因为用户可以将闲置的资源出租给共享服务平台，由共享服务平台将资源转化为共享服务。共享服务平台会将共享服务获得的部分收益回馈给提供闲置资源的用户。

三、用户的差异性成就了共享的方便性和高效性

共享服务平台可以随时调动资源为特定的用户提供共享服务，服务完成后，资源又可以立即共享给其他用户提供服务。当用户不需要服务时，服务资源立即被共享服务平台回收，所以用户只需要支付服务使用期间的费用，而无须支付资源维护、服务升级等在传统经济模式下必须支付的费用。例如，共享单车骑到哪里，不想骑了，放在那里就行，而无须归还，或停到特定停车位。放在 A 地的共享单车可以供用户从 A 地骑到 B 地并放在 B 地，放在 B 地的共享单车可以供用户从 B 地骑到 A 地并放在 A 地，如此形成了一个互补的差异集合。单车共享的形式在外国一直以"有桩"的形式运营，如 Citi Bikes。但"有桩"单车只能在特定的地点进行投放和回收，而无法同时满足所有用户的个性化需求。同时，用户需要去"有桩"单车的投放点去取车和还车，也给用户造成了不便。中国人巧妙地将"有桩"共享单车升级为"无桩"共享单车，用户可以随处骑走和归还。"无桩"共享单车巧妙地利用了用户的差异性成就了共享的方便性和高效性。"无桩"共享单车的成功使得国外也纷纷效仿和推广"无桩"共享单车，例如，美国的有识之士呼吁美国的共享单车应进入无桩化发展的"2.0 时代"。

当处于用户使用高峰期时，在传统的经济模式中，服务提供商的资源往往因为供不应求而不足，但服务提供商通常不愿意在业务高峰期时购置更多资源，因为高峰期往往是短暂的，高峰期一过新增的资源就会

闲置了。正是因为服务提供商在业务高峰期也不会新增资源，所以只能在高峰时段降低服务质量，而降低服务质量又会引起用户的流失，所以服务提供商这种无奈的做法不但给自身带来了经济上的损失，同时也降低了用户满意度。在共享经济模型中，由于共享服务平台可以利用不同用户的高峰期和低谷期的互补性来平衡和协调不同用户之间的资源共享，所以无须新增资源也能提高资源的利用率和用户的满意度。

第四节　共享经济对服务供给模式的重构

一、网络联通一切

网络对共享服务平台来说非常重要，因为共享服务平台的服务需要通过网络进行共享调度，也需要通过网络将共享服务的信息发送给用户，同时需要通过网络对用户进行定位和用户信息的采集。网络特别是互联网和物联网的快速发展为共享经济奠定了坚实的信息化基础。互联网技术允许用户在任何可以访问互联网的地方访问共享服务；超链接、搜索和移动定位技术允许用户在共享服务平台上进行共享服务的获取和定位。得益于这些网络技术的支持，共享服务平台可以为用户提供随时随地的个性化服务信息。

二、瞬息万变达均衡

共享服务平台中的用户和服务时时刻刻都在发生着改变，可以说是瞬息万变。共享服务平台可以随时提供新的共享服务，也可以随时关闭已有共享服务；共享服务平台可能随时会出现共享故障，也可能从故障中恢复；共享服务平台可能会进行维护、升级；多个共享服务平台可能会进行重组，例如一个共享服务平台拆分为多个共享服务平台，或者多个共享服务平台合并为一个共享服务平台；某些服务或用户可能会从一个共享服务平台迁移到另一个共享服务平台。

共享服务平台中的资源、服务能以不同的方式进行改变和流动,以满足用户的个性化的需求。共享服务平台中的不同共享服务可以在不同的时间调度给不同空间里的不同用户。虽然共享服务平台中的资源、服务和用户在不断迁移和变化,但共享服务平台能通过共享调度来实现总体上的负载平衡,从而提高整体资源利用率。

第五节　共享经济对产业链的重构

一、共享经济产业链

到目前为止,共享经济模式还只是停留在产品的共享,缺乏平台的共享和设施的共享。产品共享是通过共享产品提供服务;平台共享是通过共享平台提供服务;设施共享是通过共享设施提供服务。例如,共享单车就是一种产品的共享,这是我们所熟知的;共享单车制作平台就是一种平台的共享,这种共享在我们现实中还没有出现;共享单车制作车间就是一种设施的共享,这种共享在我们现实中也没有出现。虽然目前设施共享和平台共享这两个环节还不存在,但这两个环节必将在未来出现,从而形成完整的共享产业链。

共享产品的用户使用共享产品服务时,需要向共享产品的供应商支付产品共享服务费。为了扩大产品共享服务,共享产品的供应商会用其中部分服务费进行共享产品的升级改造。共享平台的用户使用共享平台服务时,需要向共享平台的供应商支付平台共享服务费。为了扩大平台共享服务,共享平台的供应商会用其中部分服务费进行共享平台的升级改造。共享设施的用户使用共享设施服务时,需要向共享设施的供应商支付设施共享服务费。为了扩大设施共享服务,共享设施的供应商会用其中部分服务费进行共享设施的升级改造。

共享产品、共享平台、共享设施三者构成了共享产业链,三者之间的融合由用户需求推动,并由制造商推动。例如,当共享产品的用户认为共享产品不能满足他们的需求时，共享产品的用户就会要求共享产品的供应商进行共享产品的升级改造；当共享产品的供应商通过共享平台进行共享产品的升级改造，此时共享产品的供应商就成了共享平台的用户；当共享平台的用户认为共享平台不能满足他们的需求时，共享平台的用户就会要求共享平台的供应商进行共享平台的升级改造；当共享平台的供应商通过共享设施进行共享平台的升级改造，此时共享平台的供应商就成了共享设施的用户；当共享设施的用户认为共享设施不能满足他们的需求时，共享设施的用户就会要求共享设施的供应商进行共享设施的升级改造。

二、共享经济纵向产业链

共享经济在纵向上分为三大产业。第一产业提供设施作为共享服务，第二产业提供平台作为共享服务，第三产业提供产品作为共享服务。平台共享服务可以基于传统设施进行构建，也可以基于共享设施进行构建，但后者具有更高的性价比；产品共享服务可以基于传统平台进行构建，也可以基于共享平台进行构建，但后者具有更高的性价比。可见，第三产业是基于第二产业构建的，而第二产业又是基于第一产业构建的。如果高端产业不是以低端共享产业为基础进行构建，而是以传统产业为基础进行构建，那么构建的成本会上升，同时构建的效果会下降，因为共享产业能够提供比传统产业更为个性化的定制服务。共享经济形成纵向产业链后，各产业环节相互受益，每个产业环节都能从相邻产业以最低的成本获得资源并通过提供共享服务获得最大的效益，从而形成共赢的产业局面。

三、共享经济横向行业细分

在共享经济纵向形成产业链的同时，共享经济形成横向的行业分割，传统经济模式中所有的产业在共享经济中都有一席之地或在将来都能够发展出一片天地。在共享单车后，共享汽车、共享宝藏、共享雨伞、共享住房、共享洗衣机、共享篮球等，几乎涵盖了衣食住行的所有领域。未来，可以共享的东西会越来越多，因为只要存在共享需求，就会有共享市场。虽然共享经济在横向上不断进行行业细分，但每个细分行业在纵向上仍然分为产品、平台、设施三个层次，例如，交通共享服务可以分为交通共享产品服务、交通共享平台服务、交通共享设施服务。

第六节　共享经济对市场调节机制的重构

一、共享经济的自我调节机制

纵向共享经济产业链和横向行业细分是共享经济产业的体系结构。通过这两个维度，有助于分析每种共享服务处于共享经济产业链中的哪个环节、哪个行业，有助于分析共享服务的上下游产业和相关行业，为共享服务的发展提供指导。除了纵向共享经济产业链和横向行业细分这两个维度之外，共享经济还具有空间维度。大量的共享服务和用户都分布在不同空间中。通过这些共享服务和用户的空间位置，可以分析其空间分布特征，进而来确定如何部署共享服务，或者如何调整共享服务的空间分布以适应用户的空间分布。除了纵向共享经济产业链和横向行业细分、空间维度这三个维度之外，共享经济还具有时间维度，而且这四个维度不是相互分离的，而是相互作用的，例如，纵向共享经济产业链和横向行业细分、空间维度这三个维度的性质会随着时间而不断改变。随着时间的推移，共享服务从共享经济产业链中一个产业环节转移或扩展到另一个产业环节，例如，通过产品共享服务发展出平台共享服务；随着时间的推移，共享服务可以从一个行业合并或扩展到另一个行业，例如，摩拜被美团收购就意味着两个共享行业的融合；随着时间的推移，共享服务和用户的分布也会自适应地发生变化。

二、共享经济的自我淘汰机制

有些共享服务平台的调度和管理混乱，例如，资源难以有效地进行共享调度，共享服务和用户的数据难以高效地进行管理和分析。在这种情况下，即使共享服务平台中的资源很多，也无法转化成有效的共享服务。资源不能有效转化为服务，表明共享服务平台的服务功能不全。有些共享服务平台的网络不通畅，导致用户无法通过网络及时地找到他们需要的服务。网络无法及时为用户提供服务信息，表明共享服务平台的信息技术还不成熟。有些共享服务平台的调度管理和网络虽然没有问题，但用户量太小，无法发挥共享服务平台的优势。用户量很小，表明共享服务平台的市场环境还不成熟。

对共享服务平台而言，最糟糕的情况是共享资源过剩。共享资源过剩，表明共享服务市场过度饱和，那么共享服务平台的意义就丧失了，因为共享服务平台的目的是通过共享资源来提高资源利用率，与资源过剩是相反的。由于共享服务市场的过度饱和，一些共享服务平台的寿命将会缩短，因为共享资源的过剩就会导致资源浪费，进行导致共享服务平台的共享资源成本超过共享服务收入，最终必然会导致共享服务平台的萎缩甚至倒闭。例如，在广州、北京等大城市，随处可见一排排的共享单车在路边闲置，共享单车的密度已经远大于1，在有的大城市，例如北京已经超过9，这意味着每9个人至少拥有一辆共享单车，共享单车的过度饱和，已经导致很多的共享单车运营公司裁员或关闭，就连摩拜也被美团收购了，现在只剩下OFO一家独大了。

第七节　共享经济对未来的重构

一、共享经济行业的发展趋势

共享经济行业将不可避免地走向两极：大众化和专业化。一方面，共享经济产业的目标是为所有用户提供共享服务，因此有必要满足各行各业人群的各种个性化共享服务的需求，这就要做到共享服务的大众化。同时，随着共享经济行业的细分和发展，细分行业用户将不可避免地对共享服务的质量提出越来越高的要求，这必然要求相应的细分行业共享服务平台的专业化运营，以满足特定细分行业用户的专业需求。OFO 之所以能一家独大，是因为 OFO 比其他共享单车运营商更早地做到了专业化。OFO 在共享单车中使用人工智能、运动检测、蓝牙解锁、物联网、GPS/ 北斗双定位、电子围栏等一系列技术来为人们提供专业的单车出行服务。优胜劣汰的共享产业目前已经进入了洗牌加速期，只有进行精细化经营，提供专业化服务，才能在共享市场的竞争中赢得用户。

二、共享经济模式的发展趋势

共享经济模式和其他经济模式将长期共存，因为其他经济模式与共享经济模式是密不可分的。一方面，共享经济模式建立在其他经济模式的基础上，同时通过共享经济模式也能组成其他经济模式。另一方面，共享经济模式可以是其他经济模式的局部表征，其他经济模式也可以是共享经济模式的局部表征。例如，在自行车行业中，个人自行车与共享单车是并存的，两者谁也不会完全取代谁，这种并存丝毫不会影响两者的共同发展。共享经济模式在更大程度上是一种资源集成和调度的机制，而这些资源本身仍然是传统经济模式的产物。共享经济模式可以将传统经济模式下的资源和技术有机地结合起来，以虚拟化的方式转为共享服务并透明地调度给用户，使用户无须了解资源和技术的细节就能享受便捷高效的共享服务。

三、大共享经济是未来趋势

共享经济的优越性是通过资源和用户的聚集、共享、互通有无来实现的。如果共享生产资料之间相互隔离，各自为政，则很难形成更大、更成熟的共享服务平台。当然企业为了自己内部共享的需要可能会建立私有共享，私有共享是不连接共有共享的，看起来就像是一个孤岛，不管是哪种情况都会导致其对应的共享服务平台规模难以扩大。例如，摩拜单车在被美团收购之前与首汽约车进行合作，从而为全国用户提供更加丰富的出行选择。首汽约车与摩拜单车各自拥有丰富的行业资源，这种合作对双方而言是共赢的。这种合作对首汽约车的好处是摩拜单车为首汽约车带来海量用户入口；这种合作对摩拜单车的好处是让共享单车在解决用户"最后一公里"出行痛点的同时通过首汽约车满足用户场景化出行的问题。

第二章　共享经济核心要素

共享经济是从共享单车的成功实践中提出的一种新技术和模式，但不同企业、不同学者、普通百姓对共享经济都有着自己的理解。因此，有必要论述清楚共享经济核心要素，使得人们对共享经济的理解与认识不偏离共享经济的本质。共享经济核心要素既诠释现有共享经济的内涵，又在思路上为共享经济的发展和突破开辟了道路。

本章论述了共享经济的思想、共享经济的原理、共享经济的性质、共享经济的平台、共享经济的服务、共享经济与传统经济的比较。共享经济中蕴含多种云的形态和行为相似的思想，包括可持续发展、多样性、用户海量、可达性、变化性、灵活性、调度高效、易扩展性、透明性、多级结构、易用性、就近服务、服务至上。同时，共享经济具备与云共同的性质，包括透明性、并发性、绿色性、循环性、灵活性、伸缩性、扩展性、多级性。共享经济的平台包括多种多级结构，并且有其生命周期。利用共享经济可以为用户提供随心所欲的共享服务。随心所欲的共享服务体现在三方面：随时的共享服务、随地的共享服务、随意的共享服务。而随心所欲的共享服务需要取之不尽的共享资源和随机应变的共享机制的支持。当然最关键的是用户，因为一切共享资源和共享机制都是为了向用户提供高质量的、及时的、个性化的共享服务。共享经济模式包括共享基础设施即共享服务、共享服务平台即共享服务、共享产品即共享服务，对应着传统经济模式中的基础设施、服务开发环境、产品。

第一节　共享经济理论的研究现状

　　"共享经济"基于协同共享的理念,以互联网平台为依托,已然成为当今"创新经济"的潮流。[①] 但共享经济缺乏共同的定义。[②] 共享经济现象最直观的解释来自交易成本理论。[③] 目前有关共享经济的研究主要涉及类型划分、发展要素、影响与挑战等方面。[④] 共享经济符合能源危机、消费观念变革的局势,其发展壮大必将对现今的生产体系、消费体系、就业方式乃至社会关系带来历史性变革。[⑤] 共享经济催生着商业模式的变革。[⑥] 同时,共享经济也正在引发零售和服务结构的巨变。[⑦] 共享经济其实是为了解决当前遇到的资源匹配问题而不得不出现的被动创新,从传统经济到共享经济是一个"去中介化"和基于共享服务平台的"再中介化"过程。[⑧] 以大数据分析和互联网技术为基础的共享经济,通过对市场中供需双方信息的广泛收集与精准匹配,开创了一种真正属于信息时代的、更为精细与高效的资源配置模式。[⑨] 共享经济的特点是通过平台和技术,惠及产品和资源未得到最大化利用的行业,而这些最有可能发生在交通运输、住宿以及高价值的耐用品领域。[⑩] 在这些领域,人们更在意的是产品的使用

---

① 乔洪武、张江城:《共享经济:经济伦理的一种新常态》,《天津社会科学》2016 年第 3 期。

② Botsman R., "The Sharing Economy Lacks a Shared Definition", *Fast Company*, No. 21, 2013.

③ 刘奕、夏杰长:《共享经济理论与政策研究动态》,《理论参考》2016 年第 9 期。

④ 杨帅:《共享经济类型,要素与影响:文献研究的视角》,《产业经济评论》2016 年第 2 期。

⑤ 刘建军、邢燕飞:《共享经济:内涵嬗变,运行机制及我国的政策选择》,《中共济南市委党校学报》2013 年第 5 期。

⑥ 赵铁:《共享经济催生的商业模式变革研究》,学位论文,重庆大学,2015 年。

⑦ Miller S. R., "First Principles for Regulating the Sharing Economy", *Harv. J. on Legis.*, No.53, 2016.

⑧ 刘蕾、鄢章华:《共享经济——从"去中介化"到"再中介化"的被动创新》,《科技进步与对策》2017 年第 7 期。

⑨ 张力:《共享经济:特征,规制困境与出路》,《财经法学》2016 年第 5 期。

⑩ Lacy P .:《共享经济如何变废为宝》,《商学院》2015 年第 10 期。

价值和需求获取性，而不是通过买卖拥有产品所有权。[①] 除了这些跟人们衣食住行相关的行业，在其他行业也不乏共享经济的渗透。猪八戒网的运营实例提出了人力资源共享这一新型用工模式。[②] 关于"共享金融"的探索也应运而生。[③] 在共享经济蓬勃发展的同时，共享经济也面临着一些挑战，例如，信任障碍、规管负担及潜在的不确定因素。[④]

共享经济的现有研究在共享经济的思想、共享经济的原理、共享经济的性质、共享经济的平台、共享经济的服务、共享经济与传统经济的比较这些方面还是很薄弱甚至几乎空白，但这些方面的研究对于共享经济理论的研究来说非常重要，所以本章将围绕这些方面进行研究阐述。

第二节　共享经济的思想

一、成语中的共享经济思想

（一）形容可持续发展

共享服务平台的可持续性和可发展性可以用"云行雨施"来形容。

这些成语含有云和雨，云雨可以相互转化、生生不息，好比共享服务平台的设施、平台、产品与服务之间的关系。在共享经济模式中，用户得到了充分地参与。共享服务平台分为生产设施共享、生产平台共享、产品共享，每一级的用户又是下一级的构建者。在共享经济模式下，很多用户往往兼具服务的使用者和服务的提供者两种角色，这为共享服务平台的可持续发展注入了活力。因此，共享服务平台是用户自己运营和使用的，共享经济产业是一个闭合的、循环的共享经济产业链。

共享服务平台中的设施、平台、产品最终以服务的形式提供给用户，

---

① 赵斯惠：《基于 O2O 视角的共享经济商业模式研究——以汽车共享为例》，学位论文，首都经济贸易大学，2015 年。

② 陈凤琦：《共享经济时代人力资源管理的趋势》，《市场周刊》2016 年第 10 期。

③ 李麟：《"互联网＋金融"构建共享经济模式》，《中国银行业》2016 年第 1 期。

④ 祝碧衡：《共享经济开始改变世界》，《竞争情报》2015 年第 3 期。

对用户而言共享服务平台中的设施、平台、产品就是云，服务就是雨，好比云不断变为雨，恩泽百姓，同时用户享受了服务之后，会用其从服务获得的收益的一部分作为报酬来为共享服务平台增置和升级设施、平台、产品。因此，云雨之间不断转化、生生不息、相互强化。正是上述原因，才使得共享服务平台的规模与用户的规模相得益彰、不断普及、扩展和发展。

（二）形容多样性

共享服务平台的资源、服务、用户可以用"波谲云诡""云谲波诡""景星庆云"来形容。

共享服务平台可以根据各种用户各种任务的需要开启、关闭、升级相应的设施、平台、产品，可以满足用户的各种个性化需求，所以共享服务平台包罗万象，其中的设施、平台、产品、服务、用户千姿百态。

（三）形容用户海量

共享服务平台的用户可以用"宾客如云""观者如云""胜友如云"来形容。

因为共享服务平台可以无限扩展，所以其服务能力不可限量，可以服务海量的用户。用户量的增多不但不会给共享服务平台带来压力，反而更能发挥共享服务平台的优越性，因为用户越多，共享服务平台越能平衡不同用户之间的差异，从而使得资源得到更充分的利用、更加节省资源、以同样资源服务更多用户。

（四）形容可达性

联接共享服务平台与用户的流通网络可以用"蔽日干云"来形容。

流通网络对于共享服务平台来说至关重要，因为用户对共享服务平台的使用要通过流通网络来进行，共享服务平台的服务也要通过流通网络来向用户提供。20世纪以来流通网络飞速发展，为共享经济模式的推广奠定了坚实的基础。互联网技术使得用户可以在任何能上网的地方访问共享经济服务产品；网页超文本技术使得用户端只要安装一个网页浏览器就可以享用共享服务平台提供的各种服务；超链接和搜索技术使得用户可以在共享服务平台的各种服务之间进行漫游和定位；三网融合技术使得用户不但可以通过联网的电脑，还可以通过联网的手机、电视，甚至电器来访问共享服务平台。正是由于这些流通网络技术的支持，使得共享服务平台可以为用户提供随时、随地、随意的服务，所以联接共享服务平台与用户的流通网络可以让用户直达共享服务平台提供的任何服务，好比直冲云霄，其中云霄好比共享服务平台的各种服务。同时，联接共享服务平台与用户的流通网络可以屏蔽共享服务平台内部的复杂性，用户不必关心他们所使用的设施、平台、产品在哪个经济共享服务平台、如何安装和维护、需要如何调度，好比蔽日，日就是指共享服务平台内部为用户提供服务的各种设施、平台、产品、管理调度等。

（五）形容变化性

共享服务平台的调度、服务、用户可以用"白云苍狗""风云变幻""风云突变"来形容。

共享服务平台瞬息万变。某些共享服务平台可能随时开启执行新共享任务；某些共享服务平台可能随时关闭共享；某些共享服务平台可能出现共享故障，其上运行的共享任务会自动在其他共享服务平台上恢复；某些共享服务平台可能被升级改造，在其升级改造期间其上共享业务被调度到其他共享服务平台执行。某些共享服务平台从生产设施共享转化为生产平台共享；某些共享服务平台从生产平台共享转化为产品共享。某些服务从一些共享服务平台迁移或扩展到另一些共享服务平台；某些共享服务多了一些新用户；某些共享服务的用户发生了改变；某些共享服务平台新增了一些共享服务；某些共享服务平台的共享服务发生了改变；等等。

（六）形容灵活性

"行云流水""闲云野鹤"可以用来形容共享服务平台的灵活性。

　　共享服务平台中的资源、服务、用户都是在不停地变化和流动。不同的资源可能在不同的时候被调度给不同的用户来提供不同的服务，用户可以随时、随地、随意地使用共享服务平台中所有的服务，而这些服务可以集共享服务平台中所有资源之力来支持。从绝对坐标来看，共享服务平台中的资源、服务、用户在不停地变化着；从相对运动的角度来看，共享服务平台中的资源、服务、用户都在不停地快速地流动着，来达到负载均衡，提高整体资源利用率的目的。不管是变化还是流动，都体现了共享服务平台的灵活性，正是由于这种灵活性，才使得共享服务平台比传统经济模式更为高效和节能。

　　（七）形容调度功效和难度

　　可以用"拨云见日""开云见日""拨云雾见晴天""拨云睹日"来形容共享服务平台调度的功效和难度。

　　成熟的共享服务平台中有着海量的资源、海量的平台、海量的产品、海量的服务、海量的用户，如何调度合适的设施、平台、产品为合适的用户提供合适的服务非常重要，因为如果调度不合理，就不能充分均衡不同用户之间的差异性来达到共享服务平台的负载均衡和资源利用率提高的目的，共享服务平台的优越性就无法体现。但调度合适的设施、平台、产品为合适的用户提供合适的服务难度非常高，因为它们都是海量的，要在海量的这些元素之间进行合理的调度需要共享服务平台具备高效的调度机制。

　　（八）形容调度和管理能力

　　可以用"腾云驾雾""握云拿雾""握雾拿云""高义薄云"来形容共享服务平台的调度和管理能力。

　　共享服务平台中有着大量的设施、平台、产品、服务、用户需要进行调度和管理，其中设施、平台、产品、服务、用户好比是云，而对它们的调度与管理就是驾驭。由于共享服务平台中的设施、平台、产品、服务、用户非常多，而且可能千差万别、瞬息万变、分布在天涯海角。

因此，驾驭它们和驾驭云彩一样需要高超的技术。

（九）形容易扩展性

共享服务平台的易扩展性可以用"云合雾集""云屯雾集"来形容。

向共享服务平台中增加资源，无须重新配置；共享服务平台可以自动调用和适应新的资源，通过新加入资源的自动注册，新资源便可以进入调度列表。因此，共享经济模式可扩展性非常好，有海纳百川的机制，可以使得共享服务平台的规模非常大，而且共享服务平台的规模可以随着更多用户的加入而越来越大。

（十）形容调度和管理混乱

调度和管理混乱的共享服务平台是一个失败的共享服务平台，可以用"不知所云""浮云蔽日"来形容。

有调度和管理好的共享服务平台，也有调度和管理混乱的共享服务平台。调度和管理混乱的共享服务平台中资源难以被高效地调度，用户的数据难以被高效地管理，服务难以被用户理解和使用。

（十一）形容空谈概念

可以用"说雨谈云""谈笑水云间"形容那些空谈共享经济概念，而不研究其技术与理论的行为。

如果只是吹嘘共享经济的概念，而不涉及技术和理论，则是一种空谈，对有效的共享服务平台毫无帮助。

（十二）形容产业成熟

可以用"风云际会""飞龙乘云""云龙风虎""云起龙骧"来形容共享经济产业趋于成熟。

共享服务平台能高效调配海量资源为海量用户提供服务，用户需求好比是风，好比是飞龙，而资源好比是云。基于共享服务平台，海量的资源可以被高效地调配，海量的用户都可以使用海量资源提供的服务来完成自己的各种个性化服务；同时，用户的使用和用户量的增多又能促使资源更为丰富，两者相辅相成、相互促进。如果资源与用户已经形成了良性循环的发展态势，则表明共享经济产业已趋成熟。

（十三）形容系统速度

可以用"飞云掣电"来形容共享服务平台的速度。

共享服务平台由于有无限的可扩展能力，其后台可以有庞大的资源池，所以可以快速地调度和处理用户的共享任务，可以快速地对用户的共享服务请求作出响应。

（十四）形容愿景

可以用"风云之志""干霄凌云""高耸入云""凌云之志""壮志凌云""云程发轫""步月登云""九霄云外"来形容共享服务平台的愿景。

共享经济的愿景让人非常憧憬。它能让用户随时、随地、随意地像使用自来水和电那样所要随取，要多少就取多少，且无须购买产品、无须安装产品、无须维护和升级产品；旺季不存在资源不够用的情况，因为共享服务平台的资源取之不尽、用之不竭；淡季不存在资源闲置的情况，因为共享服务平台的资源在所有的用户甚至所有的共享服务平台之间共享，某个用户或某个共享服务平台中的闲置资源会被调度给其他的用户或其他的共享服务平台进行充分地利用。

（十五）形容共享经济成熟度不够

可以用"密云不雨""白草黄云"来形容该共享服务平台尚不成熟，尚未进入正常运行和可持续发展阶段。

如果共享服务平台中的资源很多，但不能将其转化为服务；或者由于流通网络不通畅，不能及时将服务提供给用户；或者服务和流通网络都没有问题，但用户量很少。这些情形好比是乌云密布，乌云好比是服务，但不下雨，下雨好比是将服务提供给用户。发生这些情形的原因是该共享服务平台还不够成熟。当资源尚不能充分转化为服务时，表明该共享服务平台功能还不健全；当流通网络不能将服务及时提供给用户时，表明该共享服务平台的产业环境还不成熟；当用户量很少时，表明该共享服务平台的市场环境还不成熟。

（十六）形容共享资源匮乏

可以用"万里无云""青天无片云"来形容共享生产资料极其匮乏，而用天高云淡、云淡天高来形容共享生产资料匮乏。

共享经济市场还不是非常成熟的时候，共享生产资料匮乏，共享经济基础设施、平台、产品稀少，不能为用户提供实用的、方便的服务。

（十七）形容共享资源丰富

可以用"云蒸霞蔚""云兴霞蔚""彤云密布""阴云密布""轩盖如云""冠盖如云""黑云压城城欲摧""道接长天万里云"来形容共享生产资料的丰富。

当前共享经济产业前景被看好，笔者建议政府部门和企业投资兴建共享服务平台，通过对传统生产资料的整合和新购置资源的加入，使得共享服务平台遍地开花，形成星星之火逐渐燎原的局面。

（十八）形容市场地位

可以用"高唱入云""响彻云霄""风云人物""叱咤风云""高步云衢""就日瞻云""耸入云霄"来形容共享经济的市场地位。

共享经济的大潮近几年席卷中国，势必在将来席卷全球，究其原因是因为共享经济产业条件已趋成熟，如流通网络的普及、三网融合技术的出现，用户可以通过电脑、手机、电视甚至电器联接到流通网络，而共享经济技术使得用户只要能联上流通网络便能够拥有一切；并且出现了几个成功的共享服务平台范例，如共享单车；最主要的动机是提高资源利用率和能源利用率，因为人类已经认识到地球上的资源和能源并不是取之不尽的，所以需要节省资源和能源，而共享服务平台能够有效地避免重复性购置生产资料并能避免资源闲置；还有一个很重要的动机是方便用户，因为随着用户需要的日趋多样化和个性化，以及用户终端的多样化，不同用户都有着不同的业务需求，靠传统的经济方式已无法应对如此多样和多变的用户需求，只有依靠共享服务平台才能快速部署和满足用户的不同需要。

（十九）形容运营不善

可以用"浮云朝露""过眼烟云""云烟过眼""烟云过眼""残云落叶""星落云散""愁云惨雾"来形容某些运营不善而倒闭的共享服务平台。

有些共享服务平台由于运营不善，也只会昙花一现，其原因可能是因为共享资源调度效率低，使得资源的消耗支出超过了共享服务平台的收益，从而会亏本倒闭；也可能是因为共享服务平台管理混乱，使得用户找不到自己需要的服务而离去，也可能是共享服务平台的运行速度慢或服务速度慢或流通网络的传输速度慢，使得用户对服务不满意而离去，一旦用户量很少时，共享服务平台就无法通过均衡不同用户差异性需求而从中获利，从而亏本倒闭。

（二十）形容优越性

可以用"云龙井蛙""云泥殊路""云泥异路""云泥之别""判若云泥"来形容共享服务平台和传统经济系统的差别，从而体现共享服务平台的优越性。

共享服务平台与传统经济系统相比有很多优越性。首先，共享服务平台比传统经济系统更容易部署、扩展；其次，共享服务平台在流通网络非常普及的今天能供更多的用户使用，如电脑用户、手机用户、电视用户甚至物联网用户；再次，共享服务平台既能满足大量用户小任务的处理需求，又能满足少量用户超大任务的处理需求；最关键的是共享服务平台比传统经济系统的资源利用率更高，也就是说同样多的资源可以为更多的用户使用，同样多的用户只需要更少的资源，从而也就自然达到了节能的目的。

（二十一）形容缺乏多样性

可以用"人云亦云"形容某共享服务平台缺乏多样性。

不同共享服务平台、同一个共享服务平台中的资源、平台、产品都不能全部雷同，而应该体现多样性，否则就不能满足各种各样的用户的各种各样的服务需求。

（二十二）形容闲置资源利用率

可以用"烟消云散""云消雾散""云开雾散""风卷残云""冰解云散""冰消云散"来形容共享服务平台提高闲置资源利用率的能力。

共享服务平台可以瞬间调集资源为某一个用户提供服务，但服务完毕之后，又可以瞬间将该资源调给其他用户，所以对用户而言，似乎在其不需要服务时，共享服务平台中的资源和服务马上消失得无影无踪，而无须进行后续的付费、维护、升级等在传统经济模式下不得不做的一些善后工作。

（二十三）形容高峰期资源调度能力

"风起云涌""裂石穿云""响遏行云""游响停云""绕梁遏云"可以用来形容共享服务平台在高峰期时的强大的资源调度能力。

当用户使用高峰期时，在传统经济模式下，服务提供商的资源往往不够用，因为服务提供商一般不愿意以高峰期所需要的资源量来购置资源，否则高峰期一过资源就会闲置严重，浪费贬值，所以用户在高峰期只得降低服务质量，或者把业务的一部分外包给别的用户，或者以高价租赁其他厂商的服务期，这些都给厂商带来了收益上的损失，同时降低了服务的质量，使得用户的满意度降低。而在共享经济模式下，因为共享服务平台可以利用不同用户的高峰期和低谷期的互补性来平衡和协调不同用户的资源使用，从而提高所有用户的资源利用率，用户在高峰期需要使用的资源可以从共享服务平台中及时调集到。

（二十四）形容透明度

可以用"云雾迷蒙""云迷雾锁""如坐云雾""雾鬓云鬟""一鳞半爪"来形容共享服务平台的透明度。

共享服务平台中的资源包括基础设施、平台、产品，非常多样化，也非常海量，除了资源，还有基于资源根据用户需求所形成的服务，对用户而言，看到的只是服务，对其中提供服务的资源无须了解，不管提供服务的资源在什么地点、以什么方式形成服务，用户都无须关心，用户只要通过流通网络访问共享服务平台，就能使用其需要的服务，而提供该服务的资源可能会迁移、可能会升级、可能会维护、可能会损坏，但由于共享服务平台本身所采用的机制，使得这些后台行为都不会让用户感觉到，用户对共享服务平台中资源的构成和运行都是不可见也无须干预的，从而使得用户可以非常方便和轻松地使用。用户只知其能为自己提供强大的服务能力，而不知其服务是如何运作的。同时，不同用户只是使用共享服务平台中的部分服务和资源，所以任何用户都无法认识到共享服务平台的所有资源，对共享服务平台的了解也不过是冰山一角，但这并不影响用户的使用，用户只需要关心自己所关心的服务即可。

（二十五）形容多级结构

可以用"波骇云属""波属云委""荡胸生层云"来形容共享服务平台的多级结构。

不同的共享服务平台可以组成更大的共享服务平台，共享服务平台本身可由共享经济共享服务平台组成，共享经济共享服务平台可由共享服务平台集群组成，共享服务平台群可由共享服务平台组成，共享服务平台可由经济个体组成，经济个体可由经济成员组成，可见与云一样，是层层叠叠的。

（二十六）形容资源孤岛

"孤云野鹤""白云孤飞""白云亲舍""春树暮云"可以用来形容共享服务平台的资源孤岛现象。

共享经济是通过资源和用户的聚集、共享、互通有无来实现的。如果共享服务平台之间相互隔离、各自为政，则很难形成更大的更成熟的共享服务平台。当然企业为了自己内部共享的需要可能会建立私有共享服务平台，私有共享服务平台是不连接进公有共享服务平台的，看起来就像是一个孤岛，不管是哪种情况都会导致其对应的共享服务平台规模难以扩展。

（二十七）形容需求强烈

在资源日渐匮乏、能源日益紧张、碳排放日益增多、人类需求日益增长的今天，社会对共享经济模式的期望与需求非常强烈。"大旱望云"可以用来形容市场对共享经济技术的需求很强烈。

（二十八）形容易用性

可以用"冬日夏云"来形容共享服务平台的易用性。

共享服务平台功能非常强大，包罗万象，空间分布很广，生命周期也很长，性能也非常高，其中资源取之不尽、源源不断，其中服务应有尽有，其用户不计其数，但用户使用起来非常方便快捷，使用的模式和难度如同传统的个人使用，但得到的服务能力、质量和数量却比个人使用要强无数倍。

（二十九）形容核心资源

可以用"云中白鹤"来形容共享服务平台中的核心资源。

共享服务平台中有各种各样的异构资源，其中有些核心资源在其中担任着关键的角色，如超级共享服务平台在其中能提供强大的经济能力。

（三十）形容需求增长

"云上升""云向上"好比有更多的资源被整合进了共享服务平台，表明用户有更多的需求，只有在需求的推动下，才可能有更多的资源被聚集到共享服务平台中，有了更多的资源和更多的需求，那么共享服务平台就可以为用户提供更多的服务，好比会"下大雨""大水涨"。

（三十一）形容发展迅猛

可以用"青云直上""平步青云"来形容共享服务平台的发展迅猛。

共享经济技术走入人们视野后，必将得到政府、企业界和人们的普遍关注和支持，大批的共享服务平台将会建成，大量的资源将会整合进共享服务平台，大量的共享服务将会形成，大量的用户将会接受和转向共享经济服务模式。

（三十二）形容划分与随时更换

可用"裁月缕云""裁云剪水""镂月裁云"来形容对共享服务平台中资源的划分和随时更换。

可以将共享服务平台中的某些资源划分给某个用户使用，可以在共享生产设施上随时更换出共享生产平台，可以在共享生产平台上随时更换出共享产品。

（三十三）形容就近服务

可以用"高云变低云"来形容为用户就近调集资源，显然意味着将为该用户提供就近服务，好比"明日雨淋淋"；反之，如果用户不再使用某一服务，则该服务所占用的资源需要调度给其他用户使用，看上去这些资源就会离该用户而去，好比"低云变高云"，显然意味着这些资源不再为该用户提供服务，好比"天气会转阴"。

一旦用户提出服务请求，共享服务平台就会因地制宜，进行资源的调整，尽量离该用户近的资源替换出来，将这些资源上的任务调整到其他资源上执行，以便利用这些被替换出来的资源为该用户就近提供服务，看上去似乎是资源在向该用户移动和靠拢了。

（三十四）形容系统高峰期

共享服务平台中资源调度好比云的翻滚，当资源调度非常频率和剧烈时，表明有大量的新用户和新共享任务正在进入共享服务平台，系统将迎来高峰期，如同"黑云乱翻花，雹块要到家""云乱翻，淋倒山；云碰云，雨淋淋""黄云翻，冰雹天"。

（三十五）形容资源监控

共享服务平台中有资源监控系统，当服务量、用户量、资源量发生剧烈变化时，资源监控系统都会预测出将来一段时间内的资源、服务、用户量走向。如同"天黄有雨，天黑有雨""天上灰布悬，雨丝定连绵""黑云片片起，狂风就要生""浓云发红，雹子不轻"。

（三十六）形容服务至上

共享服务平台的目标是为用户提供有用的共享服务，其中资源以及资源调度的方式都是手段，都是用来提供共享服务的，这里资源好比是云，服务好比是月，资源是用来支持服务的，如同"烘云托月"。资源如果不能提供服务则不过是浮云，只有服务对用户来说才有实际意义，如同"浮云富贵"。

二、社会生活中的共享经济思想

共享经济产业链上有生产共享、生产平台共享、产品共享。传统的经济相当于在家里做饭，如果是公司，就自己开一个自己的餐厅。共享经济模式相当于饭店，人们无须自己去建厨房、做饭，只要去饭店点餐、吃饭就可以了，省钱、省力、省时间。建饭店的材料相当于生产资料；共享饭店属于生产设施共享；饭店里请些厨师，共享厨师属于生产平台共享；厨师可以根据食客的喜好作出饭菜，共享饭菜就属于产品共享；吃饭菜的食客就是共享用户。

第三节　共享经济的原理

一、共享经济与云的共性

（一）形态共性

共享的形成如图 2.1 所示。图中虚线表示对应关系，如"水"代表"资源"，"人"代表"用户"及"厂商"；图中"白云"代表"生产设施共享"，

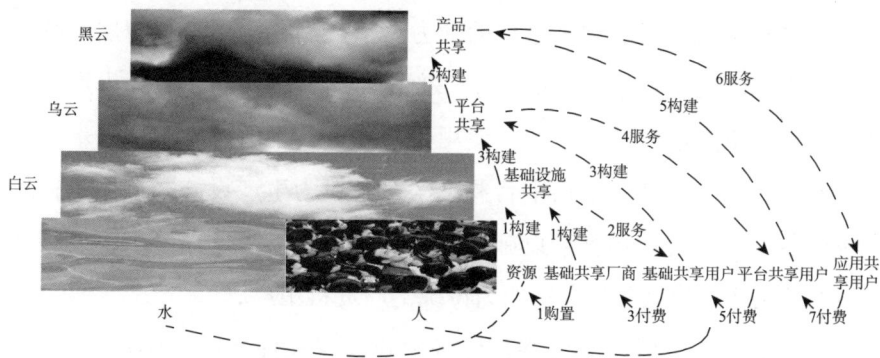

图 2.1　共享的形成

"乌云"代表"生产平台共享","黑云"代表"产品共享";图中带箭头的实线及其序号表示先后关系,如"1"表示"生产共享厂商可基于资源构建生产设施共享","3"表示"生产共享用户获得基础设施共享服务后,付费给生产共享厂商,并基于该基础设施共享服务构建生产平台共享"。

从长远来看,共享必将是用户自助建设和使用的。有的传统用户将传统的生产资料升级为生产设施共享,供生产设施共享的用户使用;有的生产设施共享用户在生产设施共享上部署生产平台共享,供生产平台共享的用户使用;有的生产平台共享的用户在生产平台共享上研发产品共享,供产品共享的用户使用。有的产品共享用户在使用已有产品共享的过程中,提出产品升级或新产品的需求,当已有生产平台共享不能满足这些产品升级或新产品的需求时,则会对生产平台共享提出升级或新需求;当已有生产设施共享不能满足这些平台升级或新平台的需求时,则会对共享生产设施提出升级或新需求。

可见,传统生产资料好比是水,服务好比是雨,用户好比是人。生产设施共享好比是白云,生产平台共享好比是乌云,产品共享好比是黑云。水蒸发为白云,白云凝结为乌云,乌云凝结为黑云。当雨不足,或该降雨的地方没有降雨,该降雨的时候没有降雨,此时要进行人工降雨或降温,此时更多的乌云将凝结为黑云,更多的白云将凝结为乌云,更多的水将蒸发为白云。这个过程的动力在于产品共享用户将使用产品共享的感受和新需求反馈给产品共享厂商,产品共享厂商一般为生产平台共享用户;生产平台共享用户将使用生产平台共享的感受和新需求反馈给生产平台共享厂商,生产平台共享厂商一般为生产设施共享用户;生产设施共享用户将使用生产设施共享的感受和新需求反馈给生产设施共享厂商,生产设施共享厂商一般为传统生产资料用户。

截至目前,全球所有的共享经济模式仅仅关注产品共享这个环节,例如共享单车就是一种共享的消费品。迄今为止,生产设施共享和生产平台共享这两个环节还是不存在的，这两个环节必将在将来出现和发展，从而形成完整的共享服务平台体系，而这个完整的共享服务平台体系必将为共产主义社会的到来贡献力量，因为共产主义社会的经济基础就是生产资料的共同拥有，而这与共享经济中的生产资料的共享有不谋而合、异曲同工、殊途同归之妙。

因为资源好比是水、服务好比是雨，购置和增添资源需要花钱，提供服务可以赚钱。因此，可以形成良性循环，雨水相得益彰，使得在共享经济环境和模式下共享资源（云）会越来越多。

（二）行为共性

共享的转化如图 2.2 所示。

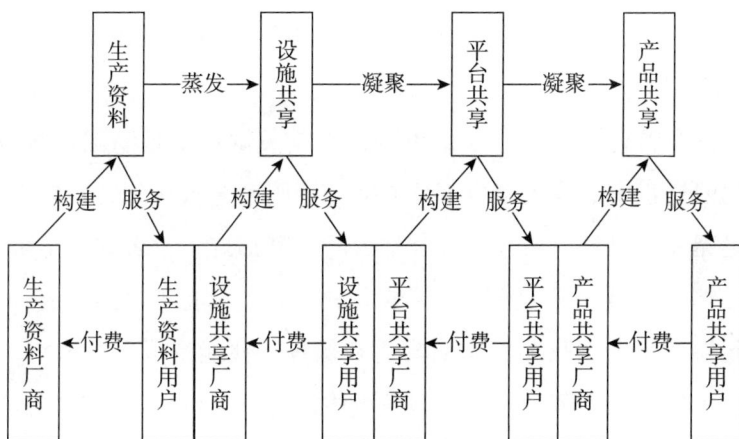

图 2.2　共享的转化

设施共享 、平台共享、产品共享之间可以相互转化，三者之间的转化是由用户需求所促进的、由其厂商所促成的。例如，当产品共享用户觉得产品共享不能满足其需要时，会向产品共享厂商提出需求，产品共享厂商会对产品共享进行改造，当改造时发现生产平台共享不能满足其需要时，产品共享厂商以生产平台共享用户的身份向生产平台共享厂商提出需求，生产平台共享厂商会对生产平台共享进行改造，当改造时发现生产设施共享不能满足其需要时，生产平台共享厂商以生产设施共享用户的身份向生产设施共享厂商提出需求，生产设施共享厂商会对生产设施共享进行改造，当改造时发现生产资料不能满足其需要时，生产设施共享厂商以传统生产资料用户的身份向传统生产资料厂商提出需求，传统生产资料厂商会根据需要提供相应的生产资料。

产品共享用户使用共享产品服务，将产品共享服务带来的部分收益支付给产品共享厂商，产品共享厂商以生产平台共享用户的身份用部分收益向生产平台共享厂商支付和增购平台共享服务来运营和扩展产品共享服务，生产平台共享厂商以生产设施共享用户的身份用部分收益向生产设施共享厂商支付和增购基础设施共享服务来运营和扩展基础设施共享服务，生产设施共享厂商以传统生产资料用户的身份用部分收益向传统生产资料厂商支付和增购生产资料来运营和扩展基础设施共享服务。

在整个转化过程中，云是重点，人是关键，水是基础，雨是目标。在转化的过程中，各级用户不可或缺，否则会导致转化链断裂，从而导致万里无云。白云、乌云、黑云是云的三种形态，三者缺一不可。如果没有足够的白云，就不会有足够的乌云；如果没有足够的乌云，也就不会有足够的黑云。只要能顺利转化和循环，便能形成云山云海的局面，因为其中包括人的劳动价值，即各级用户的劳动价值。因为服务雨创造的价值总是大于资源水所消耗的价值，从而使得各级云不断得到加强和补充，来满足人们日益增长的服务需要。

当用户对服务雨的需求较大时，将会加快云转化的速度；当用户对服务雨的需求较多时，将会加大云转化的规模；当用户对服务雨的需求较小时，云转化的速度将会减慢；当用户对服务雨的需求较少时，云转化的规模将会较小；当用户对服务雨的需求饱和时，云转化的速度接近零，各部分云基本维持现状进行运营。

除了用户对服务雨的需求，厂商的技术能力决定了云转化的效率和阻力。厂商的技术能力越强，转化的效率越高、阻力越小；反之，厂商的技术能力越弱，转化的效率越低、阻力越大。除了厂商的技术能力，厂商对共享经济的了解和信任也至关重要。如果用户不知道或不愿意接受和推广共享经济，则云转化将无从谈起。资源厂商一般为资源开发商；共享生产设施厂商一般为国企、公共服务机构；共享服务平台厂商和共享产品厂商一般为产品制造企业；共享产品用户一般为个人。

二、共享经济的自然性公理

我们头顶同一片天，共享着天上同一片云，云变成雨，润物细无声，而经济同样滋润着每一个人，所以共享经济模式是一种和云的形态、行为相似的经济模式。

三、共享经济的自然性定理

因为和云的形态、行为相似的经济模式为共享经济模式，所以共享经济模式具备与云相似的形态和行为特征。

第四节　共享经济的性质

一、透明性

共享经济模式具备自然云的透明性。

人们从地上看天上的云，却看不清云里面都有些什么，人们也不太关心云里面到底都有些什么、是怎么组成的，只需要知道云可以降雨就可以了；人们使用天上降下来的雨水时，无须关心雨水是怎么从云转变来的、是从哪一块云转变来的一样。

同样，共享服务平台的用户并不知道共享服务平台内部的细节，只知道共享服务平台可以为自己提供服务就足矣，至于服务是怎么提供的、是由哪个共享服务平台提供的等都无须关心。

二、并发性

共享经济模式具备自然云的并发性。云可以并行存在于不同的地方和不同的时间。同样，共享服务平台中的资源、服务、用户可以并行地存在于不同的地点和时间。

云并行地产生、并行地存在。同样，生产共享中各经济共享服务平台之间是并行的，经济共享服务平台内部也是并行的；生产平台共享中各平台之间是并行的，平台内部也可在多个经济共享服务平台上并行；产品共享中各产品之间是并行的，产品内部也可以在多个经济共享服务平台上并行。

云可以并行地飘动、并行地聚散。同样，共享服务平台中的资源可以并行地调度和运行。例如，无数的共享单车可以并行地分布和调度到全国各地。云可以并行地降雨。同样，共享服务平台中的资源可以并行地转化为服务，服务可以并行地被用户使用。例如，无数的共享单车可以同时被无数的用户使用。

三、绿色性

共享经济模式具备自然云的绿色性。云不管在哪里、不管如何飘动都不会对环境造成污染，不需要人为提供能量。同样，共享服务平台能够充分整合已有的资源和用户，无须重新构建，所以很环保，而且因为提高了资源利用率，所以比传统模式要节能。

四、循环性

共享经济模式具备自然云的循环性。云可以变为雨，雨水又可以蒸发为云，如此循环，生生不息。同样，共享经济产业链首尾相连，其中资源转化为服务，服务提供给用户，用户从中受益后会投资维护、升级、增添更多的资源，使得共享服务平台可持续发展，不会坐吃山空、无以为继。生产设施共享用户可在生产设施共享上构建生产平台共享；生产平台共享用户可在生产平台共享上构建产品共享；产品共享用户使用产品共享服务后付费给产品共享厂商；产品共享厂商将部分费用用于扩建产品共享，并作为生产设施共享用户将部分费用用于付费给生产平台共享厂商，因为产品共享是基于生产平台共享构建的；生产平台共享厂商将部分费用用于扩建生产平台共享，并作为生产设施共享用户将部分费用付给生产设施共享厂商，因为生产平台共享是基于生产设施共享构建的。

五、灵活性

共享经济模式具备自然云的灵活性。云可以变幻莫测，可以随风而动，可以时隐时现。同样，共享服务平台可以聚集、扩展、升级相应的资源、服务、用户，可以根据用户的需要进行资源的调度和服务的配置，可以启动和关闭相应资源和服务。生产共享可以合并、可以拆分、可以重组；新的生产资料可以加入生产共享；已有生产资料可以流出生产共享；生产资料可以从一个生产共享流动到另一个生产共享。生产平台共享可以从一个生产共享流到另一个生产共享，生产平台共享可以增加到或离开一个生产共享。产品共享可以从一个生产平台共享流到另一个生产平台共享，产品共享可以增加到或离开一个生产平台共享。用户可以从一个产品共享流到另一个产品共享，用户可以增加到或离开一个产品共享。

云在空间上对环境具备自适应性：有风则动、无风则静，在时间上对环境具备自适应性：阴天多黑云、晴天多白云。同样，生产共享中的生产资料可以改变；生产共享上的生产平台共享可以改变；生产平台共享上的产品共享可以改变；产品共享上的用户可以改变。

六、伸缩性

共享经济模式具备自然云的伸缩性。云可以做到乌云密布，也可以做到万里无云。同样，对于大用户、大任务，共享服务平台可以很快为其调配大量资源；对于散户、小任务，共享服务平台可以为其调配少量资源。用户多、任务多的时候，共享服务平台会启动和调配更多的资源提供服务；用户少、任务少的时候，共享服务平台会将资源调配给其他需要资源的共享服务平台。特别是某些用户高峰期，这些用户的任务量会暴增，传统经济模式下，便无法应对，只能由该用户临时增加和配置生产，成本很高，也很慢，而成熟的共享服务平台，即使是高峰期也能很快为这些用户调集足够生产资料为他们提供服务，不会延迟和超载；另外就是某些用户淡季，这些用户的任务量会骤减，传统经济模式下，他们多余的资源将被闲置，而在共享经济模式下，这些用户闲置的资源将会自动由共享服务平台调度给其他用户使用。

七、扩展性

共享经济模式具备自然云的扩展性。水蒸发为云后立马可以与天上已有的云融为一体，不同的云块也可以飘到一起形成更大的云。同样，技术成熟的共享服务平台新增资源可以自动融入系统，并被统一调度和使用。

不同地方的云也可以自动连为更大的云，其扩展过程不需要重新配置，而且扩展没有上限。同样，成熟的共享服务平台可以遍布全球，为全球的用户提供服务。因此，共享服务平台和云一样具备扩展性。

八、多级性

共享经济模式具备自然云的多级性。云朵可以组成云块，云块可以组成云团、小云团可以组成大云团、大云团可以组成更大的云团，以此类推，反之云团可以包含小云团，小云团可以包含更小的云团，以此类推，云团可以包含云块，云块可以包含云朵。同样，共享经济共享服务平台组成共享服务平台，小共享服务平台可以组成大共享服务平台，大共享服务平台可以组成更大的共享服务平台，以此类推，同样，大共享服务平台可以包含小共享服务平台，小共享服务平台可以包含更小的共享服务平台，以此类推，更小的共享服务平台可以包含共享经济共享服务平台。

第五节　共享经济的平台

一、共享服务平台的结构

通过共享经济模式，可以聚集很多生产资料，形成超级共享服务能力，即超级共享经济。超级共享经济分为多级。最底层是共享服务核心，很多共享服务核心可以聚集为共享服务模块，很多共享服务模块可以聚集为共享服务系统，很多共享服务平台可以聚集为共享服务集群，这些共享服务模块、共享服务平台、共享服务集群中的一个或多个可以组成更大的共享服务平台，以此类推。

共享服务平台会将不同用户的共享任务调度给不同的子共享服务平台处理，如将不同地区的用户调度给不同地区的子共享服务平台处理；不同的子共享服务平台进一步分解用户的共享任务到不同的子共享服务平台。

（一）单级消费共享

单级消费共享举例如图 2.3 所示。

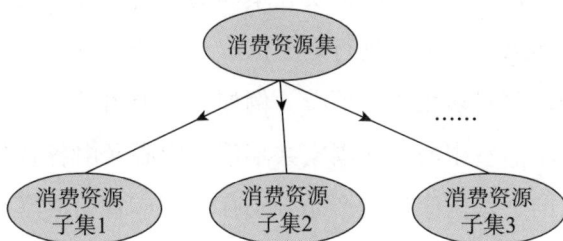

图 2.3　单级消费共享举例

（二）多级消费共享

多级消费共享举例如图 2.4 所示。

　　共享消费产品的特点是可以多次重复使用，而不是一次性消耗品，例如，打印机、洗衣机、图书、自行车等。共享服务平台中消费产品被切分和备份到不同的消费场所进行消费，以达到分布式消费、就近消费、消费产品冗余的目的。分布式消费可以加快共享服务平台消费的速度，就近消费可以减少共享服务平台内部消费产品物流量，从而提高经济的效率，消费产品冗余可以使得某些共享服务平台故障或毁坏后，其中消费产品可以从其他共享服务平台恢复。

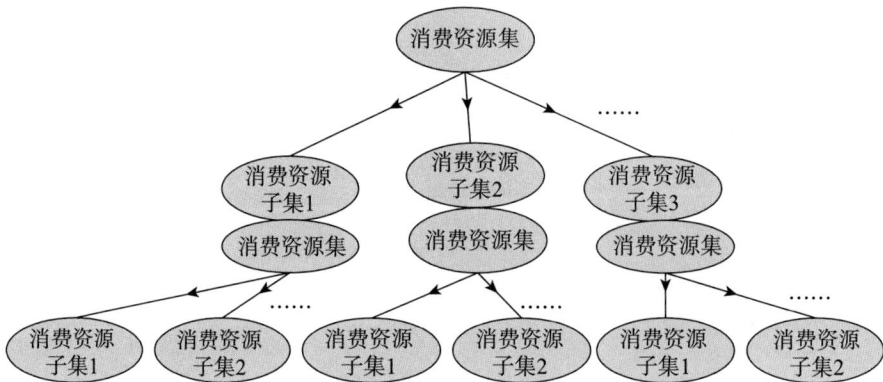

图 2.4　多级消费共享举例

　　可见，共享生产及消费的关键是将消费资源划分为不同的子集，从而将共享服务平台的消费产品消费在不同的消费资源子集中，此时叫单级共享消费，如果对子集再进行划分形成更细的子集，则叫二级共享消费，以此类推，都叫多级共享消费。例如，某个国家的全民健康消费产品存在国家共享消费中心，而国家共享消费中心又由各省共享消费中心组成，各个省的全民健康消费产品分别存在相应省的共享消费中心，而每个省的共享消费中心又由各市共享消费中心组成，每个省各个市的健康消费产品分别存在该省相应市的共享消费中心，这样就形成了国家级—省级—市级三级共享消费中心。如果是企业，可能所有的消费产品都存放在企业的共享消费中心，属于单级消费中心。可见，共享消费中心的级数取决于所消费产品的结构和规模，以及共享服务平台的结构和规模。

（三）单级生产共享

单级生产共享举例如图 2.5 所示。

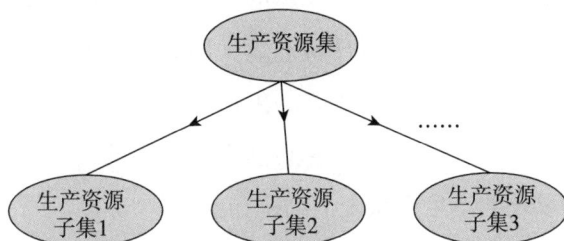

图 2.5　单级生产共享举例

（四）多级生产共享

多级生产共享举例如图 2.6 所示。

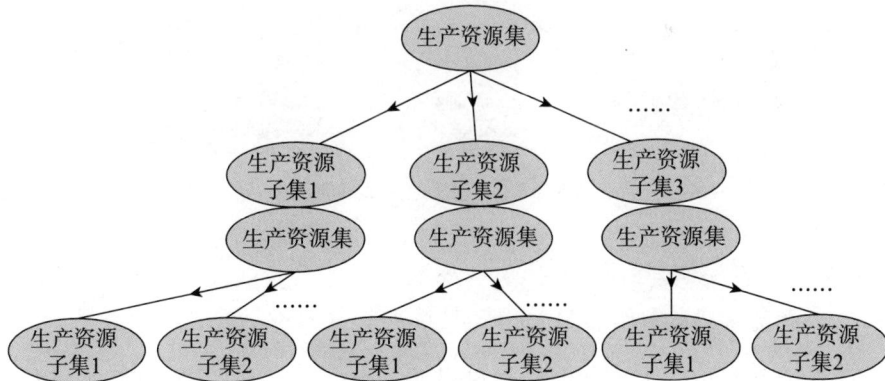

图 2.6　多级生产共享举例

共享服务平台中生产资源被切分和备份到不同的生产场地进行生产，以达到共享生产、容错的目的。共享生产可以加快共享服务平台生产的便利性，容错可以使得某些共享服务平台故障或毁坏后，其中生产进程可以从其他共享服务平台恢复。

可见，共享生产的关键是将生产资源划分为不同的子集，从而将共享生产系统的生产任务调度到不同的生产资源子集中处理，此时叫单级共享生产，如果对子集再进行划分形成更细的子集，则叫二级共享生产，以此类推，都叫多级共享生产。例如，某个国家的全民电力生产资源在国家共享生产中心处理，而国家共享生产中心和各省共享生产中心和各市共享生产中心组成，每个省各个市的电力生产资源分别调度到该省相应市的共享生产中心处理，这样就形成了国家级—省级—市级三级共享生产中心。如果是企业，可能所有的生产资源都在企业的共享生产中心处理，属于单级生产中心。可见，共享生产中心的级数取决于生产资源的结构和规模以及共享生产系统的结构和规模。

（五）单级流通共享

单级流通共享举例如图2.7所示。

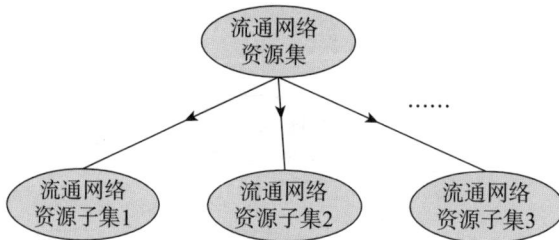

图2.7　单级流通共享举例

（六）多级流通共享

多级流通共享举例如图2.8所示。

共享流通系统中不同的用户可以通过不同的流通网络（例如，物流流通网络、互联流通网络、金融流通网络）来访问共享流通中心，共享流通中心和用户之间的资源（例如，产品、货币、信息）传输也可以通过不同的流通网络分布式进行，以达到并行传输、就近择优服务、容错传输的目的。共享流通中心是分布式的，共享流通中心由很多共享服务平台组成，不同的共享服务平台和不同的用户之间可以由不同的流通网

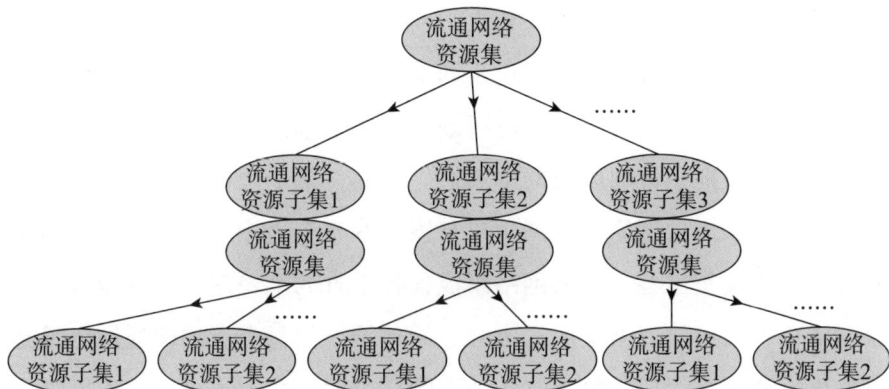

图 2.8 多级流通共享举例

络联接，这些流通网络联接都是可以并发传输的，有时可能会有多个共享服务平台为同一个用户服务，那么多个经济共享服务平台与该用户之间可以有多条流通网络通道，通过并发传输可以加大该用户所享用的服务带宽和资源传输速度，同时可能会有多个用户使用同一个经济共享服务平台的服务，那么多个用户与该经济共享服务平台之间可以有多条流通网络通道，通过并发传输可以充分利用该经济共享服务平台的资源吞吐能力和用户服务能力。共享流通中心可以将不同的用户请求通过不同的流通网络通道调度到离用户比较近且相对空闲的经济共享服务平台，好比旁边就有个超市就没有必要跑到更远的且类似的超市去购物，这样就缩短了各个用户与共享流通中心资源传输的距离，并且使得共享流通中心各个经济共享服务平台的负载更为均衡，从而提高用户服务的速度和共享流通网络资源的利用率，进而提高整个共享流通中心的服务能力，使得共享流通中心可以服务更多用户。任何一个流通网络链路都有可能出错或出现故障甚至断掉，此时因为有其他流通网络链路，可以将该损坏的流通网络链路上需要传输的资源通过其他流通网络链路进行传输，从而达到容错传输的目的，好比一条路不通，可以走另一条，条条大道通罗马。

可见，共享流通网络的关键是将流通网络资源划分为不同的子集，从而将共享流通系统的资源通过不同的流通网络通道进行传输，此时叫单级共享流通，如果对子集再进行划分形成更细的子集，则叫二级共享流通，以此类推，都叫多级共享流通。例如，某个国家的全民健康数据资源通过国家流通网络在全国用户与国家共享流通中心之间传输，而国家流通网络又是由各省流通网络组成，各个省的全民健康数据通过省流通网络在省用户与省共享流通中心之间传输，而每个省的流通网络又是由各市流通网络组成，每个省各个市的全民健康数据通过省流通网络在市用户与市共享流通中心之间传输，这样就形成了国家级—省级—市级三级共享流通。如果是企业，可能所有的资源都通过企业的共享流通进行传输，属于单级共享流通。可见，共享流通的级数取决于所传输用户及资源的结构和规模以及共享流通的结构和规模。

（七）系统共享

系统共享如图 2.9 所示。

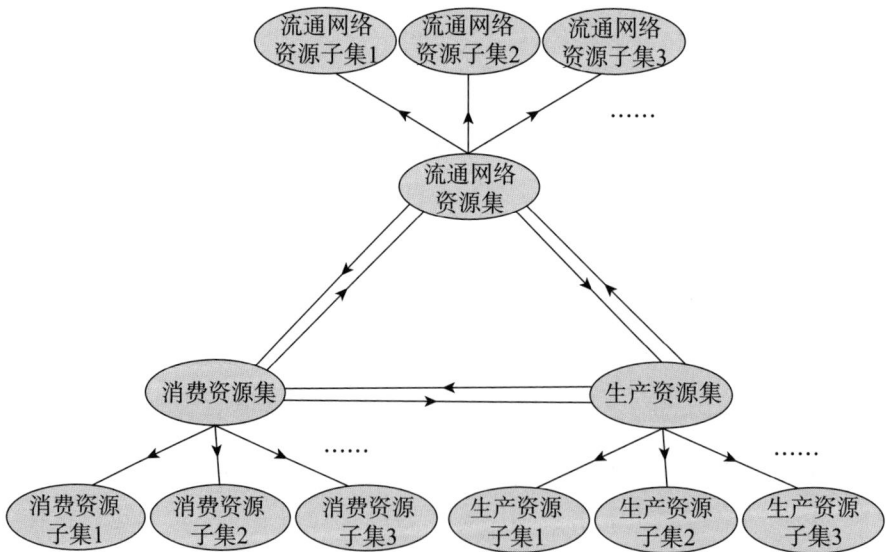

图 2.9　系统共享

共享服务平台的资源可以分为生产资源、消费资源、流通网络资源，由于共享经济模式的特点，这些资源都由很多子集组成，以达到并行、分布、容错、调度的目的。但这三种类型的资源之间既相互独立，可以分别进行分析、评估和管理，又相互关联，因为如果没有消费资源，生产资源则无须求牵引，同样，如果没有生产资源，则消费资源无法生产，好比坐吃山空，进而，如果只有消费资源和生产资源而无流通网络资源，则消费和生产的资源无法传输给用户，用户也无法访问和使用这些消费资源和生产资源，好比茶壶里有饺子倒不出来，那么其中生产资源和消费资源就成了一堆无人问津的摆设；反之，如果只有流通网络资源，没有消费资源和生产资源，那么没有资源可以使用也没有资源可以传输，就不会有用户，其中流通网络资源也就成了摆设。

（八）消费中心系统共享

消费中心系统共享如图 2.10 所示。

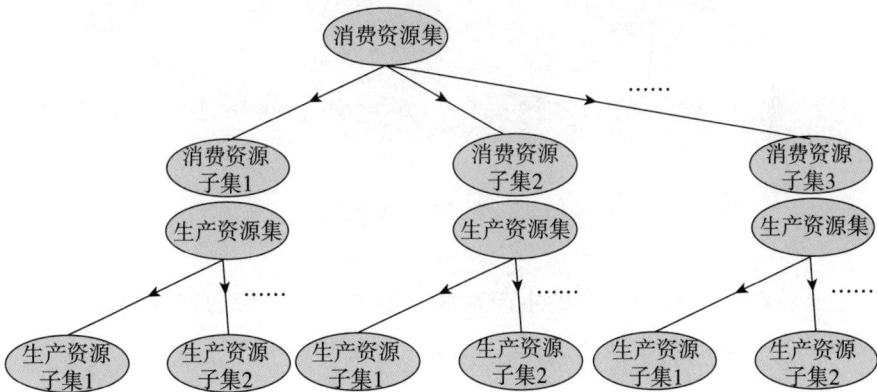

图 2.10　消费中心系统共享

（九）生产中心系统共享

生产中心系统共享如图 2.11 所示。

（十）流通中心系统共享

流通中心系统共享如图 2.12 所示。

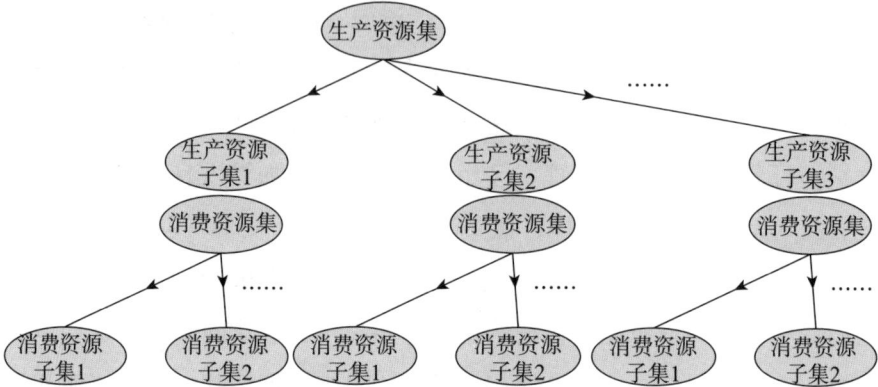

图 2.11　生产中心系统共享

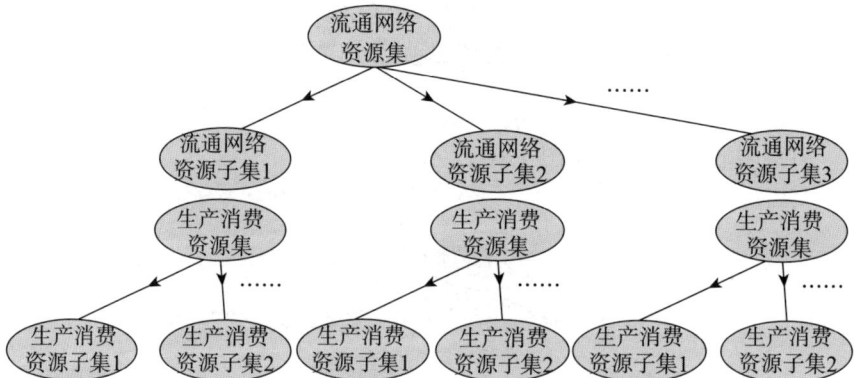

图 2.12　流通中心系统共享

　　虽然在共享服务平台中生产资源、消费资源、流通网络资源都非常重要，但如果它们中消费资源占主导，则为消费中心共享，即以消费资源为中心的共享；如果它们中生产资源占主导，则为生产中心共享，即以生产资源为中心的共享；如果它们中流通网络资源占主导，则为流通中心共享，即以流通网络资源为中心的共享。

　　以消费为中心的共享，则首先根据消费资源进行分布，而消费资源的分布则决定了生产资源如何分布，这种模式一般用于消费资源量比较大的共享任务，因为在共享经济模式下，如果消费资源大，即使在共享服务平台的共享服务平台之间传输消费资源，也会有较大的延迟，流通传输的消耗往往会减少甚至抵消掉共享带来的好处，为了避免这些情况的发生，需要以消费资源为中心，消费资源不动生产资源动，使得消费资源都可被就近消费，所以消费中心系统共享要根据消费资源的分布及其使用情况来决定生产资源的分布及调度。

以生产为中心的共享，则首先根据生产资源的分布进行生产活动的分布，而生产活动的分布则决定了消费资源如何分布，这种模式一般用于生产活动较多、需要传输的消费资源比较零碎或分布得比较零碎的生产任务，因为在全球化模式下，如果生产活动多、消费资源零碎的话，将很多生产活动集中到消费资源所在共享服务平台，由于单个共享服务平台的处理能力有限，会使得这些生产活动无法全速执行，而且如果消费资源很零碎，消费资源的分布根本没有规律可循，可能某一个生产活动需要加工的消费资源分别消费在不同的共享服务平台，此时就无法使用消费中心模式。为了避免这些情况的发生，需要以生产活动为中心，生产活动不动消费资源动，使得生产活动有充足的生产资料支持从而能全速运行，所以生产中心系统共享要根据生产资源的分布及其使用情况来决定消费资源的分布及其中消费资源的传输。

以流通为中心的共享，首先根据流通网络资源的分布进行服务共享服务平台的分布，而服务共享服务平台的分布则决定了生产资源和消费资源如何分布，这种模式一般用于用户群具有明显的地域性、行业性、行为特性。地域性是指不同地区的用户应通过当地流通网络就近的共享服务平台为其服务，从而减少流通开销，使得服务更为快捷；行业性是指不同行业的用户应通过行业流通网络由相应行业的共享服务平台为其服务，从而提供服务的专业性和质量；行为特征是指不同行为特征的人应通过特定流通网络由特定共享服务平台为其服务，如贵宾用户等。因为在共享经济环境中用户量非常大，用户的需求也非常个性化，不同的用户具备不同的时空特性和使用习惯，只有根据不同用户的不同特点，将不同的用户请求通过不同的流通网络调度到不同的服务共享服务平台，才能最好地满足所有用户的个性化需要。因此，需要以流通网络为中心，将用户通过某流通网络调度到某共享服务平台，再考虑消费资源和生产活动的调度，而流通网络由流通网络资源提供，生产活动由生产资料运行，所以流通网络资源为中心的共享要根据流通网络资源的分布及其使用情况来决定消费资源和生产资源的分布及其调度。

二、共享服务平台的发展规律

（一）共享服务平台的生

共享服务平台包括共享生产设施、共享服务平台、共享产品。共享生产设施可以通过整合传统生产资源、消费资源、流通网络资源，通过升级改造其系统环境、增加系统中间件来部署，也可以通过购置新生产资源、消费资源、流通网络资源，通过安装其系统环境以及系统中间件来部署，也可以将两者结合起来，一方面整合已有资源，另一方面增置新资源；共享服务平台可以在共享生产设施上构建；共享产品可以在共享服务平台上构建。

（二）共享服务平台的老

共享服务平台本身好比人类，生生不息，老的只是其中某个人，好比是共享服务平台中的某个共享资源或某个共享服务平台或某个共享产品。共享资源老化的原因可能是使用的时间太长，共享产品、共享流通网络等都有一定的使用期限，过了这个期限就需要进行维修，好比人老了，要经常去医院体检一样；共享资源老化的原因也可能是共享服务平台和共享产品对共享资源的要求变高了，有些共享资源就无法适应新要求，而需要进行升级改造，好比人的思想跟不上时代，就会与时代产生代沟，需要活到老学到老一样；共享服务平台老化的原因可能是因为该共享服务平台已经不能满足用户研发新产品的需求，需要根据用户的需要进行升级改造；共享产品老化的原因可能是因为该共享产品已经不能满足用户对共享服务的需求，需要根据用户的需要进行升级改造。

（三）共享服务平台的病

共享服务平台和人一样也会生病。共享服务平台中某共享资源或某共享服务平台或某共享产品出故障了，不能正常运行了，好比是某个器官出问题了；也可能是出了系统性的问题，如共享服务平台中的调度和管理等全局性的机制出了问题，好比消化系统、神经系统出了问题。

（四）共享服务平台的死

好比人，老到一定程度就会死、生病治不好就会死。如果将共享经济产业本身看作一个共享服务平台，则其生命周期会很长，即使未来的某一天被另一种更好的经济模式所替代，那种更好的新模式也会借鉴共享经济的某些优点。如果从共享经济产业中的不同共享服务平台来看，某些共享服务平台由于管理、调度等全局性的机制出了问题且无法医好，该共享服务平台可能就会昙花一现，从共享经济产业中消失。如果从共享服务平台的组成部分来看，如果某共享资源或某共享服务平台或某共享产品老化或出故障了，且无法升级或修好，则会被淘汰。

第六节 共享经济的服务

一、共享服务的原理

利用共享经济可以为用户提供随心所欲的共享服务。随心所欲的共享服务体现在三方面：随时的共享服务、随地的共享服务、随意的共享服务。而随心所欲的共享服务需要取之不尽的共享资源和随机应变的共享机制的支持。当然最关键的是用户，因为一切共享资源和共享机制都是为了向用户提供高质量的、及时的、个性化的共享服务。

共享经济服务的内容、形式、条件可以概括为以下四点：

第一，闻风而动——一触即发，即在用户需要的时候将共享服务传输到需要所在地方，是共享经济服务的形式。

第二，变幻多端、千变万化——随心所欲，即根据用户的需要提供共享服务，是共享服务的内容。

第三，风吹云动——随机应变，即有着灵活的共享资源调度机制，是提供随时、随地、随意的共享服务的软条件。

第四，铺天盖地——取之不尽，即有着充足的共享资源来支撑共享服务。取之不尽的共享资源是提供随时、随地、随意的共享服务的硬条件。

（一）随时随地的共享服务

所谓随时，是指用户任何时候需要共享服务，无须购置或增置服务产品，在传统经济模式下购买服务设备、安装服务设备、配备服务需要一个较长的时间，而共享经济下只需要通过流通网络联接共享服务平台，鼠标轻轻点击就可以购买所需的共享服务，利用共享服务平台提供的共享服务就可以处理自己的业务，业务处理完毕后，关闭共享服务即可，便不再产生任何费用，而传统经济模式下购买了服务产品之后，即使不用，还要进行维护、耗电、随着时间折旧。

所谓随地，是指用户不管在什么地方，只要能联上流通网络，就能够享受共享服务平台提供的共享服务，如果是公共共享服务平台，那么需要能联上广域网，如果是私有共享服务平台，那就只需要联上私有共享服务平台所在的局域网。

共享经济模式将随时随地这个特点发挥到了淋漓尽致，可以用一触即发来形容，只要用户有需求，一点鼠标，共享服务就可以马上提供给用户，不管用户在天涯海角，因为流通网络中的数据是光速传播的，而且为用户提供共享服务的共享服务平台有着超海量的消费能力和超级的经济能力，相对于传统模式而言，用户处理业务的速度大大提高，用一触即发来形容毫不为过，同时相对于传统模式而言，用户获取服务的便利性大大提高，用随时随地来形容也非常贴切。

（二）随意的共享服务

同时，共享经济能随时随地地为用户提供共享服务的同时，还能保证共享服务的质量，使得用户通过共享经济方式获取的共享服务比通过非共享经济方式获取的服务更个性化、更丰富、更强大、更安全。所谓个性化，是指用户可以根据自己的需要随时更换共享服务的内容、共享服务的形式、共享服务的方式，而这些内容、形式、方式在共享服务平台都有着大量的范例和框架，用户只要稍做更换就可以随时生成自己需要的个性化共享服务。所谓丰富，是指共享服务平台长期运营的经验积累和数据积累，以及共享服务平台的专业化服务，好比超市里的货物总比小商店里的货物丰富一样，共享服务平台用户越多、运营时间越长久，其中服务的内容、形式、方式也就越丰富，而反馈包括用户是否收到的反馈和用户是否满意的反馈。

（三）随机应变的共享服务机制

从共享经济模式可以为用户提供随时、随地、随意的共享服务来看，用户可以随心所欲地使用共享生产资料，用户之所以能够随心所欲地使用共享生产资料是因为共享经济模式的机制能够满足用户随时、随地、随意的需要，同是因为共享经济模式可以融合用户与资源或运营专门机构来聚集大量的用户与资源，从而确保有着取之不尽的共享资源可以为用户提供服务。

（四）取之不尽的服务资源

取之不尽的资源包括生产资料、消费资源、流通网络资源。具体包括海量生产资料（消费服务设备系统＋生产服务设备系统）、覆盖多地域多领域流通网络（流通服务设备系统）。其中，消费服务设备，如自行车、汽车；生产服务设备，如生产车间；流通服务设备，如物流网、互联网、物联网。如果共享资源不足，则难以为用户提供随心所欲的共享经济服务。

由于共享服务平台可以整合用户的资源，所以随着用户量的增加，其共享资源量会越来越大，同时由于共享服务平台运营商可以通过共享服务平台向用户收取服务费，共享服务平台运营商会将收益的一部分拿出来购置新的共享资源加入共享服务平台，而共享服务平台资源的增多又能吸引和服务更多用户。因此，形成良性循环，使得共享服务平台的共享资源越来越取之不尽，用户使用起来也就越来越随心所欲。

二、共享服务的模式与流派

共享服务的模式与主要流派如图 2.13 所示。

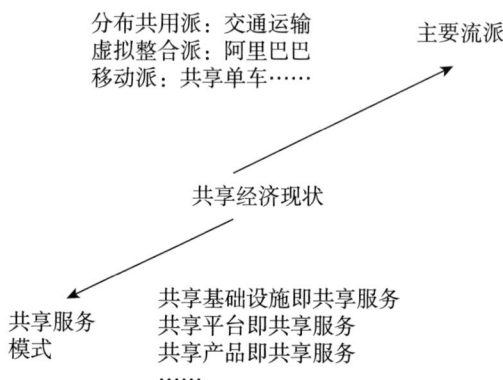

分布共用派：交通运输
虚拟整合派：阿里巴巴　　　　　主要流派
移动派：共享单车……

共享经济现状

共享服务　　共享基础设施即共享服务
模式　　　　共享平台即共享服务
　　　　　　共享产品即共享服务
　　　　　　……

图 2.13　共享经济的服务模式与主要流派

（一）共享服务模式

共享经济模式包括共享基础设施即共享服务、共享服务平台即共享服务、共享产品即共享服务，对应着传统经济模式中的基础设施、服务开发环境、产品。

共享经济产业中共享基础设施、共享服务平台、共享产品互为瓶颈，其重要性难分上下。如果缺乏共享基础设施，则共享服务平台和共享产品无处可以构建和运行，共享基础设施好比是皮，共享服务平台和共享产品好比是毛，皮之不存，毛将焉附？如果缺乏共享服务平台，则用户就无法自主构建和随时更换自己需要的产品，共享服务平台好比是米，产品好比是饭，如果没有米，巧妇也难为无米之炊；反之，如果没有产品，说明共享服务平台根本上没有用户使用，因为如果没有用户使用共享服务平台，那么没有用户需求时这些共享服务平台就不会有人维护升级，而最终会被淘汰；如果没有平台，说明共享基础设施根本就没有用户使用，因为如果有足够的用户使用共享基础设施，则会在共享基础设施上构建丰富的平台，如果共享基础设施没有用户使用，那么这些共享基础设施没有用户需求也就不会有人维护升级，而最终会被淘汰。

（二）主要流派

目前共享经济主要有三大成功流派和案例，分布式共用派（物流、公共汽车、列车、飞机、网吧、餐厅、自来水）、虚拟整合派（淘宝、阿里巴巴、亚马逊）、移动定位派（共享单车、滴滴拼车），三者可以分开也可以结合。分布式共用派以交通运输为代表；虚拟派以阿里巴巴公司为代表；移动派以移动通信运营商为代表。三者可以独立构建和运营，也可以联合构建和运营。当然也可能还有或出现一些其他成功流派和案例。

三、共享服务的行业分类

（一）分类举例

（1）能源，如共享发电量——基于气象预报、发电调度。

（2）公安，如共享手机定位＋地理产品系统。

（3）气象，如共享某地某时某属性的气象产品，共享灾情、健康（下雾不跑步）、交通（雾、积水）有关的专业气象预报。

（4）文学，如共享文学笔记。

（5）视频，如共享点播、共享监控视频、共享交通监控视频。

（二）分类原因

"随心所欲"是指在某一具体共享服务项目范畴（"用户实时或事前预计需要的"）之内的随心所欲。之所以能够让用户感到随心所欲，是因为用户想要的在共享服务平台中都考虑到了，要想满足各种用户的需求，就必须进行行业细分，因为各行各业不同，用户的需求也不同，没有放之四海而皆准的解决方案，只可能在某个细分的行业中将用户的需求理清楚并考虑到用户的各种个性化共享需求来为用户提供随心所欲的共享服务。

（三）分类原则

防止有饭无人吃，即作出来的共享服务没人用，所以用户太少的行业要进行合并，避免共享资源和共享服务的浪费，否则会影响共享经济产业的可持续发展。

防止有人无饭吃，即用户想要，却缺乏相关的共享服务。所以，用户太多的行业需要进一步细分，否则，很难为用户提供精细化的高质量共享服务。

四、共享服务与传统服务的比较

共享服务＝共享经济环境＋海量经济＋产品服务。其中，共享经济环境相当于生产设施共享，海量经济相当于生产平台共享，产品服务相当于产品共享，几项的结合才能提供比较好的共享服务。

用户可以随心所欲地使用共享服务，好比在饭店吃饭，想吃什么口味就去哪个饭店，到了饭店，想吃什么就点什么；传统服务是千篇一律，好比自己在家做饭，做来做去都不会有太多的花样，而且费时费力。

（一）降低资源成本

生产用户无须构建自己的生产线，消费用户无须购买自己的产品。需要资源时，只要从共享服务平台申请，只需要支付所使用时间内的服务费用，这样可以省去构建自己的生产线和购买自己产品的费用，同时也省去了对生产线和产品的服务管理维护升级的费用。

（二）提高资源利用率

使已有资源利用率提高。因为不同用户资源需求高峰期和低谷期不同，所以不同用户的资源需求可以互补，从而消除高峰期和低谷期对资源需求的波动导致的资源短缺和资源闲置，从而使得资源可被充分地利用，当某些用户很忙时，就将其他用户闲置的资源调度过来供他们使用，等这些用户闲下来的时候，再将他们的资源调度给其他需要的用户使用。

（三）提高业务服务精度、速度、规模

基于 N 个共享服务平台的协同处理，使业务处理精度、速度、规模提高近 N 倍。共享服务平台中不同的资源、平台、产品、用户都是分布式的，其中各种生产任务和消费资源都可以并行地处理、消费、传输。

第七节　共享经济与传统经济的比较

一、供求关系的差异

共享经济与传统经济供求关系的差异如图 2.14 所示。

共享经济：求——＞供

非共享经济：供——＞求

图 2.14　共享经济与传统经济供求关系的差异

共享经济可以根据用户的需求进行资源的动态配置，如：用户多或任务多的时候可以多启动一些共享服务平台，用户少或任务少的时候可以休眠或关闭一些共享服务平台。

而在非共享经济模式下，不同的生产资料为不同的用户服务，这些生产资料之间没有很好地通过互联网共享，难以互相支援。在非共享经济模式下，有的用户生产资料太多，出现闲置，没有被充分利用；而有的用户生产资料太少，无法满足经济任务的需要，要么其生产资料处理不了用户的大作业，要么其生产资料无法在有效的时间内处理完用户的作业。在非共享经济模式下，用户在某些时候业务忙，其生产资料无法满足经济需求，有的时候业务闲，其生产资料又会闲置。

所以不管是从时间上来看同一个用户不同时间的需求，还是从空间上来看不同用户的不同需求，都有所不同，而且在空间分布上和时间上都在发生着变化，显然在非共享经济模式下，靠不变的生产资料供给变化的经济需求是不合理的，所以非共享经济模式向共享经济模式的转化是需求变化日益复杂的所有用户的必然诉求。通过共享经济模式，生产资料可以像云一样流动，可以根据不同用户需求的变化，从一个用户流向另一个用户，从而平衡不同用户的需求，使得同样多的生产资料可以服务更多的用户；通过共享经济模式，生产资料可以像云一样的分散和聚合，既可以满足某些用户大作业的经济需求，又可以满足大量散户的小作业的经济需求；通过共享经济模式，生产资料可以像云一样有风的时候风起云涌，无风的时候万里无云，风好比用户的需求，当某个用户需求大的时候，能够及时调配更多的生产资料，当某个用户需求小的时候，能够将多余的资源调配给其他用户使用，所以从时间上等效地看，共享经济模式可以根据用户在不同时间的需求量的变化，将其生产资料从其空闲的时间流向其繁忙的时间。在共享经济模式下，生产资料之所以可以根据需求量的变化在时空上进行流动，其奥秘在于充分利用了不同用户和不同作业需求量的波峰与波谷概率相当性，即某些用户需求量大的时候，另一些用户此时可能需求量小，反之亦然。

二、生产关系的差异

共享经济与传统经济个体生产关系的差异如图 2.15 所示。

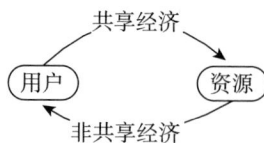

图 2.15　共享经济与传统经济个体生产关系的差异

非共享经济将生产资料提供给用户，而共享经济是根据用户来配置生产资料。在非共享经济模式下，用户需要购买生产资料，还需要购买相应的服务资源，不同用户之间的生产资料和服务资源往往形成了资源孤岛，相互之间无法共享；而在共享经济模式下，用户无须购买生产资料和服务资源，只需购买共享服务，这些服务可以按需购买，想用多少就买多少，想买多长时间就买多长时间，想买什么类型就买什么类型，无须进行支撑服务的资源构建、升级、维护。

共享经济与传统经济集体生产关系的差异如图 2.16 所示。

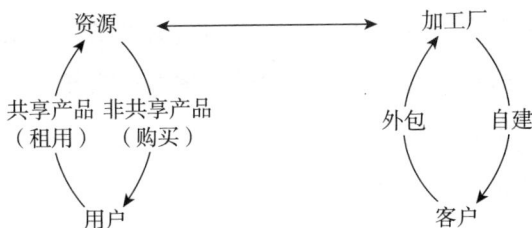

图 2.16　共享经济与传统经济集体生产关系的差异

非共享经济模式下，用户直接购置服务资源来运行业务；共享经济模式下，共享经济运营商将服务资源虚拟化为设施共享服务、平台共享服务、产品共享服务通过流通网络提供给用户使用。但不管哪种模式，其共享资源都包括生产资源、消费资源、流通网络资源三种类型。如果说资源相当于一个加工厂，那么生产资源就相当于加工厂里的加工车间，消费资源就相当于加工厂里仓库中的货物，流通网络资源就相当于加工厂里的进出货渠道。非共享经济模式下，相当于客户需要自建加工厂，一方面成本高，另一方面会出现有时加工不过来而有时又没有东西可加工的情况；在共享经济模式下，相当于外包加工，不需要加工厂的构建和维护成本，加工量多时多付一些加工费，加工量少时少付一些加工费，而加收外包的加工厂，利用不同客户加工高峰期和加工低谷期的时间不一致性，进行加工厂的负载均衡，从而使得客户和加工厂都能双赢。

三、冗余能力的差异

在非共享经济模式下，平台坏了，里面的生产系统可能都要重新从头构建，里面的产品也许永远都恢复不出来了；一个流通网络坏了，上面的用户可能都会掉线。共享经济模式在这些方面进行了考虑和改进。共享经济模式对共享资源进行了冗余，好比备用轮胎，一个轮胎坏了，可以将备用轮胎换上，这样不耽误时间，车就可以继续行驶，不会瘫痪在路上了，同样在共享经济模式下，重要的数据都不只是消费在一个共享服务平台，而是分布式地消费在多个共享服务平台，当一个共享服务平台崩溃或出现异常了，消费在它上面的数据可以完好无损地从其他共享服务平台恢复出来；共享经济模式对经济进行了冗余，好比东方不亮西方亮，就像打球的时候，有替补队员一样，以确保球赛正常进行，同样在共享经济模式下，如果一个共享服务平台崩溃或出现异常了，该共享服务平台上的共享进程会在其他共享服务平台上重新启动，该共享进程所需的服务都可以在其他共享服务平台上克隆出来，不会影响到其他共享进程的运行，从而不会影响到整个共享任务的完成，在非共享经济模式，一个进程崩溃了，可能会导致所有的进程不得不都重新开始配置；共享经济模式对流通网络进行了冗余，好比填入职登记表时要填上紧急联系人或备用电话一样，这样万一通过一种途径找不到当事人，还可以通过其他途径找到当事人，同样在共享经济模式下，因为共享经济共享服务平台在流通网络上是分布的，如果某一条流通网络链路坏了，用户可以通过另一条流通网络联接其他共享经济共享服务平台来享受同样的服务，而这些流通网络切换的过程对用户来说是不可见的，由共享经济环境和共享经济运营商来处理。

共享经济与传统经济冗余能力的模式差异举例如图 2.17 所示。

共享经济模式除了在技术上进行了冗余的考虑，其运营模式也使得它比非共享经济模式在用户对资源的获取方面更为冗余，从而能更好地满足更多用户的需求。在非共享经济模式下，不同的资源为不同的用户所有，对不同的用户而言，不同的资源之间是相互独立的，对不同的资源而言，不同的用户之间是相互独立的。在共享经济模式下，用户集合

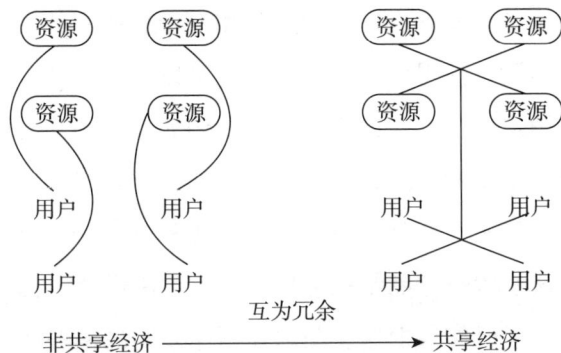

图 2.17　共享经济与传统经济冗余能力的模式差异举例

可以使用资源集合的服务，对不同用户而言，不同资源是融为一体的，对不同的资源而言，不同用户也是融为一体的；在共享经济模式下，每个用户所享用的服务不再由某个固定的资源提供，资源集合中任意资源都可以在适当的时候为适当的用户提供适当的服务，每个资源所服务的用户也不再是某个固定的用户，用户集合中任意用户都可以在适当的时候从适当的资源中获取适当的服务。共享经济模式与非共享经济模式相比，其优越性在于：共享经济模式下各资源可以被更充分地利用，因为如果只有固有用户使用它，那么当固有用户需求大的时候资源可能不够，需求小的时候资源可能闲置还耗电，而当有多个用户共享这些资源时，这个用户不用的时候可以给其他用户用，不会造成资源的闲置和浪费，这个用户的资源不够用时可以用其他用户的闲置资源，不会造成资源的短缺；其优越性还在于：共享经济模式下各用户需求可以被更好地满足，因为用户的需求随着时间在变化，不同用户之间的需求也是有差别的，如果每个用户都只有固定资源为其服务，则某用户需求量大的时候，资源不够用，影响用户的业务，某用户需求量小的时候，资源闲置，白白损耗，而当所有资源可以共享时，就可以根据各用户的需求进行资源的调配，当某用户需求量大时，多调配些资源给他，当某用户需求量少时，把多余的资源调配给其他需要资源的用户。用户需求的多变性和固定资源的能力局限性是现实存在的，而且是相互矛盾的，共享经济模式很好地化解了这个矛盾，使得用户需求的变化可以相互抵消，固定资源之间的共享可以为用户提供变化的服务能力。例如，动画片制作公司当接到一个动画片制作单子时，对计算消费资源的需求量很大，往往服务产品不够用，只得增置服务产品，否则会耽误业务进度；当淡季没有动画片需要制作时，这些服务产品都在那里闲置，不断贬值，没有发挥应有的作用，非常可惜。但如果把这些动画片制作公司的服务产品都互联为共享经济服务中心，或者由专门的共享经济运营中心为这些动画片制作公司提供共享经济服务，那么这些动画片制作公司就无须购置、维护、升级服务产品，当需要制作动画片时，只要从共享服务平台购买计算能力和消费能力就可以了，当动画片制作成功，需要发布时，也只需要从共享服务平台购置流通网络能力，当不需要制作动画时，停止缴纳服务费就可以了。

四、资源利用的差异

共享经济与传统生产资料利用及能耗的差异举例如图 2.18 所示。

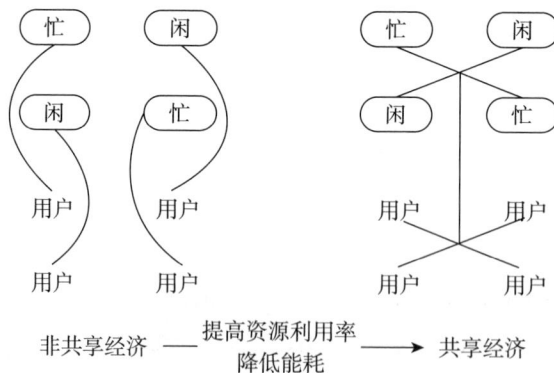

图 2.18　共享经济与传统生产资料利用的差异举例

非共享经济模式下，有的用户资源不够用，有的用户资源闲置。共享经济模式可以改变这一现状，使得用户闲置的资源可以给资源紧张的其他用户用，这样一来，因为每个用户资源都有闲置和紧张的时候，而且可能某些用户资源闲置的时候，另一些用户的资源紧张，通过互通有无，使得他们通过共享能够互助互利。当用户数量很多时，各个时刻不同用户资源紧张和资源空闲的概率应该近似，可以相互抵消，通过资源服务能力的流动使得闲置的资源不再闲置、资源紧张的用户资源不再紧张。因为所有闲置的资源都流向了资源紧张的用户，向资源紧张的用户提供服务，所以能提高资源的利用率，否则资源闲置，由于资源的价格总在不断下降，资源也会不断贬值。

共享经济与传统生产资料利用及成本的差异举例如图 2.19 所示。

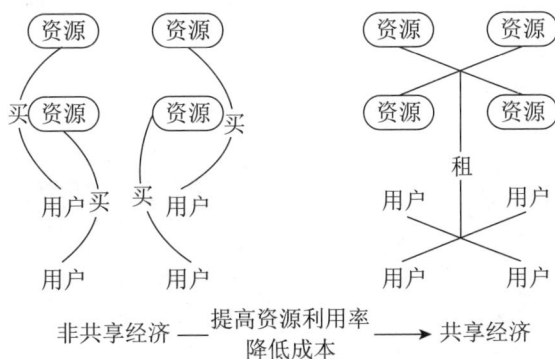

图 2.19　共享经济与传统生产资料利用及成本的差异举例

同时因为资源紧张的用户，无须购置更多的资源，只要在使用期内为服务付费，这样可以节省大量的成本，因为如果购置更多的资源，当用户业务淡季，这些资源将被闲置，而白白损耗；而资源闲置的用户可以将闲置的资源以服务的形式通过流通网络提供给资源紧张的用户，从而获取一定的收益，降低了资源闲置所产生的成本，甚至能带来收益。这些资源的流动和运营，不一定是在用户之间直接进行的，一般是通过共享服务平台及其运营商来组织运营的，资源紧张的用户无须花更多的钱购买资源，可以从共享服务平台购买服务，在不需要的时候就停止该服务，而资源闲置的用户无须看着资源白白闲置浪费且损耗，可以把多余的资源服务租给共享服务平台，在需要的时候再收回，共享服务平台也可以通过服务的提供和多余资源的利用，从中获益，此时共享服务平台好比充当了银行的角色，钱多的人可以把钱存在银行，需要的时候再取出来，缺钱的人可以从银行借钱，这样银行可以从中赚取差价；同时，借钱的人解决了资金短缺问题，存钱的人可以赚取利息，使得钱能保值。正是因为资源利用率得到了提高，相同数量的资源可以为更多的用户服务，闲置资源的变化减少了。

五、可扩展性的差异

共享经济与传统经济可扩展性的差异举例如图 2.20 所示。

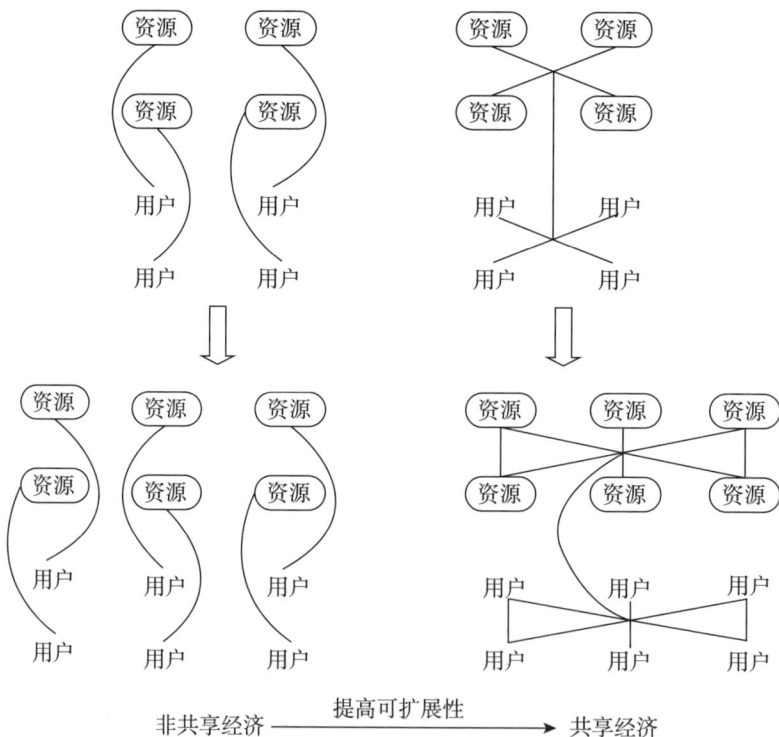

图 2.20　共享经济与传统经济可扩展性的差异举例

在非共享经济模式下，不管用户量怎么增加，或者资源量怎么增加，已有的资源无法调度给新加入的用户，新增的资源无法调度给已有的用户，新增的用户无法使用已有的资源，已有的用户无法使用新增的资源，所以在非共享经济模式下，用户与资源一一绑定，无法通融为一个整体，不管有多少个用户或资源，他们仍然为一些个体，对每个个体用户来说，其资源没有因为新资源的加入而扩展，对于每个个体资源来说，其用户没有因为新用户的加入而扩展。因此，在非共享经济模式下，个体可扩展性差，个体用户只能通过自身购置新的资源来进行扩展，而无法利用其他用户的资源，个体资源只能通过吸纳新用户进行扩展，而无法利用其他资源的用户，同时在非共享经济模式下，个体之间没有融合，没有形成整体，所以无所谓整体的可扩展性。

反之，在共享经济模式下，新用户的加入和新资源的加入都可以使得共享服务平台的服务能力更强、资源协调能力更强，好比一方有难、八方支援，一旦用户量更多、资源量更多，则有更多的用户闲置资源可以调度给资源紧缺的用户使用，则可以满足用户更大的突发性资源需求，则可以达到更好的资源平衡，因为用户量资源量越大，则忙的用户和闲的用户、闲置的共享资源和超负荷的共享资源出现的概率越近似，越可以相互抵消，从而实现更高的资源利用率、更低的成本，好比一块硬币扔100次，可能正反面出现的次数不一定接近，但如果扔1亿次，则正反面出现的次数会很接近，这就是概率所起的作用。所以，可扩展性对共享经济模式意义重大，用户和资源的规模越大，共享经济模式的优越性越明显。

因此，共享经济模式的可扩展性非常好，因为不管有多少用户或资源加入，它们都是互通有无的，新用户可以使用已有用户的资源，已有用户也可以使用新用户的资源；新资源可以为已有用户提供服务，已有资源也可以为新用户提供服务，而所有的这些功能都通过共享服务平台来透明地实现，用户与用户之间、资源与资源之间无须进行特定地沟通与协调，共享服务平台可以实现用户与资源的合理调度与协调。

第三章　共享经济产业理论

　　共享经济产业链的各个环节相互作用、相互影响、相互促进并不断地循环升级。如果共享经济产业在用户需求的作用下，有老共享产品的升级和新共享产品的产生，从而引起共享经济产业链的细化和调整。共享经济能及时提供用户最需要的共享服务，得益于共享经济产业灵活的自我调节能力。共享经济对资源的调度和用户的整合对外是透明的，不需要轰轰烈烈的机房扩建、不需要轰轰烈烈的系统升级，一切都在无声无息中完成。

　　本章论述了共享经济产业的基础理论、共享经济产业的模型、共享经济产业的发展、共享经济的产业升级与平衡、共享经济产业的成熟度、共享经济产业的建模。共享经济产业的出现不是偶然的，是技术资源积累与产业市场驱动的必然结果。共享经济产业必然同时走向通用和专用两个极端。共享经济产业的目标是为所有用户提供共享服务，所以必然需要满足各行各业所有老百姓的各种个性化共享服务需求；同时，随着共享经济产业的发展，行业用户必然会对共享服务的质量和安全提出更高的要求，这必然要求相应的共享服务平台需要专业化运营来满足特定行业用户的需要。共享经济的特点有很多，用户感受最明显的是容错可靠、对用户端的需求低、可以共享数据。共享服务提供商和共享服务使用者的空间分布就构成了共享经济产业模型的空间维，共享服务使用者在使用共享服务前后的成本变化及收益变化和共享服务提供商的成本和收益就构成了共享经济产业模型的本性维，分布及成本和收益的变动形成了时间维。有了这三个维，任何一个共享经济服务的市场行为，都可以在这三个维中得到有效的分析。共享服务提供商多了之后，他们之间也会分工合作。就像公司多了之后，从纵向上形成了共享经济产业链。纵向上形成共享经济产业链的同时，共享经济产业从横向上又会形成行业细分。

第一节　共享经济产业的研究现状

共享经济的颠覆性更多地体现在那些在技术条件上能够以个体户的形式存在，但由于交易成本过高，不得不以企业的方式提供产出的产业。[①] 产业集群提供的共享性资源分为共享式网络、共享性信息和制度支持三类。[②] 共享产业公司正在破坏全球传统行业。[③] 以互联网专车为代表的共享经济冲击着传统出租车行业，引发诸多规制难题。[④] 同时，共享经济的兴起，创造了很多新的行业竞争，例如 Airbnb、Uber、Lyft 和 Sidecar 等共享服务。[⑤] 共享经济的价值在于在拥有某项资源（资产或技能）的消费者与需要这种资源的消费者之间，对某一时间以可接受的交易成本创建一个匹配。[⑥] 共享经济商业模式在提高资源利用率、价格、运营成本、个性化与定制化服务、长尾客户、可持续发展等多方面具有绝对优势。[⑦] 同时，共享经济商业模式在配置对象、需求侧参与权、选择权、评议权、交易成本等方面存在着比较优势。[⑧] 共享经济有利于助力中国"新

①　彭文生、张文朗、孙稳存：《共享经济是新的增长点》，《银行家》2015 年第 10 期。
②　陆立军、于斌斌：《基于共享性资源的专业市场与集群企业竞争力：网络，信息与制度——基于浙江省绍兴市 14262 份问卷调查与分析》，《经济地理》2011 年第 2 期。
③　Cannon S., Summers L. H., "How Uber and the Sharing Economy can Win over Regulators", *Harvard Business Review*, No. 10, 2014.
④　彭岳：《共享经济的法律规制问题——以互联网专车为例》，《行政法学研究》2016 年第 1 期。
⑤　Wallsten S., "The Competitive Effects of the Sharing Economy: How is Uber Changing Taxis", *Technology Policy Institute*, No. 22, 2015.
⑥　刘奕、夏杰长：《共享经济理论与政策研究动态》，《理论参考》2016 年第 9 期。
⑦　郑志来：《共享经济的成因，内涵与商业模式研究》，《现代经济探讨》2016 年第 3 期。
⑧　郑志来：《供给侧视角下共享经济与新型商业模式研究》，《经济问题探索》2016 年第 6 期。

经济"。[①]近几年来，共享经济在我国发展迅猛，共享企业数量和规模都呈快速增长态势。[②]共享服务平台已经涉足各行各业。运输类共享服务平台例如滴滴快车、神州租车、易到用车、天天用车；通信类共享服务平台例如迅雷星域、世纪互联、WIFI、万能钥匙；房屋类共享服务平台例如途家、小猪短租、蚂蚁短租；服务类共享服务平台例如妈妈的菜、蹭饭、回家吃饭；货币类共享服务平台例如人人贷、拍拍贷、陆金所；商品类共享服务平台例如淘宝闲鱼、易优优、猎趣。[③]共享经济平台最近在旅游业也蓬勃发展如 Airbnb。[④]同时，共享经济进一步促进了旅游业与其他产业的快速融合。[⑤]共享经济的现有研究在共享经济产业的基础理论、共享经济产业的模型、共享经济产业的发展、共享经济的产业升级与平衡、共享经济产业的成熟度、共享经济产业的建模这些方面几乎还是空白，但这些方面的研究对于共享经济产业的研究来说非常重要，所以本章将围绕这些方面进行研究阐述。

第二节　共享经济产业的基础理论

一、共享经济产业的资源与市场

共享经济的技术资源积累与产业市场驱动如图 3.1 所示。

（一）技术积累

共享经济并不是一个从天而降的技术，而是在很多已有技术的基础上、在日益增长的用户需求下、在资源和能源日益紧张的环境下应运而生，可谓生逢其时。

---

① 施巧灵：《关于行政事业单位内部控制的探讨》，《当代经济》2011 年第 16 期。
② 马强：《共享经济在我国的发展现状，瓶颈及对策》，《现代经济探讨》2016 年第 10 期。
③ 彭文生、张文朗、孙稳存：《共享经济是新的增长点》，《银行家》2015 年第 10 期。
④ Ert E., Fleischer A., Magen N., "Trust and Reputation in the Sharing Economy: The Role of Personal Photos in Airbnb", *Tourism Management*, No.55, 2016.
⑤ 李晓雪、赵亮：《浅析共享经济视角下全域旅游的发展趋势》，《当代经济》2016 年第 31 期。

互联网+
大数据
人工智能
……

技术积累　　　　　　市场驱动

传统经济模式的缺陷
资源和能源短缺和环境污染受到全球关注
用户日益增长的服务需求
……

共享经济发展基础与动力

已有的生产及消费资源积累
流通网络设施的普及和技术的进步
手机等用户终端的成本低廉和普及

资源积累　　　　产业驱动

物联网
智慧城市
……

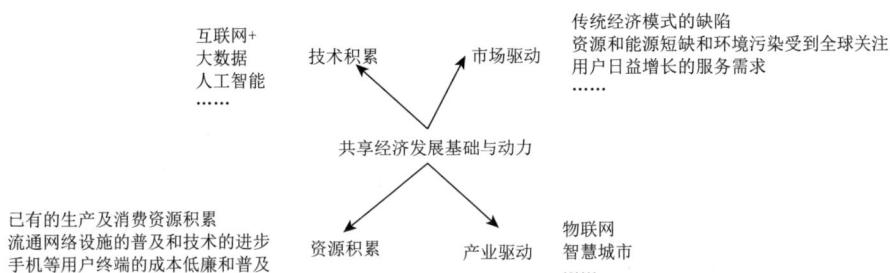

图 3.1　共享经济的技术资源积累与产业市场驱动

很多现有技术都为共享经济的发展提供了技术积累，如"互联网＋技术"、大数据技术、智能处理技术、物联网技术等。

相关技术是共享经济产业出现和发展的基础。青出于蓝而胜于蓝，共享经济技术和上述相关技术有所不同。信息技术主要用于科学领域，而共享经济中的技术不但可以用于科学领域，还更多地用于商业领域，被企业和市场所主导，面向的不只是科学家，而是所有的普通老百姓和各行各业的用户；集体经济用于聚集分散的生产消费资源来处理大型的经济任务，而共享经济不但可以处理大型的经济任务，也可以同时处理大量的小型任务，能够同时接受海量用户的访问与使用；跨国公司能将相关性非常小的经济任务分发到分布在不同地点的经济共享服务平台上来完成，生产流水线能用于将相关性较大的生产任务划分到生产群体上来完成，而共享经济既可以像跨国公司那样处理相关性小的经济任务，又可以像生产流水线那样处理相关性大的经济任务。

（二）资源积累

已有的生产及消费资源积累也是共享经济产业出现和发展的基础，这些大量的生产资料和消费资源都是共享经济产业的坚实基础，如果没有丰富的生产及消费资源，那么共享经济产业就会失去意义，因为共享经济产业需要有取之不尽的生产及消费资源供海量的用户使用，否则即使共享经济产业模式再先进也是纸上谈兵、空中楼阁。

手机、掌上电脑的成本低廉和普及也是共享经济产业出现和发展的基础。如今，手机在大部分国家几乎是人手一部，比个人电脑还要普及，而且这些移动服务设备可以随时随地上网，从而为共享经济产业吸纳海量的用户提供可能，因为如果用户没有服务设备接入共享服务平台，共享经济服务则无法普及，如果需要去办公室或网吧才能访问共享服务平台，共享经济服务的普及则会受到局限。

流通网络设施的普及和流通网络技术的进步也是共享经济产业出现和发展的基础。流通网络是共享经济模式的关键，因为共享服务平台是通过流通网络进行资源整合和任务调度的，用户是通过流通网络来访问和使用共享服务平台的，数据是通过流通网络在共享服务平台共享服务平台之间以及共享服务平台与用户之间进行传输的。当今，几乎所有的国家和地区都联网了，也都可以通过物流网络送达，从一个地方可以网上冲浪到世界各地，也可以从一个地方快递物品到世界各地，而且通过流通网络传输各种各样数据或物品的技术都已成熟。

（三）市场驱动

用户日益增长的服务需求也是共享经济产业出现和发展的基础。随着社会分工的逐渐细化，行业越来越多，用户的个性化服务需求也越来越多，传统的经济模式已经无法满足用户的各种个性化服务需求，因为很多用户想根据自己的需要进行随时更换平台和产品，而共享服务平台可以根据用户的需要随时更换平台和产品，使得共享服务平台成了用户的迫切诉求。

传统经济模式的不足是人们欢迎共享经济的原因。在传统经济模式下，用户需要自己购置资源构建独享服务系统，需要自己维护升级，需要自己安装系统和服务，需要自己为独享服务系统支付电费，但效果是业务闲时，一堆服务产品在那里没有用，业务忙时资源不够用，针对传统经济模式的这些弊端，共享经济模式提供了一种可行的解决方案，将所有用户的资源集中起来，用户甚至无须购置和增添服务产品，由共享服务平台提供和运营资源即可，共享服务平台通过整合不同用户的生产及消费需求来平衡高峰期和低谷期的用户需求，从而消除不同用户需求波动给生产资料带来的紧张和闲置局面，而用户只需要按需购买服务，无须为服务以外的资源的购置、升级、维护、能耗付费。

资源和能源短缺及环境污染受到全球关注是共享经济产业兴起的关键。在传统经济模式下，独享服务系统重复建设，资源严重浪费，而且闲置资源不但带来资源的浪费和损耗，闲置资源的维护和电费也对能源的供应带来了很大挑战，而能源的消耗必然又引起碳排放，所以利用共享经济产业来提高已有生产资料利用率，进而减少资源浪费和能源消耗是人们寄予共享经济的期望。

（四）产业驱动

"互联网＋"、三网融合给共享经济产业带来了新的机遇。"互联网＋"、三网融合使得手机、电视机只要联上网就能访问和使用共享服务平台，扫除了传统经济模式下实体工厂和售卖点为主的局限，必将使得共享经济产业的用户数量更多、使用更广泛。

物联网将给共享经济产业带来更大的机遇。物联网技术正在兴起，物联网使得所有的电器都可以联上网络，届时不但所有的人能上网，物也能上网，必然导致用户量和数据量的进一步攀升，从而给共享经济产业带来更大的动力和更多的数据、任务和用户。

智慧城市将推动共享经济产业的发展。智慧城市必然会对生产资源和消费资源提出更高的需求，共享经济模式的可扩展性正好能迎合这种需求。

二、共享经济产业的趋势

共享经济的技术趋势与运营趋势如图 3.2 所示。

共享经济产业必然同时走向通用和专用两个极端。共享经济产业的目标是为所有用户提供共享服务，所以必然需要满足各行各业所有老百

技术趋势：同时走向通用和专用两个极端

↑

共享经济发展趋势

↓

运营趋势：与其他经济模式长期并存

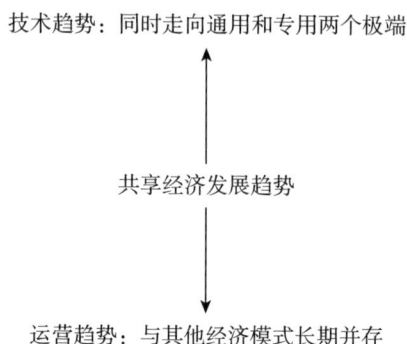

图 3.2　共享经济的技术趋势与运营趋势

姓的各种个性化共享服务需求；同时，随着共享经济产业的发展，行业用户必然会对共享服务的质量和安全提出更高的要求，这必然要求相应的共享服务平台需要专业化运营来满足特定行业用户的需要。

　　共享经济模式与其他经济模式将长期并存，因为很多其他经济模式都是共享经济模式的局部表现形式和技术表现形式。共享服务平台中基础设施可能是集中的，也可能是分布式的，平台可能是虚拟的，也可能是实体的，产品可能是第三方的，也可能是其他用户的，但共享经济模式可以将这些技术有机结合起来，并将这些技术进行屏蔽，使得用户无须了解技术细节，而享受方便快捷的共享服务。

三、共享经济产业的组织原理

　　共享经济产业的先集中后民主原理如图 3.3 所示。

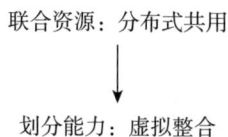

联合资源：分布式共用

↓

划分能力：虚拟整合

图 3.3　共享经济的先集中后民主原理

共享经济的原理是既能将资源联合起来又能将联合起来的能力按需

划分给任何一个需要服务的用户。其中，资源的联合需要共享服务平台的分布式并行调度机制的支持，而能力按需划分需要共享服务平台的虚拟化调度机制的支持。好比先集中再民主，取之于民、用之于民。

四、共享经济产业的三大特点

用户感受最深的共享经济产业三大特点如图 3.4 所示。

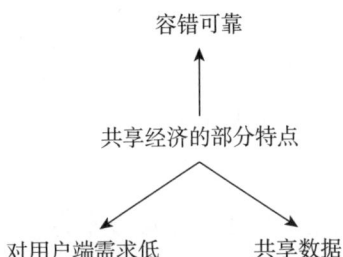

容错可靠

↑

共享经济的部分特点

↙　　　↘

对用户端需求低　　　共享数据

图 3.4　用户感受最深的共享经济三大特点

共享经济的特点有很多，用户感受最明显的是容错可靠、对用户端的需求低、可以共享数据。之所以容错可靠，是因为在共享服务平台内部有冗余技术和虚拟整合技术的支持，使得共享数据和共享任务在共享服务平台内部不会因为硬服务故障而对用户的使用产生影响。因此，与传统的经济模式相比，如传统的独享服务系统，共享服务平台非常稳定和可靠。之所以对用户端需求低，是因为用户端只需要发送用户的需求服务数据和接受用户需要的服务数据并将服务数据显示给用户，普通的笔记本、手机、带机顶盒的电视机都可以达到这些基本功能，正是因为共享经济模式对用户端服务设备配置的要求很低，使得共享经济可以被最广泛的用户所使用。之所以能共享数据，是因为共享服务平台将数据存在共享经济服务系统中，而共享服务平台与用户端服务设备之间没有进行绑定，所以用户不管从哪个服务设备终端都可以通过流通网络与认证访问存在共享服务平台中的数据，这为经常出差的用户或者需要共享数据的多个用户来说是一个非常棒的解决方案。

五、共享经济产业的三大标准

判断是否为共享经济的三大标准如图 3.5 所示。

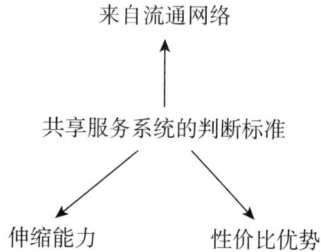

来自流通网络

共享服务系统的判断标准

伸缩能力　　　　　　性价比优势

图 3.5　判断是否为共享经济的三大标准

判断某个经济系统是否属于共享服务平台，判断某个产品服务是否属于共享经济服务，有三个基本的判断标准，这三个标准必须同时符合，才表明该经济系统属于共享服务平台，只要有一个不符合，则该系统也不属于共享服务平台。如果基本符合，则表明其基本属于共享经济的范畴；如果很符合，则表明其共享经济技术已经很成熟；如果不符合，则表明其不属于共享经济的范畴。第一个判断标准是来自流通网络，因为共享服务平台是基于流通网络来向用户提供服务的，如果该服务不是来自流通网络，那么必然不是来自共享服务平台；第二个判断标准是具备伸缩能力，因为共享服务平台能聚集资源能力再将这些能力根据用户的需要进行任意分配，所以如果一秒钟之内，某个资源或平台或产品的使用用户增加了 1 亿个，假设新增的这么多用户需要 1000 个共享经济服务点的支持，则共享服务平台有能力很快地将该资源或平台或产品的支撑共享经济服务点扩展 1000 个，反之，如果这 1 亿个用户在 1 秒之内退出，共享服务平台也有能力很快地将该资源或平台或产品的支撑共享经济服务点缩减 1000 个，在非常短的时间内做到大规模的伸缩这对于非共享服务平台来说是很难做到的；第三个判断标准是性能价格比高，因为共享经济技术之所以被人们所喜爱，是因为它能为用户省钱，它之所以能为用户省钱，是因为它能通过整合资源并合理调度来提高资源利用率、减少资源重复建设和闲置浪费，进而减少能耗，所以如果性能价格比不高，那么就不能说它是共享服务平台。

六、狭义与广义共享经济产业

狭义与广义共享经济的区别如图 3.6 所示。

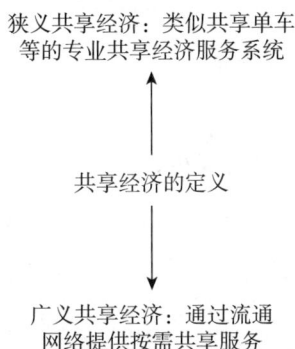

狭义共享经济：类似共享单车
等的专业共享经济服务系统

共享经济的定义

广义共享经济：通过流通
网络提供按需共享服务

图 3.6　狭义与广义共享经济的区别

狭义的共享经济是指类似于共享单车模式的共享经济。广义的共享经济是指各种通过流通网络来提供经济服务且符合上述三大标准的经济模式，流通网络的一端是用户客户端，另一端是服务产品端，服务产品的组织方式和服务方式可以多种多样。

第三节　共享经济产业的模型

共享服务提供商和共享服务使用者的空间分布就构成了共享经济产业模型的空间维，共享服务使用者在使用共享服务前后的成本变化及收益变化和共享服务提供商的成本和收益就构成了共享经济产业模型的本性维，分布及成本和收益的变动形成了时间维。有了这三个维，任何一个共享经济服务的市场行为，都可以在其中得到有效的分析。因此，这里的共享经济产业模型是面向共享经济市场的。

一、共享经济产业的背景

在没有共享经济之前，企业如果想提供面向海量用户的个性化产品服务，就需要购买海量的服务资源。有了共享经济之后，开展业务或拓展业务都不用再买服务资源了，把业务放到共享经济里就行，省钱又省事，不会再像以前那样"用了 20% 的资源，却要为 100% 的服务资源埋单"，不用再为服务资源的维护、系统的升级、病毒的防护、黑客的攻击而永劳不逸。

可见如果把服务资源比喻成鱼，传统经济就是鱼经济。有共享经济之前，鱼买大了，吃不了，浪费；鱼买小了，不够吃；买了之后，还怕它变质。有了共享经济之后，就相当于有了渔经济，想要鱼就钓，随要随钓，绝对新鲜，多吃多钓，少吃少钓，不吃不钓，绝对节约。古人云"授人以鱼，不如授人以渔"，可见共享经济更能满足人们对个性化经济、绿色经济的需要，能提高服务质量。

那么服务质量的提高会不会导致服务成本的提高呢？按常理，"又想马儿跑得快，又想马儿不吃草"是不可能的。但事实证明共享经济却能做到！共享经济是怎样实现这个悖论的？传统的经济，是自买自足的非共享经济，要衣穿就要买衣，要织布就要买织布机。每家每户各种生产资料都要买，成本自然就上去了，买了之后，还要保养、维修，维护成本也很高，而且布织多了穿不了会生虫；稻种多了，吃不了，会发霉；少了又会挨冻挨饿。而在共享经济下，有专门的织布公司的织布机可以共用。由于公司采用规模化生产，生产资料批量采购，成本低；公用模块可以共享使用，批量维护和批量生产流程化，这些都使得共享经济的生产成本大大低于自买自足的非共享经济。这里"自买自足"与"自给自足"不同。"自给自足"是指自己生产给自己用，例如自己制作自行车给自己用。"自买自足"是指自己买给自己用，例如自己买自行车给自己用。共享经济情况下，不用买自行车，可以共享自行车。

假设 M 个用户以及与同数量级个生产者（为了简化模型，也假设为 M 个生产者）在非共享经济模式下，成本为 X_1，产品能提供的服务价值为 Y_1，其效果是有时用不完，有时不够用，有的人用不完，有的人不够用，用不完的价值为 Y_{11}，不够用的价值为 Y_{12}。再假设，满足上述 M 个用户需求的共享经济模式下，成本为 X_2，则 X_2 小于 X_1。且在共享经济模式下，多用的多买，少用的少买，各取所需，每个用户都很满足，将非共享经济中用不完的与不够用的抵消掉了，$Y_2=Y_1-Y_{11}+Y_{12}$，所以共享经济模式下产品能提供的服务价值 Y_2 与 Y_1 基本一致，但给每个用户带来了更为个性化的服务、更为绿色的服务。

可见，经济模式的改变，不但带来了服务质量的提高，更带来了服务成本的下降，但用户并不能独享这些好处，因为共享经济服务提供商要从中分得一杯羹。M 个用户个体需要支付给共享服务运营商的成本 X_3 必然小于 X_1，而大于 X_2，这样用户觉得成本比非共享经济时低多了，而共享服务提供商也从中捞足了油水。

二、共享经济产业的状况评估

用面向市场的共享经济产业模型可以评估总体共享经济产业的状况。

其中，用共享成本效应来反映使用共享经济模式前后产业成本发生的变化。X_1-X_2 为产业成本节省总量；$(X_1-X_2)/M$ 为用户平均产业成本节省量；X_1-X_3 为产业用户成本节省总量；$(X_1-X_3)/M$ 为产业用户平均成本节省量。

其中，共享收益效应来反映使用共享经济模式前后产业效益发生的变化。X_3-X_2 为产业共享服务商总收益；假设产业服务商数量为 N，则 $(X_3-X_2)/N$ 为产业共享服务商平均收益；产业服务价值提高量为 $Y_2-(Y_1-Y_{11})$；生产者提供的产业服务价值平均提高量 $Y_2/M-(Y_1-Y_{11})/N$；用户感受的产业服务价值平均提高量 $Y_2/M-(Y_1-Y_{11})/M$；$(Y_2-X_2)-(Y_1-X_1)$

为产业生产效能提高量；$(Y_2-X_2)/N-(Y_1-X_1)/M$ 为产业生产效率提高量，其中 N 会远小于 M，这里的 M 和 N 分别是使用共享经济模式前后的生产者的数量；$(Y_2-X_2)-(Y_1-Y_{11}-X_1)$ 为产业生产有效效能提高量；$(Y_2-X_2)/N-(Y_1-Y_{11}-X_1)/M$ 为产业生产有效效率提高量；产业服务效益提高量为 $(Y_2-X_3)-(Y_1-Y_{11}-X_1)$；生产者提供的产业服务效益平均提高量为 $(Y_2-X_3)/M-(Y_1-Y_{11}-X_1)/N$；用户感受的产业服务效益平均提高量为 $(Y_2-X_3)/M-(Y_1-Y_{11}-X_1)/M$。

三、共享经济用户的收益评估

面向市场的共享经济产业模型也可以评估对用户的影响。

假设某用户及生产者在非共享经济模式下，成本为 x_1，产品能提供的服务价值为 y_1，其效果是有时用不完，有时不够用，用不完的价值为 y_{11}，不够用的价值为 y_{12}。再假设，该用户如果从共享服务公司购买服务，购买的服务价值为 y_2，则 $y_2=y_1-y_{11}+y_{12}$；共享服务公司提供该服务消耗的成本为 x_2，则 x_2 小于 x_1。且根据市场规律，用户需要支付给共享服务运营商的成本 x_3 必然小于 x_1，而大于 x_2。且在共享经济下，用多少买多少，该用户很满足。将非共享经济中有时用不完的与有时不够用的抵消掉了，所以共享经济模式下产品能为该用户提供的服务价值 y_2 与 y_1 基本一致，但给该用户带来了更为个性化的服务、更为绿色的服务。

此时共享成本效应用来反映使用共享经济模式前后用户及生产者成本发生的变化，上述 x_1-x_2 为成本节省量；x_1-x_3 为用户成本节省量。

此时共享收益效应来反映使用共享经济模式前后用户及生产者效益发生的变化，x_3-x_2 为产业共享服务商总收益；假设为该用户提供共享服务的服务商数量为 n，则 $(x_3-x_2)/n$ 为该用户的共享服务商平均从该用户处得到的收益；该用户感受的服务价值平均提高量约为 $y_2-(y_1-y_{11})$；$(y_2-x_2)-(y_1-x_1)$ 为生产效能提高量；$(y_2-x_2)-(y_1-y_{11}-x_1)$ 为生产有效效能提高量；用户感受的产业服务效益提高量为 $(y_2-x_3)-(y_1-y_{11}-x_1)$。

四、共享经济服务商的收益评估

同时面向市场的共享经济产业模型也可以评估对服务商的影响。假设某个服务商在非共享经济模式下，成本为 x_1，产品能提供的服务价值为 y_1，其效果是有时用不完，有时不够用，用不完的价值为 y_{11}，对应的成本为 x_{11}，不够用的价值为 y_{12}，对应的成本为 x_{12}。再假设，该服务商如果给 m 个用户提供共享服务，此时提供的共享服务的价值为 y_2，则 $y_2=(y_1-y_{11}+y_{12})\times m$，此时需要将原有服务根据需要进行类似复制的扩展，有很多公用的部分无须重复建设，只需要增加少量的硬服务，假设每复制一次需要增加的成本为 x_{21}，则如果共享服务公司为 m 个用户提供该服务消耗的成本为 x_2，则 $x_2=x_1-x_{11}+x_{12}+x_{21}\times m$，如果 x_{11} 很大，而 x_{12} 和 x_{21} 很小，x_2 甚至有可能小于 x_1，而且以成本 x_2 在非共享经济模式下能提供的服务价值 y_3 会与 y_1 类似，而远小于 y_2。根据市场规律，m 个用户需要支付给共享服务运营商的成本 x_3 必然小于 x_1，而大于 x_2。且在共享经济模式下，用多少买多少，m 个用户很满足，将非共享经济中有的用不完的与有的不够用的，有时用不完的与有时不够用的抵消掉了，所以共享经济模式下产品能为 m 个用户提供的服务价值 y_2 与 $y_1\times m$ 基本一致，但给该用户带来了更为个性化的服务、更为绿色的服务。

此时共享成本效应用来反映使用共享经济模式前后服务商成本发生的变化，上述 $x_1\times m-x_2$ 为共享服务商的多用户成本节省量；x_1-x_2/m 为共享服务商的单用户平均成本节省量。其中，共享收益效应来反映使用共享经济模式前后服务商效益发生的变化，x_3-x_2 为共享服务商的多用户收益；（x_3-x_2）/m 为共享服务商的单用户平均收益；服务商的多用户服务价值提高量 $y_2-(y_1-y_{11})\times m$；单用户感受的该服务商服务价值平均提高量为 $y_2/m-y_1$；$(y_2-x_2)-(y_1-x_1)\times m$ 为提供商的多用户生产效率提高量；$(y_2-x_2)/m-(y_1-x_1)$ 为提供商的单用户生产效率提高量；$(y_2-x_2)-(y_1-y_{11}-x_1)\times m$ 为服务商的多用户有效生产效率提高量；$(y_2-x_2)/m-(y_1-y_{11}-x_1)$ 为服务商的单用户有效生产效率提高量；服务商的多用户服务效益提高量为（y_2-x_3）$-(y_1-y_{11}-x_1$）× m；服务商的多用户服务效益提高量为（y_2-x_3）/ m$-(y_1-y_{11}-x_1$）。

五、评估基点的选择

除了像上面一样，以共享经济模式使用前作为比较的基点，也可以以共享经济模式使用后的某一个时间点 t_1 作为比较的基点，对其后的一个时间点 t_2 进行评价。通过综合本性维与时间维，即将上述各种指标除以 t_2-t_1 可以算出上述各种指标在 t_1 到 t_2 这段时间内的变化率，来反映共享经济市场成本和收益随着时间的变化。在某个时间点 t，通过综合本性维与空间维，能反映共享经济市场成本和收益在该时间点上的空间分布。假设考察共享经济市场成本和收益在地点 s_1 到地点 s_n 这 n 个地点的分布，则上述各种指标在各个地点都有相对应的值，通过不同地点各种指标值的比较，可以分析出成本最高的地点、成本最低的地点、收益最高的地点、收益最低的地点、成本在某一个标准之上的地点、成本在某一个标准之下的地点、收益在某一个标准之上的地点、收益在某一个标准之下的地点等可以为共享经济市场布局和拓展提供依据的规律，还可以将本性维、空间维、时间维都综合在一起进行考察。通过比较时间点 t_1 和时间点 t_2 的各个本性维中指标在空间维 n 个地点上分布的变化，就可以分析出共享经济市场成本和收益在不同时间点的空间分布变化，通过分析这些变化就可以了解市场在地域上的发展趋势。

第四节　共享经济产业的发展

一、纵向共享经济产业链

共享服务提供商多了之后，他们之间也会分工合作。就像公司多了之后，从纵向上形成了共享经济产业链。在工业上共享经济第一产业基于生产资料进行初加工，共享经济第二产业是共享经济第一产业的用户，共享经济第一产业的产品会作为共享经济第二产业的生产资料，而共享经济第三产业又是共享经济第二产业的用户，共享经济第二产业的产品又会作为共享经济第三产业的生产资料，共享经济第三产业的产品则直接提供给普通市民享用。可见越是低级产业越接近原始生产资料，越是高级产业越接近普通市民。同样的道理，共享经济也分为共享经济三大产业，共享经济第一产业是提供基础设施即共享服务；共享经济第二产业是提供平台即共享服务；共享经济第三产业是提供产品即共享服务。平台共享服务可以基于传统基础设施构建，也可以基于基础设施共享服务构建，但后者的性能价格比要高；而产品共享服务可以基于平台构建，也可以基于平台共享服务构建，但后者的性能价格比要高。可见，每一级产业都形成了自己的优势，如果高级产业不基于其低级产业来做，则往往成本上去了但效果不一定好。共享经济形成共享经济产业链后，各个环节都能以最低成本取得最大收益，互利互惠，形成多赢局面；相反，如果各自为政、互不买账，则会形成恶性循环，严重阻碍产业的发展。不过这一点不用太担心，因为在市场机制的调节下，共享经济产业链必然能从一个平衡到达另一个平衡，各个环节的效益相互制衡后的最大化是其无形的指挥棒。

二、横向行业细分

纵向上形成共享经济产业链的同时，共享经济产业从横向上又会形成行业细分，如视频转码共享服务、气象产品共享服务、机器人智能共享服务等。每个行业的共享经济产业链依然分为三级。如：视频转码共享服务的第一级共享经济产业链为视频转码基础设施服务共享，其基础设施根据视频转码的特点，一般会采用 GPU 构建；其第二级共享经济产业链为视频加工厂提供构建服务共享；第三级共享经济产业链为视频加工服务共享。气象产品共享服务的第一级共享经济产业链为气象产品

服务基础设施服务共享；第二级共享经济产业链为气象产品服务提供构
建服务共享；第三级共享经济产业链为气象产品服务共享。机器人智能
共享服务的第一级共享经济产业链为机器人智能服务基础设施服务共享；
第二级共享经济产业链为机器人智能服务提供构建服务共享；第三级共
享经济产业链为机器人智能服务共享。

三、共享经济产业的自我调节机制

纵向共享经济产业链和横向行业细分是共享经济产业模型的本性维，
通过本性维可以很清楚地将某个共享经济服务进行定性，知道该共享经
济服务处于共享经济产业链哪个环节、属于哪个行业，这样有利于分析
该共享经济服务的上游产业和下游产业以及相关行业，从而为该共享经
济服务的发展提供指导。除了本性维，共享经济产业模型还有空间维。
大量的共享经济服务端和客户端像云一样分布在空间中。这些服务端和
客户端都能从空间维中找到自己的位置，从而可以利用其空间分布特征，
来分析如何部署服务端或是否需要调整服务端的分布来适应客户端的分
布。而本性维和空间维都会随着时间的变化而变化。某个共享经济服务
可以随着时间的推移，从共享经济产业链的一个环节转移或扩展到另一
个环节，可以从一个行业转变或扩展到另一个行业，其服务端及其客户
端的分布也会随着时间变化。

四、共享经济三大产业间的经济关系

在面向市场的共享经济产业模型中已经假设生产成本为 X_2，产品能
提供的服务价值为 Y_2，用户付费为 X_3。其中，X_2 为产业成本，Y_2 为产
业产值，X_3 为产业收费。产业收益为 $P_1=Y_2-X_2$ 会由服务商和用户共享，
服务商收益为 $P_2=X_3-X_2$，用户收益为 $P_3=Y_2-X_3$，显然产业收益为服务商
收益和用户收益之和。

假设共享经济第一产业的产业成本、产业产值、产业收费分别为

X_{21}、Y_{21}、X_{31}，则共享经济第一产业收益 $P_{11}=Y_{21}-X_{21}$ 会由服务商和用户共享，服务商收益为 $P_{21}=X_{31}-X_{21}$，用户收益为 $P_{31}=Y_{21}-X_{31}$，显然共享经济第一产业收益为服务商收益和用户收益之和 $P_{11}=P_{21}+P_{31}$；假设共享经济第二产业的产业成本、产业产值、产业收费分别为 X_{22}、Y_{22}、X_{32}，则共享经济第二产业收益 $P_{12}=Y_{22}-X_{22}$ 会由服务商和用户共享，服务商收益为 $P_{22}=X_{32}-X_{22}$，用户收益为 $P_{32}=Y_{22}-X_{32}$，显然共享经济第二产业收益为服务商收益和用户收益之和 $P_{12}=P_{22}+P_{32}$；假设共享经济第三产业的产业成本、产业产值、产业收费分别为 X_{23}、Y_{23}、X_{33}，则共享经济第三产业收益 $P_{13}=Y_{23}-X_{23}$ 会由服务商和用户共享，服务商收益为 $P_{23}=X_{33}-X_{23}$，用户收益为 $P_{33}=Y_{23}-X_{33}$，显然共享经济第三产业收益为服务商收益和用户收益之和 $P_{13}=P_{23}+P_{33}$。总产业成本、总产业产值、总产业收费、总产业收益、总服务商收益、总用户收益会分摊到三个产业，$X_2=X_{21}+X_{22}+X_{23}$；$Y_2=Y_{21}+Y_{22}+Y_{23}$；$X_3=X_{31}+X_{32}+X_{33}$；$P_1=P_{11}+P_{12}+P_{13}$；$P_2=P_{21}+P_{22}+P_{23}$；$P_3=P_{31}+P_{32}+P_{33}$。X_{21}/X_2 为共享经济第一产业的产业成本比重；X_{22}/X_2 为共享经济第二产业的产业成本比重；X_{23}/X_2 为共享经济第三产业的产业成本比重。Y_{21}/Y_2 为共享经济第一产业的产业产值比重；Y_{22}/Y_2 为共享经济第二产业的产业产值比重；Y_{23}/Y_2 为共享经济第三产业的产业产值比重。X_{31}/X_3 为共享经济第一产业的产业收费比重；X_{32}/X_3 为共享经济第二产业的产业收费比重；X_{33}/X_3 为共享经济第三产业的产业收费比重。P_{11}/P_1 为共享经济第一产业的产业收益比重；P_{12}/P_1 为共享经济第二产业的产业收益比重；P_{13}/P_1 为共享经济第三产业的产业收益比重。P_{21}/P_2 为共享经济第一产业的服务商收益比重；P_{22}/P_2 为共享经济第二产业的服务商收益比重；P_{23}/P_2 为共享经济第三产业的服务商收益比重。P_{31}/P_3 为共享经济第一产业的用户收益比重；P_{32}/P_3 为共享经济第二产业的用户收益比重；P_{33}/P_3 为共享经济第三产业的用户收益比重。

因为共享经济产业链发展非常成熟时，共享经济第二产业会建立在共享经济第一产业的基础上，共享经济第三产业会建立在共享经济第二产业的基础上。此时共享经济第一产业成本为生产资料收费加改造成本，$X_{21}=X_{30}+X_{211}$；共享经济第二产业成本为共享经济第一产业收费加改造成本，$X_{22}=X_{31}+X_{221}$；共享经济第三产业成本为共享经济第二产业收费加改造成本，$X_{23}=X_{32}+X_{231}$。共享经济第一产业服务商收益为 $P_{21}=X_{31}-X_{21}$；共享经济第二产业服务商收益为 $P_{22}=X_{32}-X_{22}=X_{32}-X_{31}-X_{221}$；共享经济第三产业服务商收益为 $P_{23}=X_{33}-X_{23}=X_{33}-X_{32}-X_{231}$。也可以表示为共享经济第一产业服务商收益为 $P_{21}=X_{31}-X_{21}=X_{22}-X_{221}-X_{21}$；共享经济第二产业服务商收益为 $P_{22}=X_{32}-X_{22}=X_{23}-X_{231}-X_{22}$；共享经济第三产业服务商收益为 $P_{23}=X_{33}-X_{23}$。此时 $P_2=P_{21}+P_{22}+P_{23}=X_{33}-X_{21}-X_{221}-X_{231}$。可见共享经济产业链越成熟，三个产业之间的影响越大，存在着成本和收益分配，将共享经济第一产业的成本 X_{21} 分配到共享经济第二产业、共享经济第二产业的成本 X_{22} 分配到共享经济第三产业，并将共享经济第三产业的收费 X_{33} 分配到共享经济第二产业和共享经济第一产业，从而形成了三个产业的收益分配，这种分配是通过共享经济第二产业向共享经济第一产业收费，共享经济第三产业向共享经济第二产业收费实现的。因为共享经济第三产业中服务商是共享经济第二产业中服务商的用户，而共享经济第二产业中服务商又是共享经济第一产业服务商的用户。在共享经济模式下，服务商与用户之间的关系是一对多的关系。所以，共享经济第三产业中服务商数量最多，共享经济第一产业中服务商数量最少，其数量形成了倒金字塔。这里的金字塔从上往下的第一条横线、第二条横线、第三条横线、第四条横线、第五条横线分别代表最终用户数或产值、共享经济第三产业用户数或收费、共享经济第二产业用户数或收费、共享经济第一产业用户数或收费、共享经济第一产业服务商数或成本。因为上面的线长，下面的线短，所以必然形成倒金字塔。这里的以及后面的金字塔的构建规则为由按一定次序排列而成的横线按照等腰三角形连接线的两端形成的金字塔。按照这样的规则，由这些横线可以构造一个唯一的金字塔模型来表达这些横线所代表的产业指标之间的关系。倒金字塔横线的长度可以反映产业的规模，横线越长表明产业规模越大；倒金字塔重心的位置可以反映当前规模下的产业共享经济成熟度，线越上移其重心越高，线越下移其重心越低，重心越低表明当前规模下的产业共享经济成熟度越高；倒金字塔的高度可以反映产业的年龄，倒金字塔越高表明产业越悠久。

共享经济产业金字塔模型如图 3.7 所示。

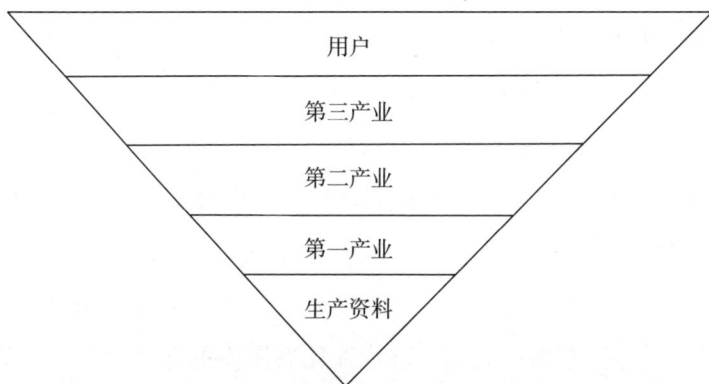

图 3.7　共享经济产业金字塔模型

第五节　共享经济的产业升级与平衡

一、共享经济产业升级的驱动力

共享经济产业规模升级模型如图 3.8 所示。共享经济的一个重要特点是薄利多销。即使从每个用户那里赚取的利润很低，但用户一多，利润就很可观了，所以加大规模是共享经济产业赢利的法宝。图中金字塔从上往下的第一条横线、第二条横线、第三条横线、第四条横线、第五条横线分别代表 Y_{23}、X_{33}、X_{32}、X_{31}、X_{21}。共享经济规模越大，则用户越多，Y_{23} 会越大，对应的第一条横线会增长；共享经济规模越大，则各级产业收费越多，X_{33}、X_{32}、X_{31} 会越大，对应的第二条、第三条、第四条横线会增长；共享经济规模越大，则生产资料成本越高，X_{21} 会越大，对应的第五条横线会增长；共享经济规模越大，则各级产业收益会越大，Y_{23}-X_{33}、X_{33}-X_{32}、X_{32}-X_{31}、X_{31}-X_{21} 会越大，对应的各条横线的较粗部分增长；共享经济规模越大，虽然收益得到了提高，成本也相应地提高，在共享经济成熟度没有相应提高之前，由于适应规模的变化需要一个过程，用户及各级产业收益在产值中所占的比例不会发生太大的变化，甚至会稍微变小，（Y_{23}-X_{33}）/ Y_{23}、（X_{33}-X_{32}）/ X_{33}、（X_{32}-X_{31}）/ X_{32}、(X_{31}-X_{21})/ X_{31} 不会发生太大的变化，甚至会稍微变小，对应的各条横线的较粗部分在各条横线中所占的比例也不会发生太大的变化，甚至会稍微变小；共享经济规模越大，虽然收益得到了提高，成本也相应地提高，在共享经济成熟度没有相应提高之前，由于适应规模的变化需要一个过程，各级产业单位成本能服务的用户数不会发生太大的变化，甚至会稍微变小，Y_{23}/ X_{33}、X_{33} /X_{32}、X_{32}/ X_{31}、X_{31}/ X_{21} 不会发生太大的变化，甚至会稍微变小，对应的倒金字塔重心也不会发生太大的变化，甚至会上移。左图中共享经济产业比右图中的共享经济产业规模大。在共享经济产业健康发展的情况下，共享经济产业会随着时间从小规模向大规模发展。

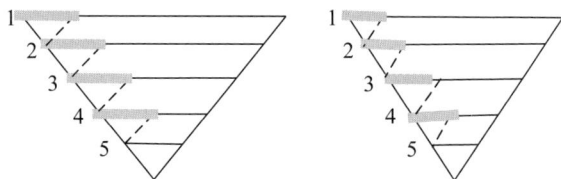

图 3.8 共享经济产业规模升级模型

共享经济产业共享经济成熟度升级模型如图 3.9 所示。共享经济的另一个重要特点是信息共享节约。即使用户数没有增加，但通过提高技术来降低服务成本，也可以使得利润增加，所以降低成本也是共享经济产业赢利的法宝。图中金字塔从上往下的第一条横线、第二条横线、第三条横线、第四条横线、第五条横线分别代表 Y_{23}、X_{33}、X_{32}、X_{31}、X_{21}。

假设用户数已经趋向稳定，则 Y_{23} 不会发生太大的变化，对应的第一条横线长度不会发生太大的变化；共享经济技术越成熟，则各级产业收费越低，X_{33}、X_{32}、X_{31} 会越小，对应的第二条、第三条、第四条横线会缩短；共享经济技术越成熟，则生产资料成本越低，X_{21} 会越小，对应的第五条横线会缩短；共享经济技术越成熟，则各级产业收益会越大，$Y_{23}-X_{33}$、$X_{33}-X_{32}$、$X_{32}-X_{31}$、$X_{31}-X_{21}$ 会越大，对应的各条横线的较粗部分增长；共享经济技术越成熟，虽然收益得到了提高，但成本却有所下降，用户及各级产业收益在产值中所占的比例有所提高，$(Y_{23}-X_{33})/Y_{23}$、$(X_{33}-X_{32})/X_{33}$、$(X_{32}-X_{31})/X_{32}$、$(X_{31}-X_{21})/X_{31}$ 会变大，对应的各条横线的较粗部分在各条横线中所占的比例会增加；共享经济技术越成熟，则各级产业单位成本能服务更多用户，$(Y_{23}-X_{33})/(X_{33}-X_{32})$、$(X_{33}-X_{32})/(X_{32}-X_{31})$、$(X_{32}-X_{31})/(X_{31}-X_{21})$ 会变大，对应的倒金字塔重心会下移。左图中共享经济产业比右图中的共享经济产业共享经济成熟度高。在共享经济产业健康发展的情况下，共享经济产业会随着时间从低共享经济成熟度向高共享经济成熟度发展。

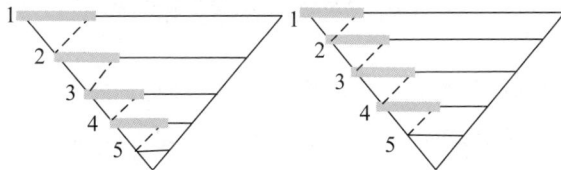

图 3.9　共享经济产业共享经济成熟度升级模型

　　共享经济模式通过薄利多销和信息共享节约，能以越来越低的成本产生越来越多的产值。这种优化随着时间的推移，规模和共享经济成熟度达到一定程度，整个产业会达到一种平衡。当某个共享经济关键技术有所突破或某个共享经济服务模式有所突破或某个共享经济行业有所突破或某个共享经济新行业的出现，都会导致这种平衡的破坏，而达到一种新的平衡，这种新的平衡或者具备更大的规模，或者具备更高的共享经济成熟度。

二、三大共享经济产业的平衡机制

共享经济产业自我调节模型如图 3.10 所示。共享经济三大产业中各级产业的收益分成也不是一成不变的，某一级产业可以通过降低加工成本来增加收益。如共享经济第二产业服务商收益为 $P_{22}=X_{32}-X_{22}=X_{32}-X_{31}-X_{221}$，其中 X_{32} 和 X_{31} 由上下级产业决定，无法由共享经济第二产业调节，但共享经济第二产业可以通过降低本身的加工成本来降低 X_{221}。X_{221} 变小了，X_{32} 和 X_{31} 不变，则共享经济第二产业服务商收益 P_{22} 显然会变大。左图是 X_{221} 变小后的结果，该变化在图上变现为第三条横线上的较细部分缩短、较粗部分变长。左图中第三条线的较粗部分要比右图中第三条线的较粗部分长，说明共享经济第二产业通过降低加工成本使得共享经济第二产业的收益得到了提高。

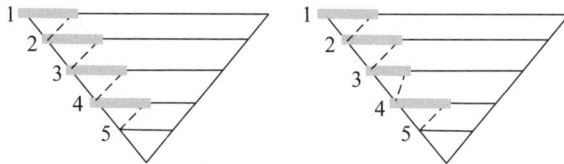

图 3.10　共享经济产业自我调节模型

共享经济产业间主动让利模型如图 3.11 所示。当共享经济第二产业通过降低加工成本增加了收益后，共享经济第二产业为了想吸引更多的共享经济第三产业客户来使用，会降低共享经济第二产业的收费 X_{32}。收费变化之前为右图，收费变化之后为左图。该变化在图上表现为第三条横线下移且第三条横线上的较细部分保持不变，导致第三条横线上的较粗部分变短。但左图中第三条横线上的较粗部分不会短于上图中第三条横线中的较粗部分，因为共享经济第二产业的让利是因为降低加工成本带来收益增加后开始的，所以共享经济第二产业不会把所有的利都让给共享经济第三产业，只会让渡部分。共享经济第二产业的收费变低了，则共享经济第三产业的收益就变大了。同时，左图中第三条横线重心下移，说明共享经济第二产业的共享经济成熟度提高；第三条横线重心的下移，也使得倒金字塔总体重心的下移，说明整个产业的共享经济成熟度也因此有所提高。

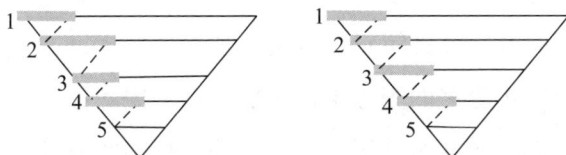

图 3.11　共享经济产业间主动让利模型

　　共享经济产业间联动让利模型如图 3.12 所示。共享经济第三产业收益变大后，共享经济第三产业为了想吸引更多的共享经济第三产业客户来使用，会降低共享经济第三产业的收费 X_{33}。收费变化之前的为右图，收费变化之后的为左图。该变化在图上表现为第二条横线下移且第二条横线上的较细部分保持不变，导致第二条横线上的较粗部分变短。但左图中第二条横线上的较粗部分不会短于上图中第二条横线中的较粗部分，因为共享经济第三产业的让利是因为其上游产业降低收费带来收益增加后开始的，所以共享经济第三产业不会把所有的利都让给用户，只会让渡部分。共享经济第三产业的收费变低了，所以用户的收益就变大了。同时，图中第二条横线重心下移，说明共享经济第一产业的共享经济成熟度提高；第二条横线重心的下移，也使得倒金字塔总体重心的下移，说明整个产业的共享经济成熟度也因此有所提高。

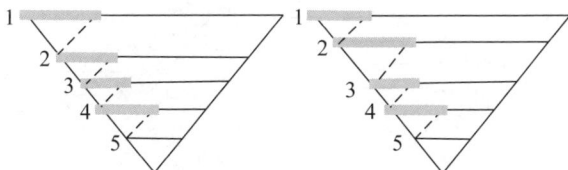

图 3.12　共享经济产业间联动让利模型

　　用户收益变大后，标志着用户使用的门槛降低，会为共享经济第三产业吸引更多的用户，用户的规模会大大增加，用户需要的产值会随着用户数的增加而增加。因此，共享经济第三产业需要加大生产规模。共享经济第三产业向用户收取的费用也会随着向用户提供的服务价值的增加而增加。同时共享经济第三产业需要加大生产规模，必然需要从共享经济第二产业购买更多的服务来加工成自己的服务提供给用户。而共享经济第二产业需要向共享经济第三产业提供更多的服务，则共享经济第二产业必须加大生产规模。共享经济第二产业需要加大生产规模，必然需要从共享经济第一产业购买更多的服务来加工成自己的服务提供给共享经济第二产业。而共享经济第一产业需要向共享经济第二产业提供更多的服务，则共享经济第一产业必须加大生产规模。共享经济第一产业需要加大生产规模，必然需要购置更多的生产资料。

　　共享经济产业用户需求拉动模型如图 3.13 所示。用户增加引起整个共享经济产业链的变化。变化之前的为右图，变化之后的为左图。变化在图中表现为图中每一条横线都随着第一条横线变长了，横线的较粗部分也相应地变长了些。用户数量的增加拉动了整个共享经济产业链的变化，使得整个产业规模得到了扩大。但此时虽然产业规模的扩大，使得各级产业收益的绝对值得到了空前的增加，但产业的共享经济成熟度还没有发生太大的变化，即各条横线上较粗部分所占的比例没有发生太大的变化，对应的倒金字塔重心没有发生太大的变化。

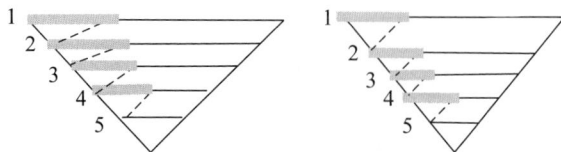

图 3.13　共享经济产业用户需求拉动模型

　　共享经济产业递进调节模型如图 3.14 所示。在产业规模扩大后，由于规模生产带来的好处，必然会导致产业共享经济成熟度的进一步提高，必然会导致各级产业通过努力降低生产成本来进一步提高收益，并适当向其下游产业让利，从而导致共享经济产业链的进一步调整，即各级产业成本的收费降低和相对收益的提高。调整之后为左图，调整之前为右图。调整前后在图中的变化为第一条横线长度不变，因为用户的需求没有变，而其他各条横线的长度会变短，因为生产规模的加大会导致加工成本和采购成本的下降，加上适度让利给其下游产业，从而导致收费的降低，对应的倒金字塔重心下移。但调整后各条横线上的较粗部分的长度不会短于调整前，因为各产业进行调整的目的最终是能获得更大的收益。

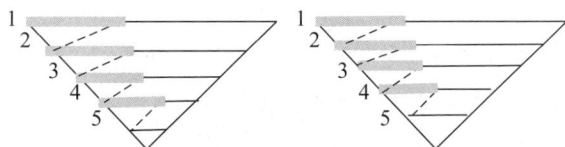

图 3.14 共享经济产业递进调节模型

由图 3.14 可见，任何一级产业或用户的调整或变化，都会引起整个共享经济产业链从一个平衡达到另一个平衡。

第六节 共享经济产业的成熟度

一、成熟度的评价方法与发展规律

共享经济行业规模模型如图 3.15 所示。

假设共享经济三大产业中服务商的数量为 M_1，最终用户量为 M_2。再假设共享经济第一产业中服务商数量为 M_{11}，共享经济第二产业中服务商数量为 M_{12}，共享经济第三产业中服务商数量为 M_{13}。$M_1=M_{11}+M_{12}+M_{13}$。且如前，共享经济模式下用户数量总大于共享服务商数量，所以 $M_2>M_{13}>M_{12}>M_{11}$。

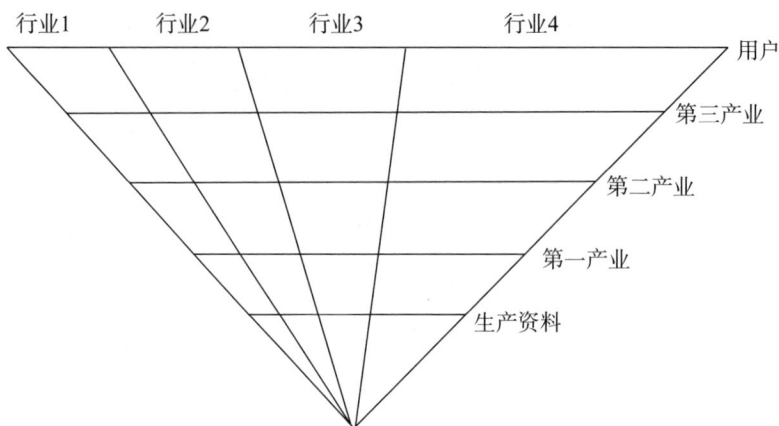

图 3.15　共享经济行业规模模型

（M_2-M_{13}）/ M_2 为共享经济第三产业用户共享经济成熟度，（M_{13}-M_{12}）/ M_{13} 为共享经济第二产业用户共享经济成熟度，（M_{12}-M_{11}）/M_{12} 为共享经济第一产业用户共享经济成熟度。(M_2-M_{13}-M_{12}-M_{11})/M_2 为产业用户总共享经济成熟度。共享经济成熟度总小于 1；共享经济成熟度越接近 1 则表明越成熟。此时，金字塔中横线代表其上游产业的用户数，横线上的较细部分代表其上游产业的服务商数。某级产业用户共享经济成熟度在图中表现为其下游横线上较粗部分所占的比例。比例越大，说明用户共享经济成熟度越高，即共享经济产业越成熟。

同理，（X_{31}-X_{21}）/X_{31} 为共享经济第一产业的产业收益共享经济成熟度；（X_{32}-X_{22}）/X_{32} 为共享经济第二产业的产业收益共享经济成熟度；（X_{33}-X_{23}）/ X_{33} 为共享经济第三产业的产业收益共享经济成熟度；（X_{33}-X_{21}）/ X_{23} 为产业收益总共享经济成熟度。产业收益共享经济成熟度能说明产业中收益在收费中所占的比例。共享经济成熟度总小于 1；共享经济成熟度越接近 1 则表明越成熟。此时，金字塔中横线代表本级产业的收费，横向上的较细部分代表本级产业的成本，本级产业的成本中包括其上游产业的收费和本级产业的加工成本，共享经济成熟度在图中表现为本级横线上较粗部分所占的比例。成本共享经济成熟度越高说明产业收益在收费中所占的比例越高、产业成本在收费中所占的比例越低，说明其共享经济产业越成熟。

同理，$(X_{21}-X_{211})/X_{21}$ 为共享经济第一产业的产业成本共享经济成熟度；$(X_{22}-X_{221})/X_{22}$ 为共享经济第二产业的产业成本共享经济成熟度；$(X_{23}-X_{231})/X_{23}$ 为共享经济第三产业的产业成本共享经济成熟度；$(X_{23}-X_{231}-X_{221}-X_{211})/X_{23}$ 为产业成本总共享经济成熟度。产业成本共享经济成熟度能说明产业中购买成本在总成本中所占的比例，而购买成本一般由其上游产业决定，本级产业无法控制。共享经济成熟度总小于1；共享经济成熟度越接近1则表明越成熟。此时，金字塔中横线代表本级产业的总成本，横向上的较细部分代表本级产业的加工成本、较粗部分代表本级产业的购买成本，共享经济成熟度在图中表现为本级横线上较粗部分所占的比例。成本共享经济成熟度越高说明产业加工成本在总成本中所占的比例越低，说明其共享经济产业越成熟。

同理，$(Y_{21}-X_{21})/Y_{21}$ 为共享经济第一产业的产业产值共享经济成熟度；$(Y_{22}-X_{22})/Y_{22}$ 为共享经济第二产业的产业产值共享经济成熟度；$(Y_{23}-X_{23})/Y_{23}$ 为共享经济第三产业的产业产值共享经济成熟度；$(Y_{23}-X_{23}-X_{22}-X_{21})/Y_{23}$ 为产业产值总共享经济成熟度。共享经济成熟度总小于1；共享经济成熟度越接近1则表明越成熟。此时，金字塔中横线代表上游产业的产值，横向上的较细部分代表上游产业的成本，共享经济成熟度在图中表现为横线上较粗部分所占的比例。产业产值共享经济成熟度标志着生产效率，共享经济成熟度越高生产效率越高，成本的增值比例越高，标志着其共享经济产业越成熟。

同理，$(Y_{21}-X_{31})/Y_{21}$ 为共享经济第一产业的产业收费共享经济成熟度；$(Y_{22}-X_{32})/Y_{22}$ 为共享经济第二产业的产业收费共享经济成熟度；$(Y_{23}-X_{33})/Y_{23}$ 为共享经济第三产业的产业收费共享经济成熟度；$[(Y_{21}-X_{31})/Y_{21}+(Y_{22}-X_{32})/Y_{22}+(Y_{23}-X_{33})/Y_{23}]/3$ 为产业收费总共享经济成熟度。共享经济成熟度总小于1；共享经济成熟度越接近

1 则表明越成熟。此时，金字塔中横线代表上游产业的产值，横向上的较细部分代表上游产业的收费，共享经济成熟度在图中表现为横线上较粗部分所占的比例。产业收费共享经济成熟度越高说明越薄利多销，说明让利越多，而这正是共享经济模式的优点，所以产业收费共享经济成熟度越高也说明共享经济产业越成熟。

　　上面的共享经济产业链分析方法既适合由 N 个行业组成的产业，也可以用来分析其中某一个行业的共享经济产业链。如图 3.15 所示，产业金字塔由各个行业的小金字塔组成，小金字塔可以不是等腰三角形，但可以与某个唯一的等腰三角形对应。各个小金字塔代表的行业规模可能不同，表现为图中同一级线的长短不同。图中的金字塔中越是右边的小金字塔，代表的行业规模越大。

　　共享经济行业共享经济成熟度模型如图 3.16 所示。多行业构成的产业金字塔中，各行业除了规模可能不同之外，各行业的产业共享经济成熟度可能也不同，表现为不同级别的线不在同一水平线上。图中的金字塔中越是右边的小金字塔重心越低，代表的行业共享经济成熟度越高。如果该横线代表收费，则各级收益随着其上游收费和本级加工费用之和的下降而增加。可以将图 3.16 看作图 3.15 随着时间推移产业发展的必然结果，一般行业规模越大，随着时间的推移，会导致其共享经济成熟度比规模小的行业要高，这体现了共享经济模式的信息共享节约的特点。但不管规模的大小，共享经济成熟度低的行业会向共享经济成熟度高的行业靠拢，而某个行业共享经济成熟度的提高会反过来促进其行业规模的扩大。金字塔总体的平均共享经济成熟度会随着其中行业的稳定而趋于稳定，并随着行业的共享经济成熟度突破或新行业的加入而进入新的平衡调节期。随着各个行业的共享经济产业链的调整与变化，会引起整个共享经济产业链的调整和变化，表现在图中为每个小金字塔和整体金字塔的调整与变化。

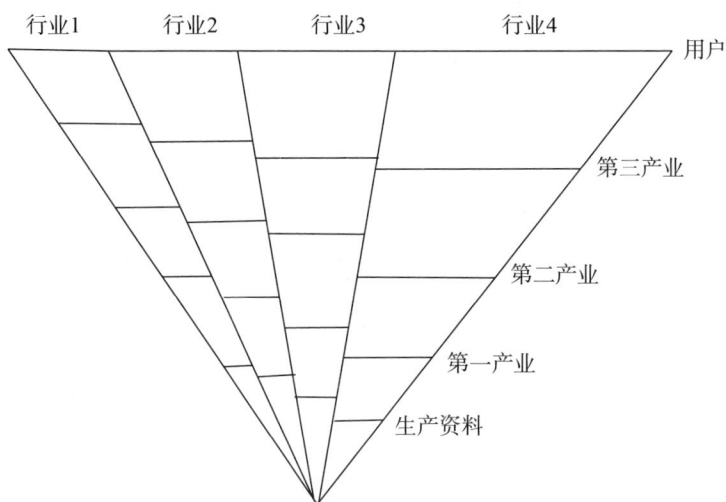

图 3.16　共享经济行业共享经济成熟度模型

图 3.16 中金字塔因为各行业分别作出其小金字塔所以不规则，可以将各个行业的同一级别的产业横线进行相加，得到 5 条横线，根据前面的构建金字塔模型的方法，可以作出规则的产业总体金字塔，如图 3.17 所示。

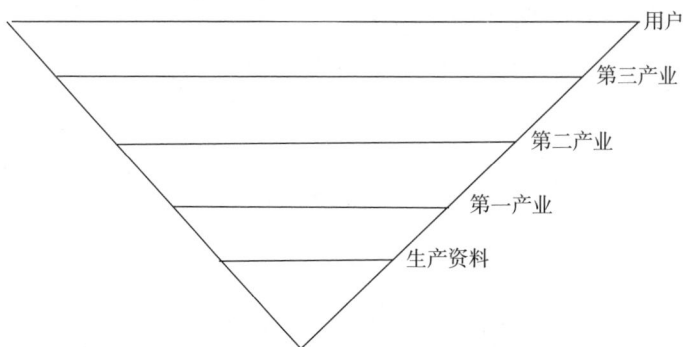

图 3.17　共享经济行业总体模型

二、新行业共享经济成熟度的发展规律

共享经济新行业演进模型如图 3.18 所示。当有新的行业加入时，将

会引起产业整体金字塔的变化。图 3.18 中右 1 为一个未加入共享经济产业的行业；当该行业刚加入共享经济产业时，其共享经济第三产业最先起步，其共享经济第二产业和共享经济第一产业可能空缺，见图 3.18 中右 2；在该行业共享经济第三产业的需求推动下，其共享经济第二产业会逐渐发展，见图 3.18 中右 3，并进而引发其共享经济第一产业的发展，见图 3.18 中右 4。随着三个产业的联动性发展，该行业的金字塔会逐渐趋于成熟，而且其共享经济成熟度会逐渐与产业总体共享经济成熟度接近。

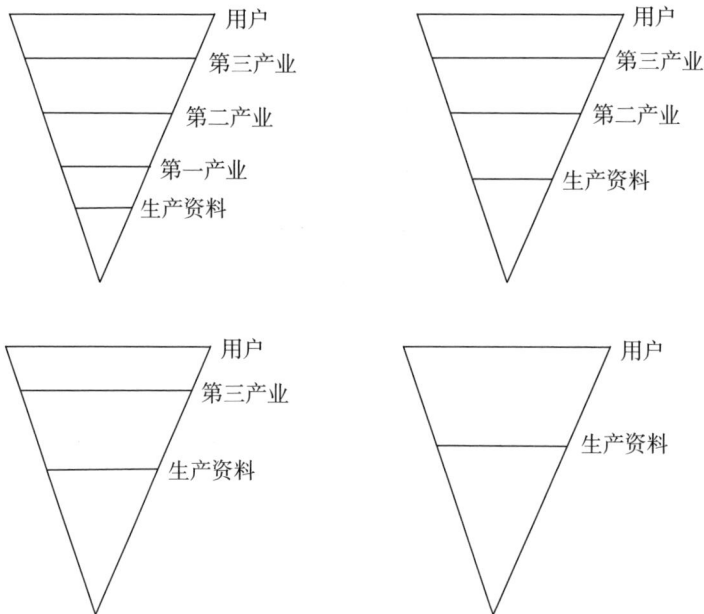

图 3.18　共享经济新行业演进模型

第七节　共享经济产业的建模

一、倒金字塔建模法

从前面几节可见，金字塔的横向长度与产业规模有着对应关系，长度越长规模越大；而重心位置、上下级别横线长度的比例与产业共享经济成熟度有着对应关系，重心越低越成熟，上下比例越大越成熟。上面对金字塔的高没有做任何诠释。倒金字塔的高度可以用来代表所经历的时间，从而将本性维与时间维结合起来。产业倒金字塔模型的底线和高度的比例关系可以用来说明产业发展的快慢；行业倒金字塔模型的底线和高度的比例关系可以用来说明行业发展的快慢。共享经济同一时间的本性模型如图 3.19 所示。左图与右图的高度相同，说明两者的发展时间相同，但左图的规模比右图小，所以右图代表的产业或行业比左图发展要快。从图中可以直观地看出，底线长度与高度的比值可以代表产业或行业发展的速度。某级产业代表的横线与底线的比值乘底线与高度的比值，即（横线长 / 底线长）×（底线长 / 高度）＝横线长 / 高度，为该级产业的发展速度。

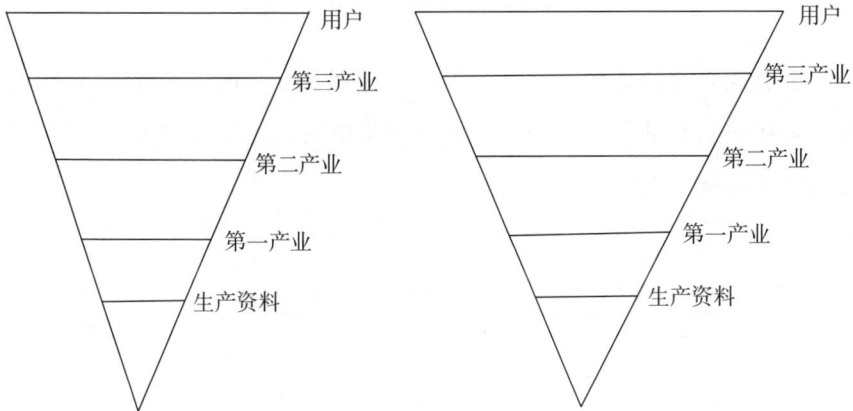

图 3.19　共享经济同一时间的本性模型

　　共享经济不同时间的本性模型如图 3.20 所示。假设图中虚线金字塔代表 t_1 时间点的产业本性，实线金字塔代表 t_2 时间点的产业本性，则 t_2 大于 t_1，因为实线金字塔比虚线金字塔的高。实线金字塔比虚线金字塔的底线长，可见产业随着时间在发展。右图中实线金字塔底线与高度的比例比虚线金字塔小，可见产业虽然在发展，但在减速。左图

中实线金字塔底线与高度的比例比虚线金字塔大，可见产业在加速
发展。可以用共顶点的金字塔来表示产业或同一行业在不同时间点
的本性。

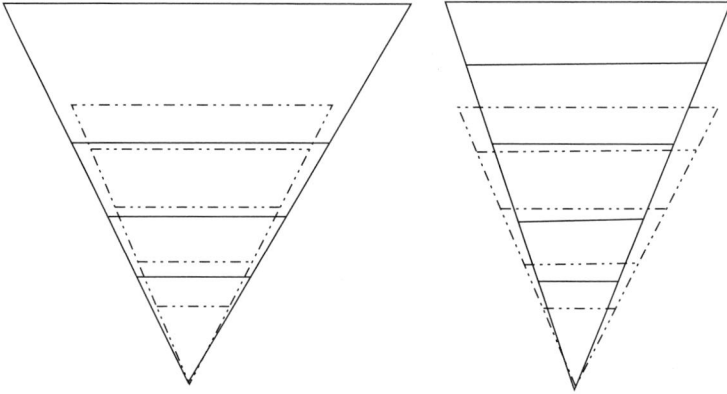

图 3.20　共享经济不同时间的本性模型

　　产业或行业在地域上的分布可以通过划分金字塔中横线来表达，与
在产业中进行行业划分类似，可以分析某个时间点产业或行业在空间分
布的特征（见图 3.21）。

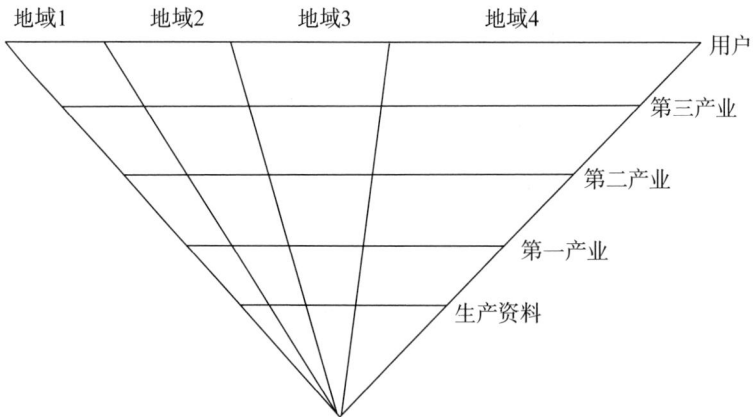

图 3.21　共享经济地域本性模型

结合了本性维与空间维的金字塔可以再与时间维结合，可以分析产业或行业本性在空间分布随时间的变化（见图 3.22）。

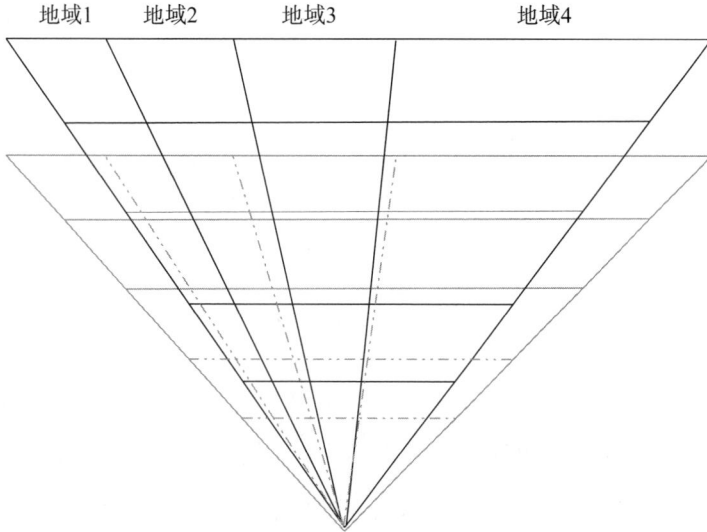

图 3.22 共享经济时空本性模型

二、三维坐标建模法

共享经济产业的三维坐标如图 3.23 所示。不管是面向市场的共享经济产业模型还是面向业务的共享经济产业模型，我们都可以在时空性三维坐标系中进行表示。利用空间维可以表示地域分布，利用时间维可以表示历史发展，利用本性维可以表示市场或业务对象，三者结合则可以互相限定。时空性三维坐标系中的任意一点都可以映射到三个维的坐标轴上。而空间坐标轴本身又是一个坐标系，因为空间是三维的，但因为高度对于描述共享经济的市场或业务没有太大的意义，所以这里的空间可以简化为二维的；本性维本身也是一个坐标系，因为市场本身又有成本、收益坐标轴，收益还可以继续对应一个坐标系，分为用户收益和服务商收益，业务本身也有产业、行业坐标轴；时间维本身也是一个坐标系，因为时间本身又有绝对时间轴和相对时间轴，其中相对时间指以某个阶段为起点经济。绝对时间相当于日历，相对时间相当于年龄。

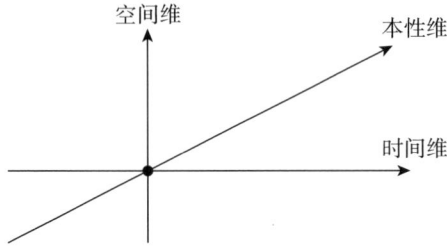

图 3.23　共享经济产业的三维坐标

坐标轴与坐标系之间的对应关系如图 3.24 所示。当坐标系中纬度和经度都为 0 时对应空间维轴的 0 ；当坐标系中纬度和经度都为正或负时对应空间维轴的上半轴；当坐标系中纬度和经度一正一负或一负一正时对应空间维轴的下半轴。图中采用的是逆时针转，也可以采用顺时针转

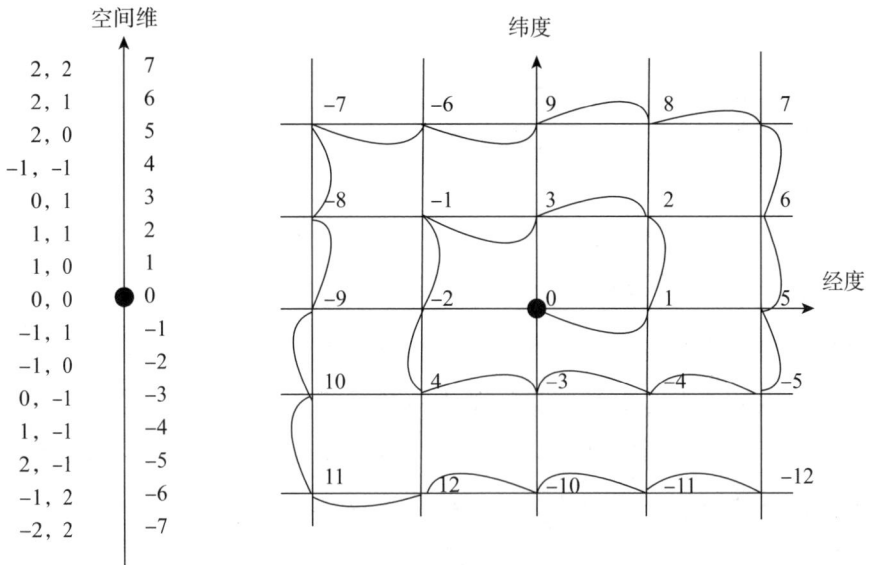

图 3.24　共享经济产业坐标模型降维法示例一

来编码。这种编码方式都是通过螺旋式画圈将二维降为一维。既然可以将二维降为一维，就可以将任意维降为一维，如三维可以看作二维中某一轴再代表二维；四维可以看作三维中某一轴再代表二维，以此类推。反之，可以通过将两个一维进行组合，组合出任意维。因此，一维可以表示任意维。正是通过这种方法，可以用图 3.24 来充分表示面向市场和面向业务的共享经济产业模型。

也可以采用以下方法将二维转化为一维（见图 3.25）。可见降维的形式很多，关键是要有序地映射。

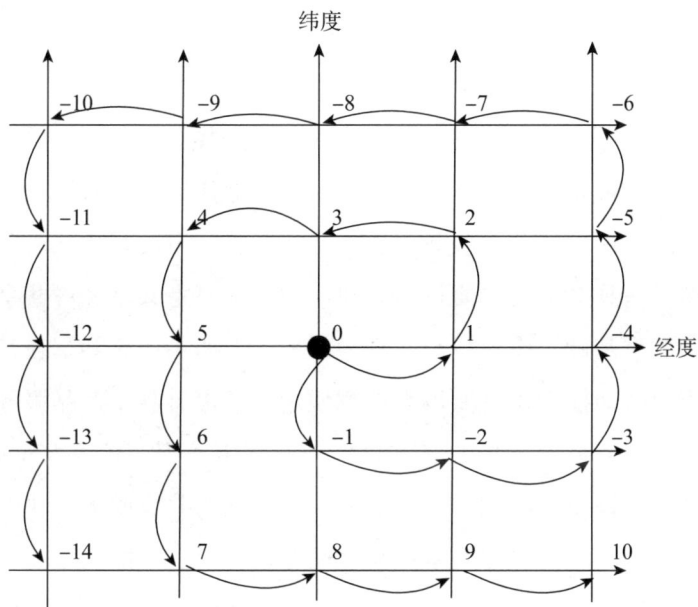

图 3.25 共享经济产业坐标模型降维法示例二

第四章　共享服务平台信息共享

目前的共享经济技术在基础设施层次的互联互通方面有一定的积累，可以通过网络或物联网对共享服务中的生产服务设备进行互联，但没有提出和研究过共享服务中或共享服务间的共享服务模块的互联。所以，本章针对目前技术状况，论述信息共享方法、信息共享模式、即插即用中心、互联互通中心、共享服务模块的集成。共享服务模块信息共享的目的是使目前可获得的共享服务模块通过互操作构造出可以运行的产品共享服务或者更大的共享服务模块。在共享服务模块间建立起联接是共享服务模块信息共享的重要过程。即插即用中心是共享经济共享服务模块的信息共享基础。作为一个共享经济平台，如果信息共享在其中的共享服务模块能即插即用就能极大地方便用户，也有利于产品服务系统的维护与升级。互联互通中心是共享经济共享服务模块信息共享的核心，只有共享服务模块之间能够互联互通，才能利用共享服务模块的组装开发出共享产品；同时只有共享产品之间互联互通，才能利用共享产品开发出联合共享产品，而联合共享产品又可以作为一个产品，开发更大规模的联合共享产品，此时信息共享的含义就显而易见了。

第一节　共享服务平台的研究现状

产业集群需要信息共享来促进合作。[1] 随着"互联网＋"时代的到来，

---

[1]　陈云、王浣尘、杨继红、戴晓波：《产业集群中的信息共享与合作创新研究》，《系统工程理论与实践》2004年第8期。

一种新型的经济模式——"共享经济"逐渐走入人们的视野。[1] 共享是一种与人类一样古老的现象，而协同消费和共享经济是互联网时代诞生的现象。[2]21世纪初共享经济的发展建立在互联网的革命之上，通过互联网连接消费者和未使用的资源。[3] 共享公司创建共享服务平台为供需双方对商品或服务的短期交易提供中介。[4] 共享服务平台是共享经济的核心，通过网络技术使闲置资源在供方与需方之间得到精准配置，实现"物尽其用"和"按需分配"。[5] 共享经济通过共享服务平台把个人闲置的经济资源重新投入经济活动，提高闲置资源的经济价值和社会效益。[6] 共享服务平台可以基于互联网技术实现点对点地访问共享产品和服务。[7] 整个消费的过程更加数据化、移动化、社交化，通过O2O运营平台、移动互联网等信息技术实现以用户为中心的新兴共享经济商业模式。[8] 依托互联网的共享服务平台可以减少生产者和消费者之间信息不对称，共享服务平台填平了阻碍经济发展的信息鸿沟，信息成本下降、信息不对称减少。[9] 共享经济通过共享服务平台将个人私有财产的使用权有偿、高效地分享给消费者，形成了新的供需关系和模式。[10] 共享经济是借助共享服务平台实现物品使用权移转进而物尽其用的新兴经济形态，它脱胎于却又本质上有别于传统经济形态，有其特有的构成要素和运行机制。[11] 共享经济的现

---

① 黄骏：《对我国共享经济发展的研究》，《经营管理者》2016年第2期。

② Belk R., "You are what you can Access: Sharing and Collaborative Consumption Online", *Journal of Business Research*, No.8, 2014.

③ Bond A. T., "An App for That: Local Governments and the Rise of the Sharing Economy", *Notre Dame L. Rev. Online*, No.90, 2014.

④ 唐清利：《"专车"类共享经济的规制路径》，《中国法学》2015年第4期。

⑤ 董成惠：《共享经济：理论与现实》，《广东财经大学学报》2016年第5期。

⑥ 唐纯：《共享经济对经济结构调整的作用机制》，《改革与战略》2016年第4期。

⑦ Richardson L., "Performing the Sharing Economy", *Geoforum*, No.67, 2015.

⑧ 赵斯惠：《基于O2O视角的共享经济商业模式研究——以汽车共享为例》，学位论文，首都经济贸易大学，2015年。

⑨ 吴家喜：《共享经济对创新的影响机制及政策取向》，《中国科技资源导刊》2016年第3期。

⑩ 唐镳、徐景昀：《共享经济中的企业劳动用工管理研究——以专车服务企业为例》，《中国工人》2016年第1期。

⑪ 刘建军、邢燕飞：《共享经济：内涵嬗变，运行机制及我的政策选择》，《中共济南市委党校学报》2013年第5期。

有研究在信息共享方法、信息共享模式、即插即用中心、互联互通中心、共享服务模块的集成这些方面还是很薄弱甚至几乎空白，但这些方面的研究对于共享服务平台的研究来说非常重要，所以本章将围绕这些方面进行研究阐述。

第二节　信息共享方法

共享服务模块信息共享的目的是使目前可获得的共享服务模块通过互操作构造出可以运行的产品共享服务或者更大的共享服务模块。共享服务模块组装过程是利用现有的共享服务模块加入一个框架中，然后将所有加入的共享服务模块利用连接器进行连接的过程，连接器可以是消息、事件等。

在共享服务模块间建立起连接是共享服务模块信息共享的重要过程，对于源码型共享服务模块，相互之间的连接相对简单：只需首先对源码进行分析，然后在调用者代码中的适当位置加入对被调用者的调用语句即可。不过一旦建立起调用连接关系后就不易调整，因为连接关系产品被编译在目标码中，要调整就必须修改源码，重新编译。

共享服务模块间的连接在不改变目标码的前提下加入连接产品，增强了动态配置的功能，使用户可以在系统运行过程中增加新的共享服务模块或替代共享服务模块，并且不影响系统的正常运行。

一、共享服务模块的管道信息共享法

如图 4.1 所示，只要共享服务模块间达成了交流的数据格式，就可以连在一起了，作为整体。所以，这种信息共享法适用于共享服务模块中任何几种类型。

各共享服务模块是相互独立的实体，相互之间在信息共享之前互相不识别，信息共享系统的正确性不依赖于共享服务模块完成的顺序，这

种各个部分管道中的数据流的独立无关性是挖掘信息共享系统并发性的优势所在。

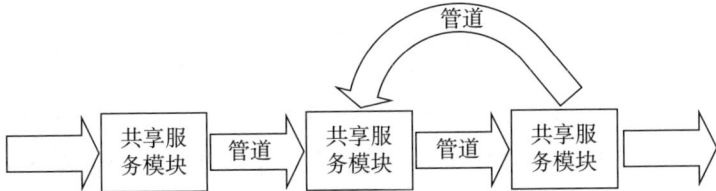

图 4.1 管道信息共享法

可将信息共享系统整体输入输出行为理解为各独立共享服务模块行为的简单合成。新的共享服务模块可以加入信息共享系统，旧的可以被改进的共享服务模块替代。还允许通过管道截流进行吞吐量、死锁分析。

这种信息共享法的关键是一致的数据传输标准，所以应为每个共享服务模块的输入、输出数据进行分析。

二、共享服务模块的总线信息共享法

如图 4.2 所示，只要共享服务模块采用界面定义语言编写了接口，在利用编译器将其编译成对应客户模块的桩和对应共享服务模块的骨架，就可以利用总线进行信息共享了。所以，这种信息共享法也适用于所有领域共享服务模块。

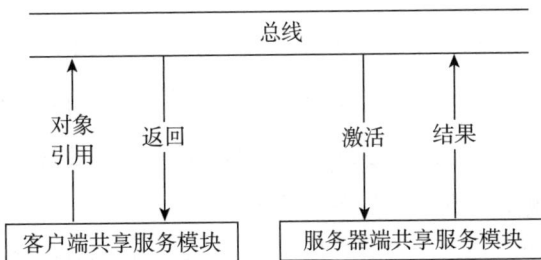

图 4.2 总线信息共享法

充当客户端角色的共享服务模块包括远程共享服务模块的引用，共享服务模块引用使用桩方法作为远程方法的代理，这个方法事实上在总线中，所以调用桩方法会调用总线的连接功能，总线会把桩方法的调用传递到服务端。

在服务产品端，总线利用骨架代码把远程调用转换成本地共享服务模块的方法调用，骨架需要对调用和参数的格式进行转换。同时，当方法返回时，骨架对结果进行变换，然后通过总线把结果返回客户端。

这种信息共享方法的关键是使用界面定义语言来描述所有的共享服务模块。

三、共享服务模块的事件信息共享法

如图 4.3 所示，共享服务模块对于事件的发出者来说是透明的，事件的发出者无须知道哪些共享服务模块对该事件感兴趣。所以，该信息共享法也适用于所有的共享服务模块。

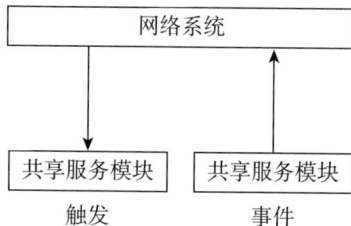

图 4.3　事件信息共享法

在这种信息共享系统中，共享服务模块只要声明了事件和对之感兴趣的共享服务模块就可以加入系统中，容易信息共享和升级。

但该信息共享系统中的共享服务模块不能确定处理顺序，经过事件传递数据较受限制且难以评估系统的正确性。

该信息共享法的关键是确定事件与各共享服务模块接口之间的映射关系。

四、共享服务模块的其他信息共享法

以上三种是比较常用、通用的信息共享法，除了它们之外，还有一些特殊用途的信息共享法：（1）分层信息共享法：适用于抽象程度递增的信息共享。（2）黑板信息共享法：适用于面向共享数据的信息共享。（3）解释信息共享法：适用于专家系统的信息共享。（4）控制信息共享法：适用于实时系统的信息共享。

第三节　信息共享模式

上一节中研究了信息共享的方法，在这些方法的指导下，本节着手设计出一些信息共享的模式。这些信息共享的模式具备更强的针对性，可以作为共享服务模块信息共享时的模板，并放入信息共享模式库中以备随时使用。

一、信息共享不同领域的共享服务模块

如图 4.4 所示，通过领域适配共享服务模块继承不同领域共享服务模块的接口并进行转换，如同可将交流电变为直流电的插座，使得领域共享服务模块可以通过领域适配共享服务模块调用另一领域共享服务模块。

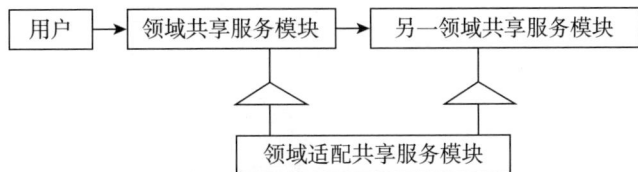

图 4.4　信息共享不同领域共享服务模块方式一

如图 4.5 所示，其中领域适配共享服务模块也可以采用领域共享服务模块框架。

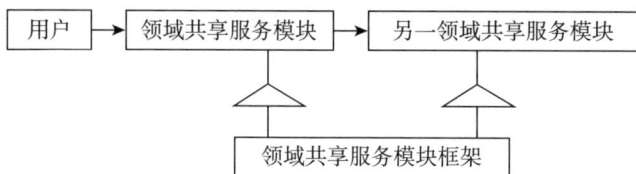

图 4.5　信息共享不同领域共享服务模块方式二

二、信息共享分布与非分布共享服务模块

如图 4.6 所示，先设计出通用分布共享服务模块和通用非分布共享服务模块，其中通用分布共享服务模块可以由多个通用非分布共享服务模块组合而成。具体某分布共享服务模块继承了通用分布共享服务模块；具体某非分布共享服务模块继承了通用非分布共享服务模块。因为通用分布共享服务模块可以调用通用非分布共享服务模块，所以具体某分布共享服务模块就可以调用具体某非分布共享服务模块了。

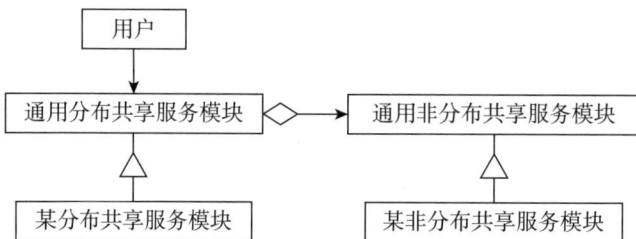

图 4.6　信息共享分布与非分布共享服务模块方式一

如图 4.7 所示，其中通用分布共享服务模块和通用非分布共享服务模块也可以采用分布共享服务模块框架和非分布共享服务模块框架。

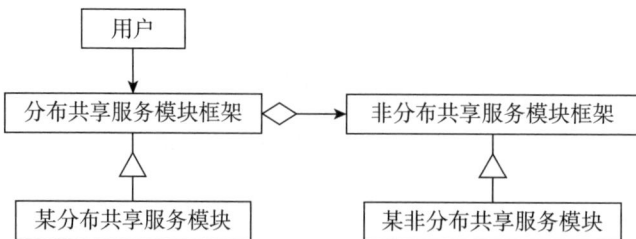

图 4.7　信息共享分布与非分布共享服务模块方式二

三、信息共享异构共享服务模块

如图 4.8 所示，先设计出通用共享服务模块。其中，分布式共享服务模块可以由多个通用共享服务模块组合而成。因为集中式共享服务模块与分布式共享服务模块都继承了通用共享服务模块，所以集中式共享服务模块与分布式共享服务模块就可以进行信息共享了。

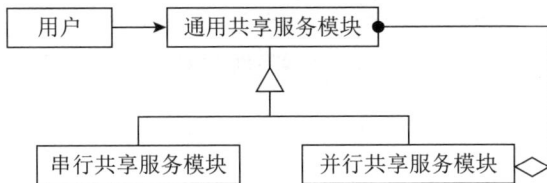

图 4.8　信息共享异构共享服务模块方式一

如图 4.9 所示，其中通用共享服务模块也可以采用共享服务模块框架。

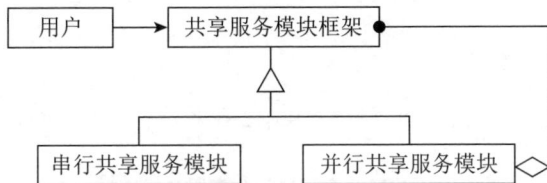

图 4.9　信息共享异构共享服务模块方式二

四、信息共享脚本与共享服务模块

如图 4.10 所示，先设计出信息共享服务模块。通用共享服务模块与通用脚本都继承了脚本信息共享服务模块，具体共享服务模块继承了通用共享服务模块，具体脚本继承了通用脚本，所以共享服务模块与脚本就可以信息共享了。

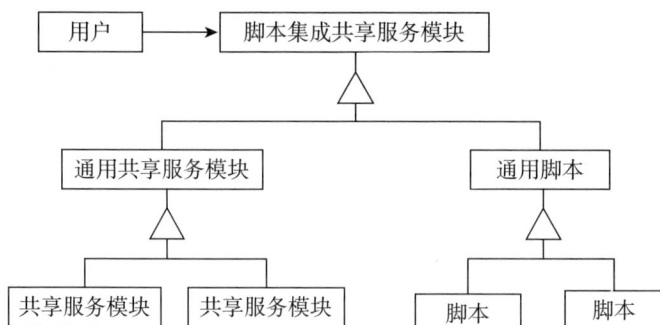

图 4.10　信息共享脚本与共享服务模块方式一

如图 4.11 所示，通用共享服务模块、通用脚本、脚本信息共享服务模块也可以采用共享服务模块框架、脚本框架、脚本共享服务模块框架。

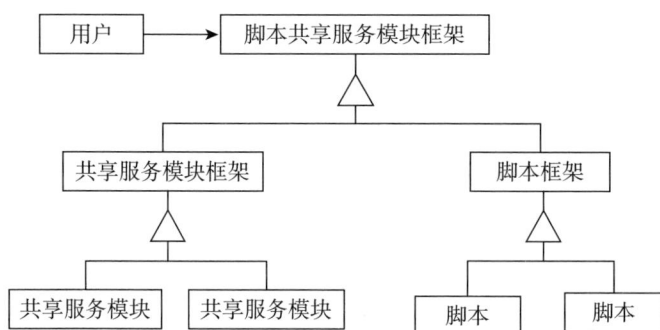

图 4.11　信息共享脚本与共享服务模块方式二

第四节　即插即用中心

一、基本原理

即插即用中心是共享经济共享服务模块的信息共享基础。作为一个共享经济平台，如果信息共享在其中的共享服务模块能即插即用就能极大地方便用户，也有利于产品服务系统的维护与升级。一旦用户觉得产品服务中的某一个共享服务模块不够精确，或者某一个产品服务经常出现误差，就需要更新。此时如果该产品服务是在具备即插即用技术的共享经济平台下开发的，那么只要将这个共享服务模块用更好地共享服务模块替代掉就可以了，而没有必要对产品服务进行修改和编译。更有意义的是，如果在该平台上开发和运行的产品服务在运行时，产品服务中的某一共享服务模块发生了错误或者意外遗失，则共享经济平台会自动从共享服务模块库中查找到合适的替代共享服务模块来使产品服务得以持续地运行；即使在共享服务模块库中没有现成的替代共享服务模块，共享经济平台也会提示用户加入一个共享服务模块以使产品共享服务得以继续运行。用户可以从软盘或者光盘或者流通网络上载入共享服务模块，然后产品共享服务就可以利用共享经济平台的即插即用机制来继续运行了，这样即使产品共享服务在运行的过程中出现了故障，也不用停止运行或等修复好了产品共享服务后再继续运行，而是在运行的过程中进行修复。

共享经济平台信息共享了共享经济共享服务模块，而这些共享服务模块包括一些普通共享服务模块和比较领域化的共享服务模块，所以共享服务模块的种类非常复杂，也为共享服务模块的即插即用技术提出了一定的挑战。但不管共享服务模块是何种类型都必须遵从一些既定的协议，有了这些协议加上共享经济平台本身提供的一些服务，即插即用技术就有可行性了。

每个共享服务模块必须遵从的协议：所有的共享服务模块在运行的时候，都必须到即插即用中心请求注册；不存在的共享服务模块、不再使用的共享服务模块将被即插即用中心注销；注册的内容包括共享服务模块的服务内容、共享服务模块的接口内容、共享服务模块的类型、共享服务模块的编程语言、共享服务模块的自我介绍。

每一个遵从上述协议的共享服务模块，都能被即插即用中心在运行某一个产品共享服务的时候轻松地发现和调用了。具体的调用事宜则由互联互通中心来负责。即插即用中心只负责为产品共享服务找到合适的共享服务模块，同时提供足够的有关共享服务模块的产品给互联互通中心，从而支持共享服务模块的热插拔。

二、即插即用中心的设计方法

现有的共享服务模块技术中尚没有成熟的即插即用技术，即使有，也不适用于不同类型的共享服务模块。由不同结构和语言的共享服务模块组成的共享经济平台，要想做到即插即用，首先必须做到即插即用中心能够理解所插入的共享服务模块，能有效地解释它的语义，只有这样才能即用，所以即插即用中心不只是一个注册共享服务模块和查找共享服务模块的地方——而这是目前即插即用技术的普遍水平。

（一）即插即用中心

该中心主要完成：（1）接受运行共享服务模块的注册。（2）启动需启用的共享服务模块。（3）注销已不存在的或不能再用的共享服务模块的注册产品。（4）根据产品共享服务运行的要求，找到适合需求的替代共享服务模块。（5）一旦没有已注册的替代共享服务模块，就到共享服务模块库搜索合适的共享服务模块。（6）一旦搜索不到合适的共享服务模块，就将所需共享服务模块的需求产品发送给用户。（7）分析要插入产品共享服务的共享服务模块。

（二）即插即用中心的主要数据结构

1.注册表

共享服务模块的逻辑名，共享服务模块的物理路径，共享服务模块的服务内容，共享服务模块的接口产品，共享服务模块所用的编程语言，共享服务模块的类型。

2.分析表

共享服务模块使用的语言，共享服务模块的相应接口。

第五节　互联互通中心

一、基本原理

互联互通中心是共享经济共享服务模块信息共享的核心，只有共享服务模块之间能够互联互通，才能利用共享服务模块的组装开发出共享产品；同时只有共享产品之间互联互通，才能利用共享产品开发出联合共享产品，而联合共享产品又可以作为一个产品，开发更大规模的联合共享产品，此时信息共享的含义就显而易见了。"产品与产品之间的互联互通"与"共享服务模块与共享服务模块之间的互联互通"有异同之处，同样产品也是由共享服务模块组装而成的，所以产品之间的互联互通本质上还是共享服务模块之间的互联互通；异在产品级互联互通和共享服务模块级互联互通的范围不同，共享服务模块级互联互通的边界是产品，而产品级互联互通的边界是联合共享产品。边界很重要，因为它使互联互通不至于在整个云中大海捞针，而是有针对性地追捕。每个不同的边界都会被互联互通中心赋予一定的标志。

因为共享经济平台的共享服务模块库中包括各种不同类型、不同语言的共享服务模块，所以互联互通中心必须支持三通。首先是异构共享服务模块之间的互联互通，其次是不同领域共享服务模块之间的互联互通，再次是由不同编程语言开发出来的共享服务模块之间的互联互通。支持这三通的关键是互联互通中心能够从语义上理解各种不同的共享服务模块，并协助它们达成共识，以共同支持共享服务的运行。

二、三通技术

（一）异构共享服务模块之间的互联互通原理

分布式共享服务模块在前面已经进行了定义，也就是说能够分布式运行的共享服务模块；而集中式共享服务模块的特点就是只能集中地执行。分布式共享服务模块虽然和集中式共享服务模块的处理数据和任务的方式不同，但是它们都有自己标准的接口，都有自己的输入数据和输出数据，而且它们所发送和接受的消息的格式也是符合一定的规范的，这种规范互联互通中心所熟知的，即使有一种新的消息格式的共享服务模块加入，互联互通也可以通过更新自身的消息格式表来兼容新的消息格式，从而使新型的共享服务模块可以信息共享到原有的平台中来，所以互联互通中心是开放式的，它能容纳新的不同类型的共享服务模块来不断扩大信息共享的范围。因此，从某种意义上说这是一个有自我学习能力的互联互通中心。

当一个集中式共享服务模块和分布式共享服务模块需要互联时，要经过互联互通中心的协调，然后才能互通。第一种情况是集中式共享服务模块的输出作为分布式共享服务模块的输入；第二种情况是分布式共享服务模块的输出作为集中式共享服务模块的输入；第三种情况是运行过程中异构共享服务模块之间的产品传递。

对于第一种情况，互联互通中心需要做的工作是根据客户共享服务模块或产品的提示，将集中式共享服务模块输出的数据的格式转换成分布式共享服务模块输入要求的格式；对于第二种情况，互联互通中心需要做的工作是根据客户共享服务模块或产品的提示，将分布式共享服务模块输出的数据的格式转换成集中式共享服务模块输入要求的格式。不管是集中式共享服务模块还是分布式共享服务模块，它们的输入和输出的数据一般都是存放在文件中的。所以，实际上互联互通中心的主要任务就是支持文件的转换。

对于第三种情况，互联互通中心的主要任务是将集中式共享服务模块的消息格式转换成分布式共享服务模块的消息格式，将分布式共享服务模块的消息格式转换成集中式共享服务模块的消息格式。具体方式就是为客户共享服务模块或产品提供进行异构共享服务模块之间的消息匹配和转换的例程。

在第一种情况和第二种情况下，由于互联互通中心知道文件的位置，所以互联互通中心此时和异构共享服务模块本身并没有直接的联系；而在第三种情况中，异构共享服务模块必须与互联互通中心直接联系才能起到一个中介和翻译家的作用。而这第三种情况的特殊要求，就为需要进行第三种类型的互联互通的异构共享服务模块的互联互通提出了一个要求，那就是这类异构共享服务模块必须具备面向互联互通中心的接口，包括向互联互通中心发送消息，从互联互通中心接受消息这两种情况，当然这并不表明第三种情况中的异构共享服务模块之间就没有直接的通信了。如果所有的运行时的异构共享服务模块之间的通信都得经过互联互通中心，那么必然会影响整个产品的运行效率。所以，这里就涉及一个原则：所有的共享服务模块应该在不影响产品运行的情况下尽可能地少利用互联互通中心的服务。

（二）不同领域共享服务模块之间的互联互通的原理

不同领域之间的互联互通是三通中的重要部分。比如说在石油领域中使用该平台时，该平台需要信息共享石油领域中很多子领域的共享服务模块，而石油领域中一些大的实际的复杂的产品往往涉及多个子领域，这时就必然要求多个不同子领域共享服务模块之间的合作来完成一个大的任务。而不同领域共享服务模块之间合作的前提是能够互联互通，也就是说这些来自不同领域的共享服务模块能够互操作。而互操作有数据级的互操作和进程级的互操作；而这恰好对应了上面异构共享服务模块之间的互联互通的第一、第二种情况和第三种情况。所以，异构共享服务模块互联互通的原理也适用于领域共享服务模块间的互联互通，不同的是此时互联互通中心需要转换的不再是异构共享服务模块之间的不同格式，而是不同领域之间不同的格式，但不管哪一种情况都必须保证转换前后的语义一致性。要想做到一致性光靠互联互通中心是不够的，必须依靠客户共享服务模块或产品的指示语句，而互联互通中心将根据客户共享服务模块或产品中的指示语句进行不同类型的转换，而这些转换都由互联互通中心的例程来支持，当然也可以通过服务产品的形式进行这种显示转换的服务。

对于领域共享服务模块之间数据级的互操作，由于所有子领域数据都基于统一的数据模型，也就是说支持了不同领域间数据共享，从而为领域共享服务模块之间数据级的互操作提供了底层的支持。因为不同子领域共享服务模块对数据存取的接口是一致的，所以此时对于第一种互操作需要的不是格式上的变换，因为通过多层的数据管理机制已经统一了各个领域的数据格式。

不同领域共享服务模块之间的互联互通要解决的关键问题是数据的截取，也就是说不同的领域共享服务模块之间进行合作时，由于它们是来自不同的领域，因此，它们的侧重点不同，所以对客观世界的影像数据的考察角度不同、范围不同、粒度不同，所有这些差异在共享服务模块之间进行交互、合作时都必须统一，才能使各经济的主体——共享服务模块能够有效地运行。而这种数据的截取非常灵活，可以组合各种不同领域的共享服务模块来完成多样化的任务。这种数据截取和重组的工作，主要由客户共享服务模块或产品来指导互联互通中心来完成，因为这种截取和重组非常复杂，难以用隐式的方法完成。但这种截取和重组又不同于从数据仓中进行数据挖掘，因为那是从统一的数据模型上进行的截取，而在这里是从领域对象内部数据模型上进行的截取与重组，目的是互通有无。

（三）不同范例共享服务模块之间互联互通的原理

所谓不同范例共享服务模块就是指由不同的开发语言和开发工具开发出来的共享服务模块。从不同范例共享服务模块的运行环境的种类来划分，有三种类型，下面分别讨论互联互通中心如何为这三种类型的共享服务模块提供服务：

第一种类型：不需要运行时支持环境的共享服务模块，互联互通中心将利用客户共享服务模块或产品中的指示语句对共享服务模块提供数据级的互联互通服务，同时互联互通中心还可以利用共享服务模块本身对互联互通中心的接口，或者通过共享服务模块与互联互通中心的消息传递来为共享服务模块提供进程级的互联互通服务，从而支持共享服务模块在数据级和进程级的互操作。对于两个有不同编程语言编制的共享服务模块来说，它们的数据类型、消息类型等都会有所差异，所以互联互通中心必须充当不同共享服务模块语言之间的翻译家，至于共享服务模块使用的是何种语言，客户共享服务模块或产品中可以注明，如果不注明，互联互通中心将会到注册中心去调查，然后互联互通中心就可以根据不同语言之间的各种映射关系来进行产品的转换工作，从而支持以不同语言为基础的共享服务模块之间的互联互通。

第二种类型：需要运行时支持环境的共享服务模块，但这种支持环境不是全封闭的，也就是说，它给外界留下了一定的接口来了解共享服务模块和干涉共享服务模块的运行，比如截取共享服务模块运行时的产品接口，比如允许共享服务模块利用接口调用其他范例的函数，从而为它的共享服务模块与外界的交互提供了可能。所以，对于这一种类型，互联互通中心只能为它提供数据级的互联互通和有限的进程级的互联互通，而提供多大程度的进程级互联互通则由该共享服务模块所依赖的运行支持环境的开放度所决定，开放的程度越大则互联互通中心能为它所提供的互联互通服务就越多，该共享服务模块与别的共享服务模块的互操作潜力也就越大。

第三种类型：需要运行时支持环境的共享服务模块，但这种支持环境是全封闭的。此时外界干涉不了该共享服务模块进程的运行，所以互联互通中心只能为它提供数据级的互联互通。但这种情况很少见。

三、互联互通的界限原理

互联互通中心要解决共享服务模块之间的互联互通问题，同时也要解决产品之间的互联互通问题。显然共享服务模块之间的互联互通和产品之间的互联互通是两个不同的范围上的互联互通，同时因为互联互通都是有针对性的，也就是说某个共享服务模块与某个共享服务模块之间需要互联互通，或者某个产品与某个产品之间需要互联互通，所以这些互联互通不是广播式的，为了使这种互联互通不至于影响与它无关的共享服务模块和产品，同时也是为了使这种互联互通能够到达正确的目的地，而不会无的放矢，更是为了这种互联互通能够在有限的范围内尽快找到目标，所以为这些互联互通划分界限是非常必要的，也是必不可少的。

　　互联互通中心将为每个要求和其他共享服务模块或产品互联互通的共享服务模块和产品提供一个界限。属于同一互联互通界限的共享服务模块或产品之间可以利用界限标志互联互通；同一共享服务模块或者产品可以属于不同的界限范围，也就是说同一共享服务模块或者产品可以以不同的身份和多个界限内的共享服务模块或者产品进行互联互通。这里定义的界限这个概念是共享服务模块与共享服务模块的通信，以及产品与产品之间的通信。因为一旦共享服务模块确定后，所有的共享服务模块对外界的通信语句也就确定了，所以其中所有通信语句中的组也就相对有了一个限制，但是在共享服务模块创建时其实并不能预料到它要与哪些共享服务模块进行通信，所以也就无法事先用进程级的组来限定共享服务模块的互联互通的范围。因此，在这里也就产生了一个进程级的通信范围与共享服务模块及产品级的互联互通范围之间矛盾的问题，因为通信是互联互通的基础，如果连通信都支持不了，互联互通又从何谈起？而这个矛盾的解决必须要有共享服务模块规范和产品规范以及互联互通中心的配合，也就是说必须对共享服务模块和产品对进程级的组的定义进行一个限制，以保证它的进程级通信的灵活性，进而保证它的进程级通信不会对合法的共享服务模块、产品级的通信造成阻碍。因为共享经济平台是开放式的平台，其中的共享服务模块和产品也要具有开放性，完全封闭而且不具有封装性的共享服务模块和产品是很难进行高度的互操作。

　　但所有的通信其实质都是基于进程级的，所以这里的任务就是如何利用共享服务模块、产品、互联互通中心的进程级通信来支持共享服务模块、产品级的有目的有意义有目标的通信，从而支持高效的共享服务模块、产品间的互联互通，而且进程通信中的组也会使共享服务模块、产品级的界限的实现提供了方便。也就是说互联互通中界限的实现可以基于进程级的组，但这种利用不是简单的调用，而要包括一系列的协调和变换。

第六节　共享服务模块的集成

一、共享产品的构建与运行

　　共享产品是共享经济平台的目标，也是产品共享服务开发和运行的主流方式。共享产品的组成元素是各个产品共享服务模块，而这些产品共享服务模块是开放式的，并且每个产品共享服务模块本身又可以是一个共享产品。共享产品无形之中为其中的每个产品模块划定了互联互通的范围。而这对于共享产品来说非常重要，因为共享产品中，各产品模块之间有进程级的通信，所以在共享产品排除共享产品之外的通信对其中的通信的干扰，如通信的某些标识符的同名问题，以及为了区分共享产品中产品之间的通信和产品之中各共享服务模块之间的通信、区分共享产品中产品之间的通信和共享产品中的子共享产品中的通信、区分共享产品中的各个产品模块内部的通信，可以使通信能有序、有效、不混乱地进行，从而实现正确的互联互通。

　　共享产品在创建时一般来说需要指示语句来给共享产品中各个产品模块的合作和动作做一些指导，而运行时信息共享中心的即插即用中心将会根据指示语句来进行合适的产品模块的调入和加载，互联互通中心将会根据指导语句进行产品模块的互联互通。

二、即插即用中心的运行机制

即插即用中心的运行流程如图 4.12 所示。

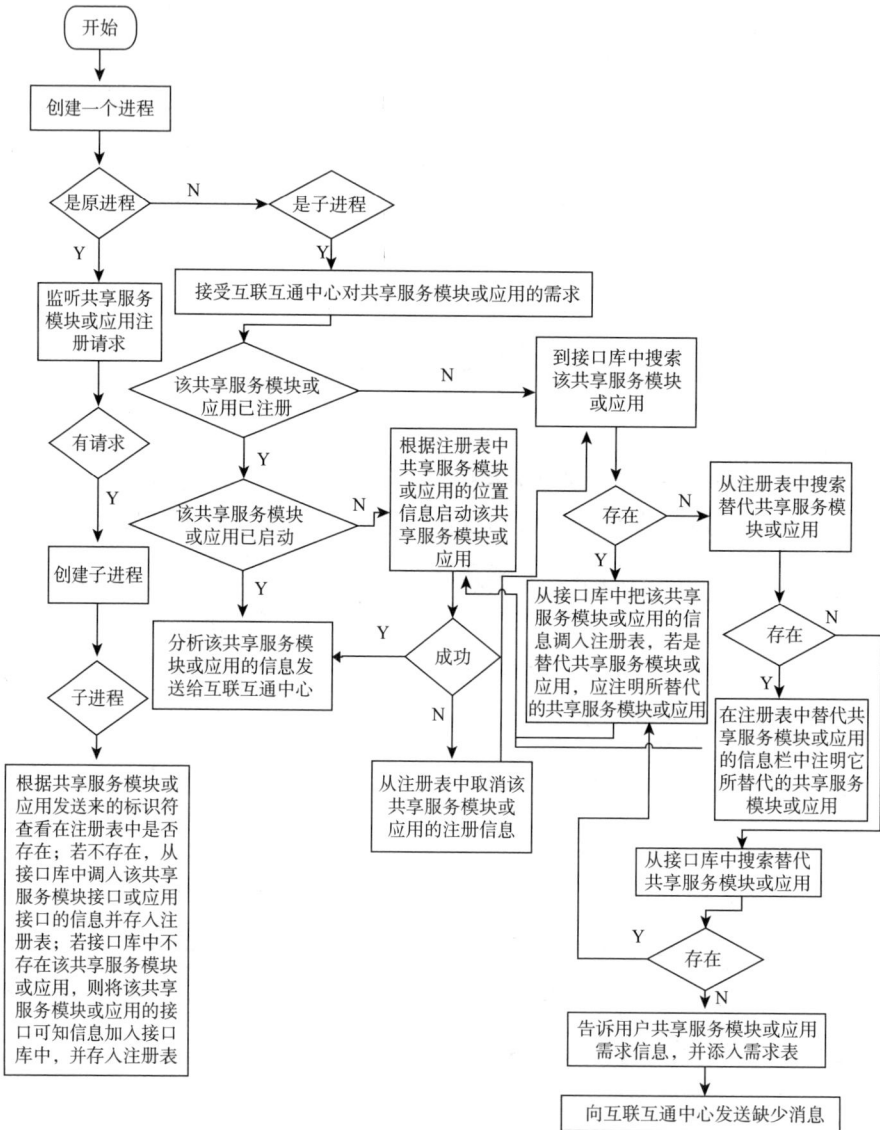

图 4.12　即插即用中心的运行流程

从上面的总体设计和流程图可以看出该即插即用是需求驱动型的，也就是说只要是客户共享服务模块或产品需求的共享服务模块，即插即用中心都会想尽一切办法来满足客户共享服务模块或产品的需要。而那些与客户共享服务模块或产品运行无关的共享服务模块即使运行了，也被即插即用中心屏蔽掉了，但一旦客户共享服务模块或产品需要使用那些备用的已运行共享服务模块或未运行共享服务模块时，即插即用中心能马上把这些共享服务模块利用起来，而不会遗漏。从另一个角度说，如果你插入的共享服务模块是客户共享服务模块或产品运行所需要的，那么该共享服务模块一旦插入就能马上被客户共享服务模块或产品使用；如果该共享服务模块是客户共享服务模块或产品目前尚未用到，而是下一阶段的运行要用到的，那么一旦客户共享服务模块或产品需要使用该共享服务模块时，该共享服务模块就能马上投入使用。因此，这样就达到了即插即用的目的，而比事件驱动型的即插即用更高效。因为事件驱动型以插入的共享服务模块为主体，一旦有共享服务模块插入，将会向所有对它感兴趣的客户共享服务模块或产品发送消息，以使该共享服务模块投入使用，但这样需要各客户共享服务模块或产品注册它所感兴趣的共享服务模块。其一，因为对这样的感兴趣的共享服务模块的范围和标志难以用形式化的方式定义，而且定义以后会影响客户共享服务模块或产品的灵活性，并且增大了客户共享服务模块或产品的负担；其二，因为每个插入共享服务模块不管与正在运行的共享服务模块有无关系，都要对它进行分析，以确定它是否满足其他的客户共享服务模块或产品的兴趣因子，这样是很浪费时间的，为一些无关的共享服务模块做了无关的分析。

这种即插即用方式的关键是对合适共享服务模块的搜索，所以对搜索技术在此做进一步的说明。

需求共享服务模块的描述范式为：共享服务模块＝共享服务模块的服务内容∪共享服务模块的接口∪共享服务模块的模式∪共享服务模块

的领域∪共享服务模块的语言。

搜索库的产生式为：共享服务模块的服务内容∪共享服务模块的接口∪共享服务模块的模式∪共享服务模块的领域∪共享服务模块的语言→共享服务模块的物理地址∪共享服务模块的工作量估计∪共享服务模块的参数文件位置。

搜索方式为：共享服务模块的服务内容和共享服务模块的接口必须相互一致，在满足这一前提的情况下优先考虑共享服务模块的模式、共享服务模块的领域、共享服务模块的语言一致的共享服务模块。具体方式可以采用加权搜索法，共享服务模块的服务内容和共享服务模块的接口采用高数量级权，而共享服务模块的模式、共享服务模块的领域、共享服务模块的语言采用低数量级权，搜索算法优先采用高权的共享服务模块，而不考虑低权条件的共享服务模块在用户的眼里往往是替代共享服务模块。但若有高权的共享服务模块加入或注册，则即插即用中心会自动使用高权的共享服务模块。因此，产品可以自动升级，换句话说只要客户共享服务模块或产品的组成部分升级了，它的整体将自动升级，而无须任何改动，从而保证了信息共享的灵活性。同时如果需要对客户共享服务模块或产品的框架进行修改，也无须修改其中的共享服务模块。

三、互联互通中心的运行机制

互联互通中心主进程的流程如图 4.13 所示。

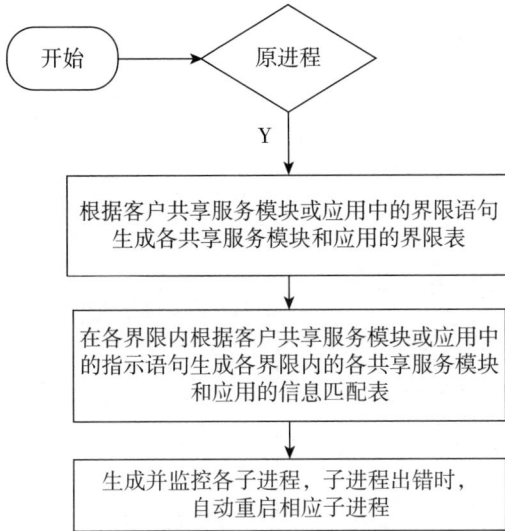

图 4.13 互联互通中心主进程的流程

互联互通中心请求服务子进程的流程如图 4.14 所示。

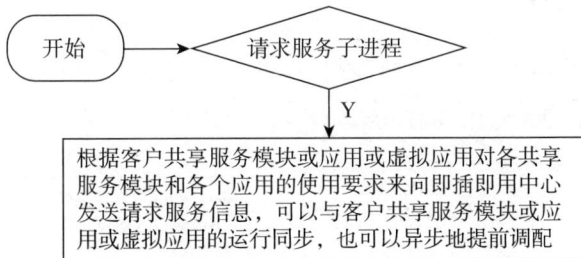

图 4.14 互联互通中心请求服务子进程的流程

互联互通中心获取服务子进程的流程如图 4.15 所示。

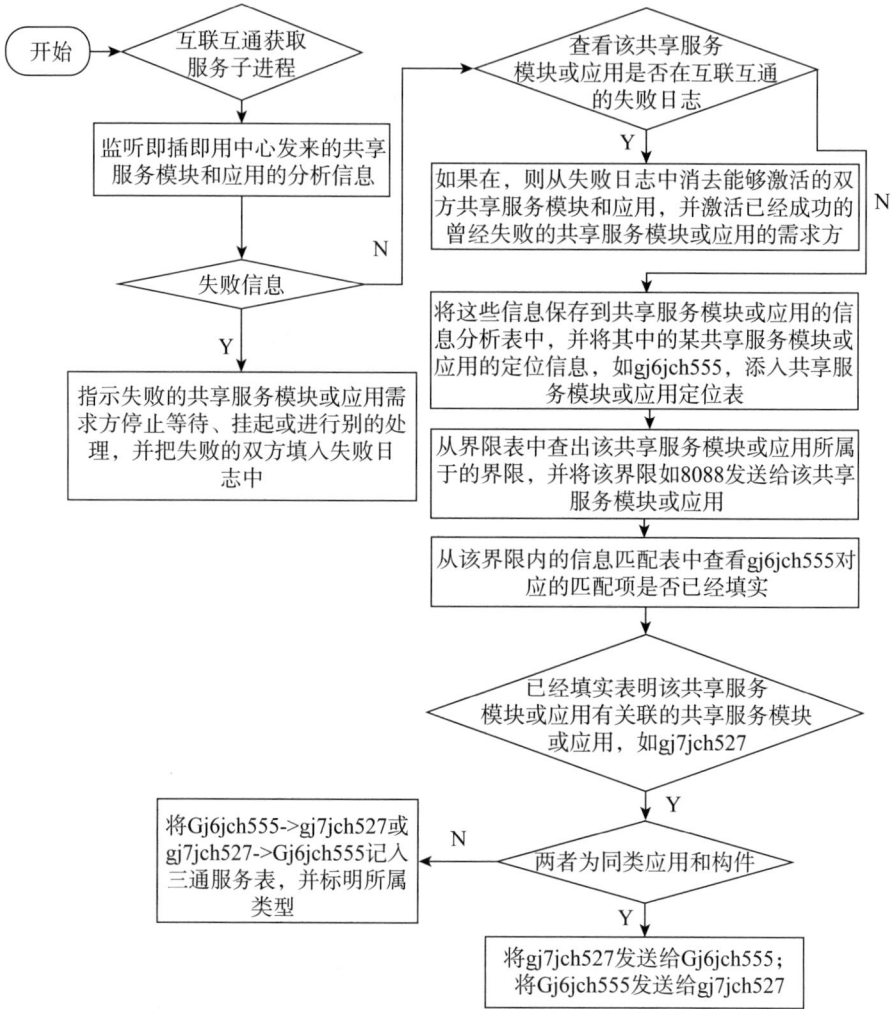

图 4.15　互联互通中心获取服务子进程的流程

互联互通中心产品交互子进程的流程如图 4.16 所示。

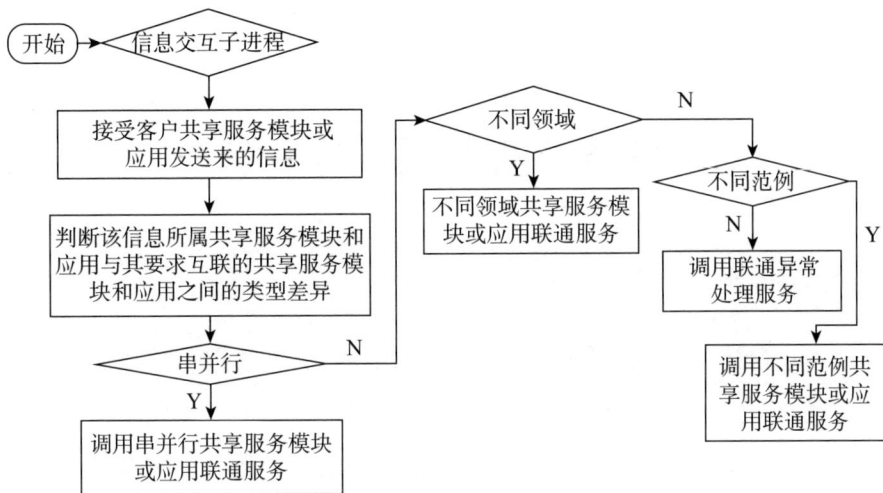

图 4.16　互联互通中心产品交互子进程的流程

联通异常处理流程如图 4.17 所示。

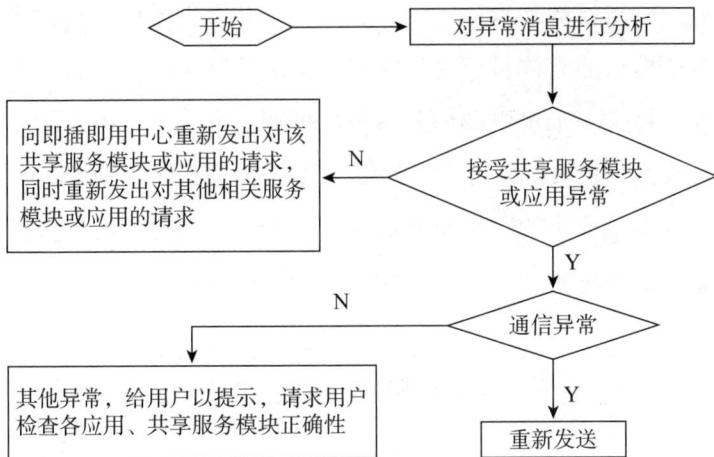

图 4.17　联通异常处理流程

第五章　共享服务时空模型

本章论述了共享服务时空模型的基础理论、共享服务的基本时空模型、共享服务的组合时空模型、共享服务时空模型的对象操作、共享服务时空模型的关系运算、共享服务时空模型的分布运算。共享服务时空模型是一种时空数据共享组织和使用方式的抽象，并服务于共享服务时空应用。共享服务时空模型提供对时空数据的共享组织方式，同时提供对时空应用的共享支持。共享服务时空模型的科学目的是表示现实世界的时空共享性；技术目的是在共享服务系统上来模拟具备时空共享性的现实世界；应用目的是为构建具有海量时空共享性的应用提供支持。共享服务时空模型的具体目标是为时空数据的共享组织以及共享服务时空应用的开发提供一个可以遵循和参考的模型。根据共享方式的不同，可以将共享服务时空模型分为不同类型。具体采用何种共享服务时空模型，应该根据具体要解决的时空服务需求来决定。共享服务时空模型上的共享对象运算包括共享本性聚类、共享服务时空分布。

第一节　共享服务时空的研究现状

共享服务平台能够跨越时空，缩短供需双方接触渠道。[①] 共享经济模

---

① 曹丹：《论共享经济对旅游业发展的影响及其应对》，《四川师范大学学报》（社会科学版）2017年第1期。

式下的服务市场具有主体极大多元化、服务跨地域超时空等特点。①受益于移动互联网、互联网技术的迅猛发展，人与人之间实现了无时空限制的联接，从而保证了这种共享行为的便捷性与可行性。②开放、普惠、高效的技术秉性使得共享经济跨越了传统产品供给和服务供给的时空约束。③随着共享经济和物联网应用的不断发展，逐渐产生了前所未有的时空数据，如共享单车轨迹、人群流动行为等。④共享单车是一种新型共享经济模式，因其具备 GPS 定位功能，能够实现动态监测车辆数据、骑行分布数据，运用 SPSS 软件对数据进行处理，得到单车时空分布情况，结合所给需求数据，建立用户使用需求调度模型。⑤作为共享经济的产物，共享单车在影响城市居民日常出行方式的同时，也在慢慢改变城市的空间格局。⑥共享经济的现有研究在共享服务时空模型的基础理论、共享服务的基本时空模型、共享服务的组合时空模型、共享服务时空模型的对象操作、共享服务时空模型的关系运算、共享服务时空模型的分布运算这些方面还是很薄弱甚至几乎空白，但这些方面的研究对于共享服务时空模型的研究来说非常重要，所以本章将围绕这些方面进行研究阐述。

第二节　共享服务时空模型的基础理论

一、共享服务时空模型的组成

时空中包含大量的共享对象。共享对象有本性、空间属性、时间属性，共享对象之间的关系有本性关系、空间关系、时间关系。不同的共享对象可以并存于时空之中，不同的关系也可以并存于时空之中。

---

① 孟凡新：《共享经济模式下的网络交易市场治理：淘宝平台例证》，《改革》2015 年第 12 期。
② 刘根荣：《共享经济：传统经济模式的颠覆者》，《经济学家》2017 年第 5 期。
③ 郑联盛：《共享经济：本质，机制，模式与风险》，《国际经济评论》2017 年第 6 期。
④ 张宁豫：《海量稀疏时空数据分析方法及应用研究》，学位论文，浙江大学，2017 年。
⑤ 张建翔：《基于共享单车时空分布的优化调度模型》，《经贸实践》2017 年第 16 期。
⑥ 邓力凡、谢永红、黄鼎曦：《基于骑行时空数据的共享单车设施规划研究》，《规划师》2017 年第 10 期。

　　时空中的共享性主要存在于三个基本维：空间维、时间维、本性维，而时空中的共享对象又可以分为应用共享对象和用户共享对象。为了进行共享服务，同时为了将共享映射到共享服务环境，需要人为增加观察共享对象。观察共享对象可以综合或者漫游于各维之间。

　　在空间维中，不同空间位置的共享对象可以并发地产生、存在、变化或消失。例如，在水平方向，A 城区在修建楼房，B 城区也可以同时修建楼房。又例如，大马路上有人在走，同时公路上有车在开。再例如，在垂直方向，飞机在飞，云在空中飘，雨水降落到地表，地面上开始流水，水渗入地下。

　　在时间维中，不同时间的共享对象可以并发地产生、存在、变化或消失。例如，一个孩子一天前坐在一把椅子上，一天后他的父亲也可以坐在这把椅子上。

　　在本性维中，不同本性的共享对象可以并发地产生、存在、变化或消失。例如，动物、植物、人造物可以同时活动。

　　以上三维中存在着应用共享对象、用户共享对象、观察共享对象。应用共享对象之间的关系包括时间关系、空间关系、本性关系。应用共享对象与用户共享对象之间的关系包括应用操作。应用操作是一系列有序、有目的时间关系、空间关系、本性关系的集合。应用共享对象、用户共享对象、观察共享对象都属于共享对象，有的共享对象可以同时是应用共享对象和用户共享对象和观察共享对象，也可以什么都不是，那就是不确定，也可以从应用共享对象变成用户共享对象，从用户共享对象变成观察共享对象。观察共享对象通过用户共享对象的应用操作可以改变应用共享对象，观察共享对象通过观察操作，不会对其他共享对象产生修改。

　　传统时空数据模型[①]中只有一个观察对象，而共享服务时空数据模型

---

　　①　Blangiardo M., Cameletti M., Baio G., et al., "Spatial and Spatio-temporal Models with R-INLA", *Spatial and Spatio-temporal Epidemiology*, No.7 2013.

中有多个观察共享对象。传统时空数据模型中忽略了应用共享对象和用户共享对象的区别，忽略了应用操作和观察操作的区别。

共享服务时空数据模型中，可以有很多观察共享对象，这些观察共享对象根据兴趣进行分工，并发地对整个时空中的共享对象进行操作和观察。

不同的应用共享对象可以并存，如地下水、建筑物等。

不同的用户共享对象可以并存，如规划局、环境局等。

不同共享对象之间的关系可以并存，如不同应用共享对象之间的关系，应用共享对象和用户共享对象之间的关系，观察共享对象和其他共享对象或关系之间的关系或者用户共享对象之间、观察共享对象之间的关系。

不同的应用操作可以并存。例如，以下应用操作可以由共享对象并发地进行：石油公司（用户共享对象）勘探（应用操作）地下石油（应用共享对象）；水厂勘察地下水；城市规划人员对城市地表进行规划；环保局人员对城市环境和大气污染进行监测；气象局对气候进行监测。

不同的观察共享对象可以并发地观察空间的不同部分；还可以并发地观察时间的不同部分；还可以观察不同的应用共享对象或用户共享对象或应用操作；还可以使用不同的操作观察同一个共享对象或关系或空间部分或时间部分，如观察员1从系统中查询赛场上跑得最快的，而观察员2从系统中查询赛场上跑得最慢的。

用户共享对象所在的空间作为其空间属性，所在的时间作为其时间属性，可以操作的应用共享对象类型、应用操作方法作为其本性，操作的历史也可以作为其本性。

观察员在共享服务系统节点上的分布作为其空间属性和所观察的空间，其所在服务点的性能作为其时间属性和所观察的时间，可以观察的共享对象或关系类型、观察操作方法作为其本性，观察结果、观察的历史也可以作为其本性。

不同观察员对同一个共享对象或关系的观察结果可以不同，如同不同的人从不同的角度看一个建筑物，得到的结论是不同的。

二、共享服务时空模型的定义

共享服务时空模型是一种时空数据共享组织和使用方式的抽象，并服务于共享服务时空应用。共享服务时空模型向内提供对时空数据的共享组织方式；向外提供对时空应用的共享支持。共享服务时空模型的科学目的是表示现实世界的时空共享性；技术目的是在共享服务系统上来模拟具备时空共享性的现实世界；应用目的是为构建具有海量时空共享性的应用提供支持。共享服务时空模型的具体目标是为时空数据的共享组织以及共享服务时空应用的开发提供一个可以遵循和参考的模型。共享服务时空模型继承了传统时空模型对时空单元的表示方法，但增加了不同的时空单元之间的共享方法，并能将不同时空单元映射到不同的共享服务点，从而只要保持服务点数与时空规模同比例增长，就能基本保持模拟时间的稳定。

传统时空模型将现实世界看作从始至终、从头到尾的一个整体，所以传统时空模型中的世界是非共享的，表示的方式自然也是非共享模式。因此，传统时空模型只能在非共享服务系统上运行。而非共享服务系统的能力是有限的，从而限制了应用的规模化和实时化。其实现实世界是共享的，正如一些经典的成语"万马奔腾、万箭齐发"，所以用共享服务时空模型能更真实地表示现实世界，其表示的方式与共享模式是一致的，可以在共享服务系统上运行，而共享服务系统可以无限扩展，从而使得大规模实时应用的实现成为可能。

按时间、空间和本性的组织方式进行分类，不管是传统时空模型还是共享服务时空模型，都可以分为复合型、修正型、快照型和立方体型。如图5.1所示。

按应用维和用户维中的共享之间的共享性进行分类。共享服务时空

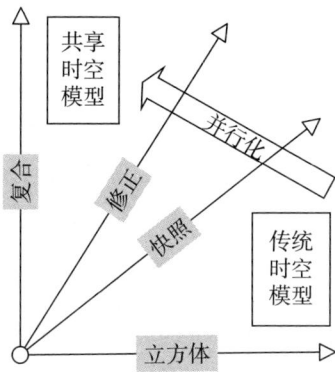

图 5.1　时空模型按时空性进行分类

模型根据共享的维数可以分为单维和多维；共享服务时空模型根据共享的级数可以分为单级和多级；共享服务时空模型根据共享的流通开销可以分为紧耦合和松耦合；共享服务时空模型根据共享的一致性可以分为单式和多式；共享服务时空模型根据共享的相关性可以分为独立和关联。如图 5.2 所示。

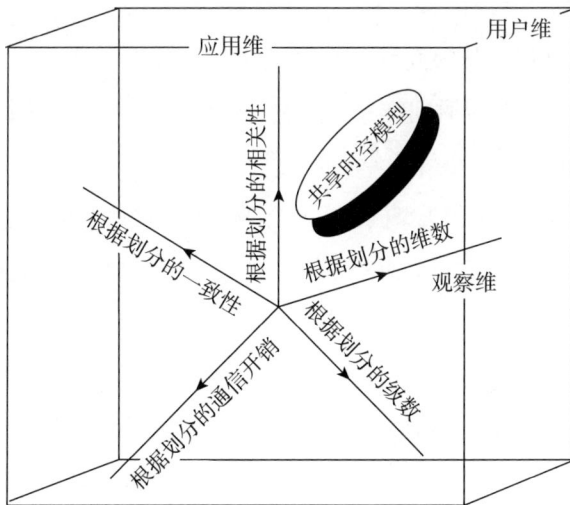

图 5.2　共享服务时空模型按共享间共享性进行分类

三、共享服务时空模型的分类

根据共享方式的不同，可以将共享服务时空模型分为不同类型。具体采用何种共享服务时空模型，应该根据具体要解决的时空服务需求来决定。

共享服务时空数据模型可以根据五种共享标准进行设计。

（一）根据共享的级数

单级共享就是在利用共享服务时空数据模型解决一个服务需求时，只对其中一种共享对象或关系进行共享，观察共享对象则根据这种共享作为依据进行并发地处理。

多级共享就是在一级共享的基础上进行共享。例如，在时间维上对应用共享对象进行共享后，再在每个共享上进行空间维的共享。在多级共享的基础上也可以对其中每个共享继续进行这种共享。多级共享可以分为多级单象共享和多级多象共享。多级单象共享的特点是共享所针对的共享对象类型没有变化。多级多象共享的特点是共享所针对的共享对象类型发生变化。

（二）根据共享的维数

单维共享是指只从时间维或空间维或本性维进行共享。

多维共享是指联合时间维、空间维、本性维中两个或三个进行共享。

（三）根据共享的相关性

独立共享是指对某种类型的共享不影响与其关联的其他类型共享对象。

关联共享是指对某种类型的共享影响与其关联的其他类型共享对象。

如果不加以特别说明，共享指的都是关联共享。

（四）根据共享的一致性

所谓同构指每个共享对象在同一级别上仅属于一个共享。

所谓异构指每个共享对象在同一级别上可以属于多个共享。

（五）根据共享的流通开销

松耦合共享指不同共享之间的相关性小，共享开销小。

紧耦合共享指不同共享之间的相关性大，共享开销大。

任何共享服务时空数据模型都可以根据上述共享标准的组合进行设计，也可以只根据其中几个标准进行设计，而忽略其余标准。

上述共享服务时空模型的分类如图 5.3 所示。

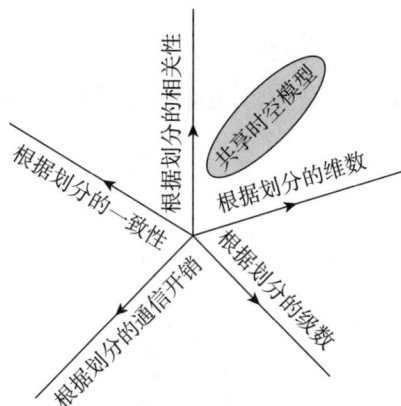

图 5.3　共享服务时空模型的分类

第三节　共享服务的基本时空模型

一、单级一维共享服务时空模型

单级是指只进行一级共享，且不再对其共享继续进行共享。一维是指只在时间维、空间维、本性维中的某一维进行共享。

值得注意的是基于各一维对观察共享对象进行共享，是基于各一维对应用共享对象的共享或基于各一维对用户共享对象的共享，并结合共享服务环境而得到的。

其中基于时间维对应用共享对象集合进行共享如图 5.4 所示。

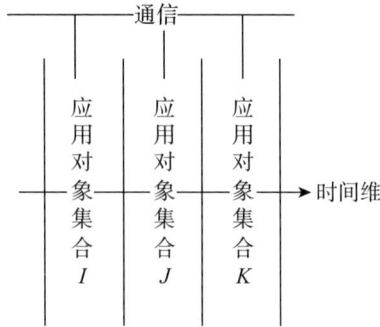

图 5.4　基于时间维对应用共享对象集合进行共享

基于时间维对用户共享对象集合进行共享如图 5.5 所示。

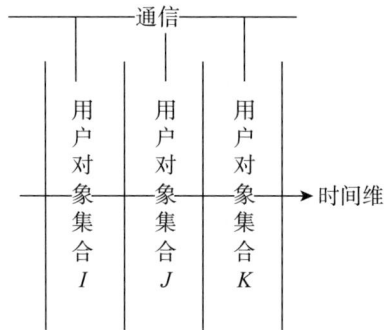

图 5.5　基于时间维对用户共享对象集合进行共享

基于时间维对观察共享对象集合进行共享如图 5.6 所示。

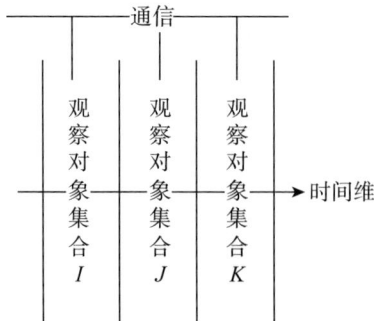

图 5.6　基于时间维对观察共享对象集合进行共享

基于空间维对应用共享对象集合进行共享如图 5.7 所示。

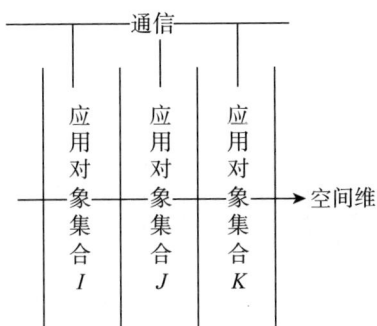

图 5.7 基于空间维对应用共享对象集合进行共享

基于空间维对用户共享对象集合进行共享如图 5.8 所示。

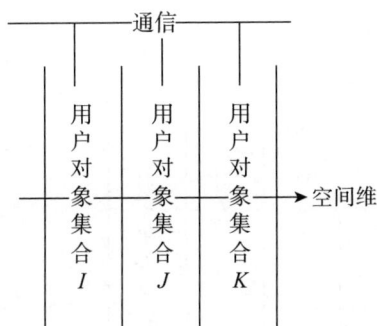

图 5.8 基于空间维对用户共享对象集合进行共享

基于空间维对观察共享对象集合进行共享如图 5.9 所示。

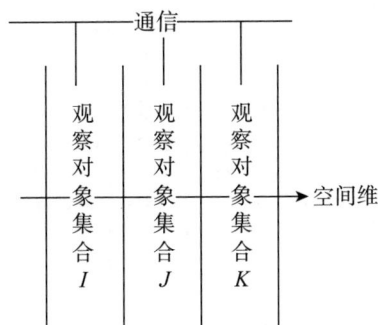

图 5.9 基于空间维对观察共享对象集合进行共享

基于本性维对应用共享对象集合进行共享如图 5.10 所示。

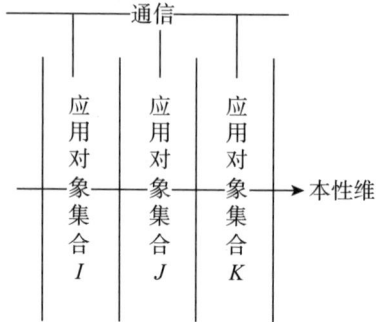

图 5.10　基于本性维对应用共享对象集合进行共享

基于本性维对用户共享对象集合进行共享如图 5.11 所示。

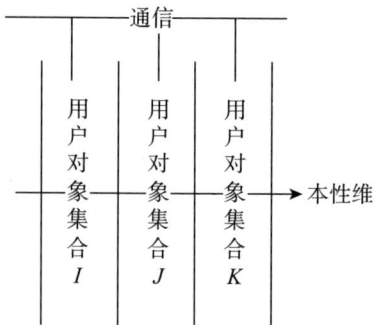

图 5.11　基于本性维对用户共享对象集合进行共享

基于本性维对观察共享对象集合进行共享如图 5.12 所示。

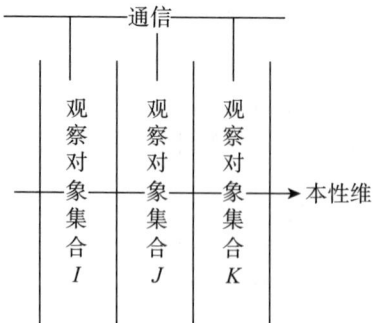

图 5.12　基于本性维对观察共享对象集合进行共享

二、单级二维共享服务时空模型

单级是指只进行一级共享，且不再对其共享继续进行共享。二维是指综合时间维、空间维、本性维中的某二维进行共享。

值得注意的是基于各二维对观察共享对象进行共享，是基于各二维对应用共享对象的共享或基于各二维对用户共享对象的共享，并结合共享服务环境而得到。

其中基于本性维和时间维对共享对象集合进行共享如图 5.13 所示。

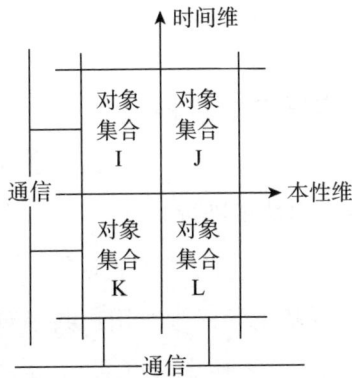

图 5.13　基于本性维和时间维对共享对象集合进行共享

基于空间维和时间维对共享对象集合进行共享如图 5.14 所示。

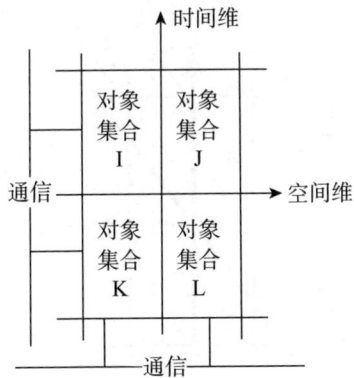

图 5.14　基于空间维和时间维对共享对象集合进行共享

基于空间维和本性维对共享对象集合进行共享如图 5.15 所示。

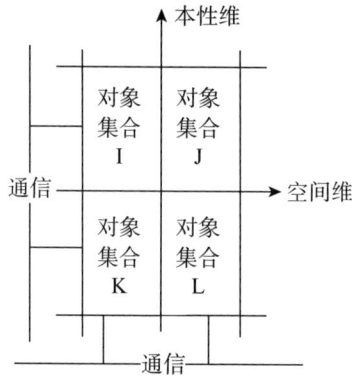

图 5.15　基于空间维和本性维对共享对象集合进行共享

三、单级三维共享服务时空模型

单级是指只进行一级共享，且不再对其共享继续进行共享。三维是指综合时间维、空间维、本性维进行共享。

值得注意的是基于各三维对观察共享对象进行共享，是基于各三维对应用共享对象的共享或基于各三维对用户共享对象的共享，并结合共享服务环境而得到的。

上述基于空间维、本性维、时间维对共享对象集合进行共享如图5.16 所示。

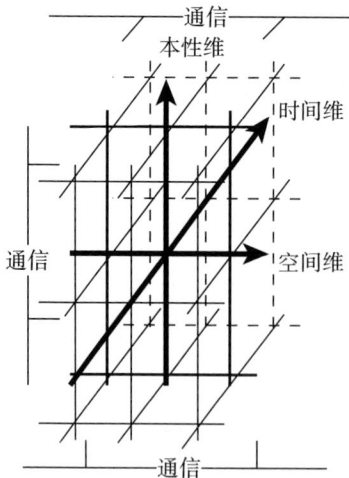

图 5.16　基于空间维、本性维、时间维对共享对象集合进行共享

第四节　共享服务的组合时空模型

一、多级共享服务时空模型

上面讲述的单级一维共享服务时空模型、单级二维共享服务时空模型、单级三维共享服务时空模型都属于单级共享服务时空模型。单级是指只进行一级共享，且不再对其共享继续进行共享。

多级则指可以对其共享继续进行共享。如果对单级共享继续共享，则为二级共享，其相应的共享服务时空模型为二级共享服务时空模型；如果对二级共享继续共享，则为三级共享，其相应的共享服务时空模型为三级共享服务时空模型；以此类推。多级共享服务时空模型中的每一级的共享方式和单级共享服务时空模型相同。可以在上述单级时空模型的基础上进行多级共享，但其图非常复杂，所以难以在平面上画出，但根据多级共享服务时空模型的定义很容易想象。

多级共享服务时空模型可以分为"多级单象共享服务时空模型"和"多级多象时空模型"。多级单象共享服务时空模型中各级共享只能针对同一类共享对象；而多级多象时空模型中各级共享可以针对不同的共享对象。例如，在二级共享服务时空模型中，第一级从时间维对应用共享对象进行共享，第二级对每个共享中的应用共享对象集合根据空间维进行共享，那么这种共享对应的是多级单象共享服务时空模型；如果第二级对每个共享中的应用共享对象集合所相关的用户共享对象进行共享，则这种共享对应的是多级多象共享服务时空模型。

上述多级共享如图 5.17 所示。

前面是一个多级共享服务时空模型的例子，其中观察共享对象的共享只能是索引的形式，因为观察共享对象无法对应用共享对象和用户共享对象的共享进行改变，只能通过索引的方法重新聚类或分割。可以把观察共享对象看成共享服务调度中的数据结构。而应用共享对象和用户

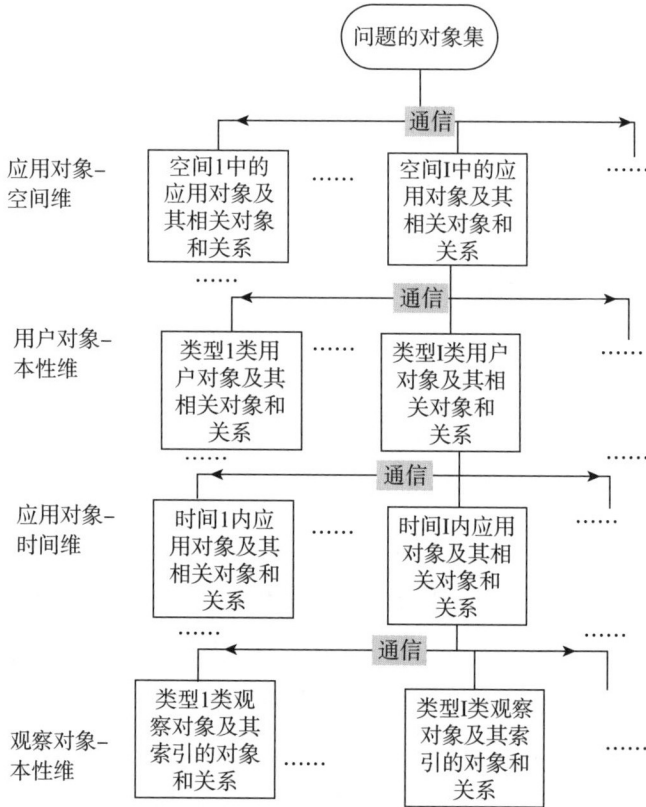

图 5.17　多级共享

共享对象则可以对应着数据库和数据表。不同观察共享对象本身具备观察不同关系的能力。例如，空间观察共享对象可以观察空间关系，时间观察共享对象可以观察时间关系，本性观察共享对象可以观察本性关系。

二、独立与关联共享服务时空模型

独立共享服务时空模型：对某种类型共享对象的共享不会包括其他类型的共享对象。例如，对应用共享对象进行独立共享，则共享中只包含应用共享对象，而不理会与应用共享对象有关系的用户共享对象及其关系。

关联共享服务时空模型：对某种类型共享对象的共享包括其他类型的共享对象。例如，对应用共享对象进行关联共享，则共享中不但包含应用共享对象，而且包含与共享中应用共享对象有关系的用户共享对象及其关系。

如果不加以特别说明，共享服务时空模型都指关联共享服务时空模型。

三、单复式共享服务时空模型

单式共享服务时空模型，是指所有共享对象的集合被同一个结构的共享所分割，此时任何共享对象只可能属于某一个共享，而不可能同时属于两个或两个以上的共享。

复式共享服务时空模型，是指所有共享对象的集合被多个结构的共享所分割，此时各共享对象可能同时属于多个共享。

单式共享中可以在某一个共享中包含复式共享，那么该共享在整体上是单式，而在局部是复式的。单式一般用于数据共享，而复式则适用于任务共享。

复式共享，例如，所有共享对象按照应用共享对象共享，同时所有共享对象按照用户共享对象共享，则同一个应用共享对象可以既在第一个共享中，又在第二个共享中。再例如，对所有的应用共享对象根据时间维进行共享，同时对所有的应用共享对象根据空间维进行共享，则服务需求域的子服务需求 1 可能利用第一种共享，而子服务需求 2 可能利用第二种共享。复式共享可以通过应用共享对象或用户共享对象进行，也可以通过观察共享对象的索引机制进行，如果通过索引机制进行，则在数据库中存在的仍然是一种共享，但在内存中存在的是两种共享。

四、松紧耦合共享服务时空模型

松耦合共享：指不同共享之间的关系比较少，有利于降低流通的开销，如对应用共享对象的共享。

紧耦合共享：指不同共享之间的关系比较多，流通开销比较大。例如，先基于本性维将所有共享对象独立共享为应用共享对象、用户共享对象，再分别对应用共享对象和用户共享对象进行共享。此时将用户共享对象和其对应的应用共享对象放在不同的共享中，而用户共享对象和其应用共享对象之间的关系是非常密切的，却属于不同的共享，显然不同的共享之间是紧耦合的。

同时随着共享级别的增多，不同共享中的共享对象会越来越紧耦合。

第五节　共享服务时空模型的对象操作

共享服务时空模型上的共享对象运算包括共享本性聚类、共享服务时空分布。

一、共享本性聚类

（一）聚类同一个时间上的不同空间中的同类共享对象

第一步：并发地对各空间中的共享对象进行观察，判断其特性，并根据特性将该空间内的共享对象进行归类，不同特性的共享对象放入不同的数组或不同的指针链表中；第二步：汇总不同空间内的不同特性数组中的共享对象。聚类同一个时间上的不同空间中的同类共享对象，如图5.18所示。

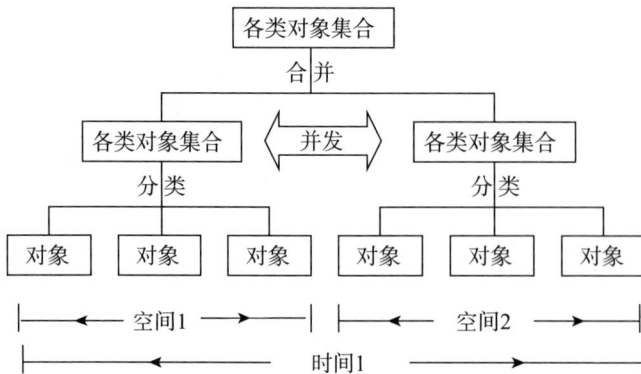

图 5.18　聚类同一个时间上的不同空间中的同类共享对象

（二）聚类同一个空间上的不同时间中的同类共享对象

第一步：并发地对各时间中的共享对象进行观察，判断其特性，并根据特性将该时间内的共享对象进行归类，不同特性的共享对象放入不同的数组或不同的指针链表中；第二步：汇总不同时间内的不同特性数组中的共享对象。聚类同一个空间上的不同时间中的同类共享对象，如图 5.19 所示。

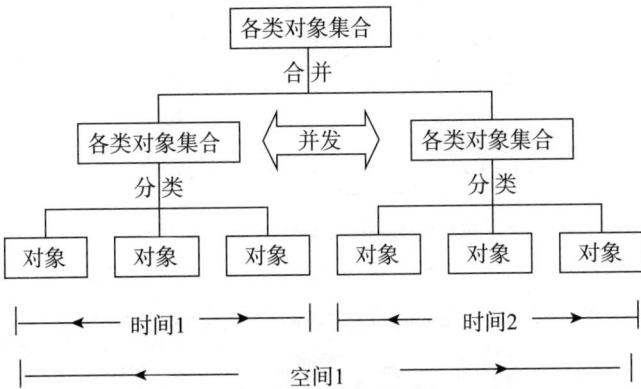

图 5.19　聚类同一个空间上的不同时间中的同类共享对象

（三）聚类不同时间上的不同空间中的同类共享对象

第一步：并发地对各时间点的各空间中的共享对象进行观察，判断其特性，并根据特性将该空间内的共享对象进行归类，不同特性的共享对象放入不同的数组或不同的指针链表中；第二步：汇总同一个时间点上的不同空间内的不同特性数组中的共享对象；第三步：汇总不同时间点上的共享对象聚类。聚类不同时间上的不同空间中的同类共享对象，如图 5.20 所示。

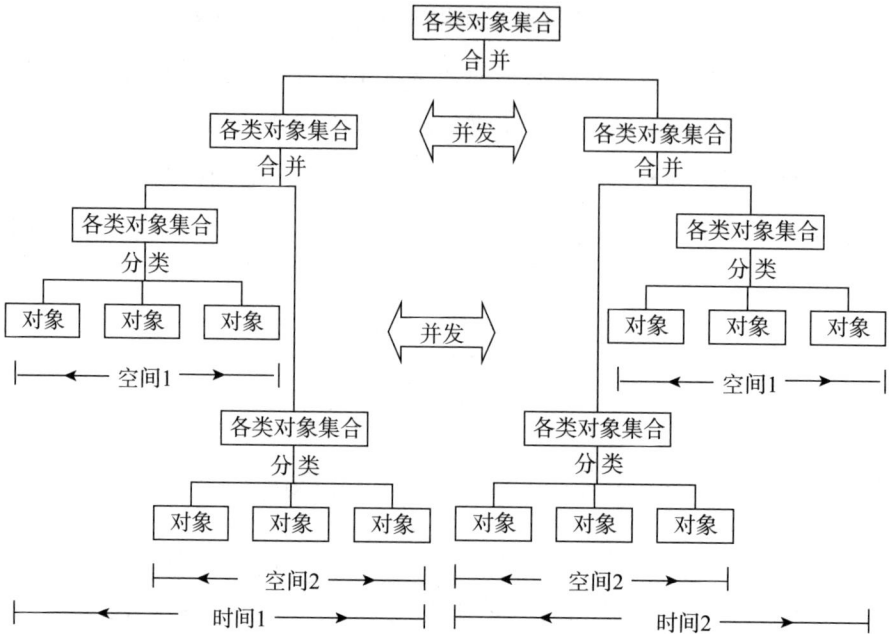

图 5.20　聚类不同时间上的不同空间中的同类共享对象

二、共享查询

（一）在同一个时间上的不同空间中查询某共享对象或某些共享对象

第一步：并发地对各空间中的共享对象进行观察，判断其特性，并根据特性判断其中各共享对象是否符合查询的条件，将符合查询条件的共享对象放入查询结果；第二步：汇总不同空间内的查询结果。如图 5.21 所示。

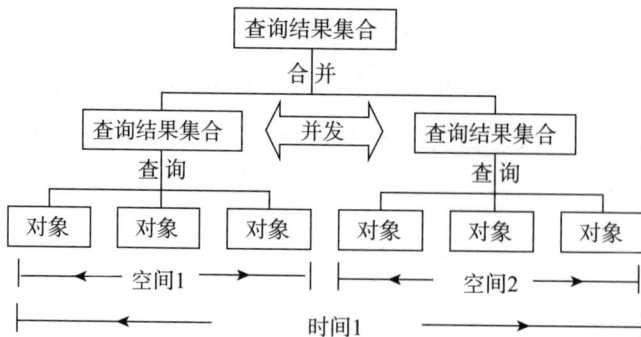

图 5.21　在同一个时间上的不同空间中查询某共享对象或某些共享对象

（二）在同一个空间上的不同时间中查询某共享对象或某些共享对象

第一步：并发地对各时间中的共享对象进行观察，判断其特性，并根据特性判断其中各共享对象是否符合查询的条件，将符合查询条件的共享对象放入查询结果；第二步：汇总不同时间内的查询结果。在同一个空间上的不同时间中查询某共享对象或某些共享对象，如图 5.22 所示。

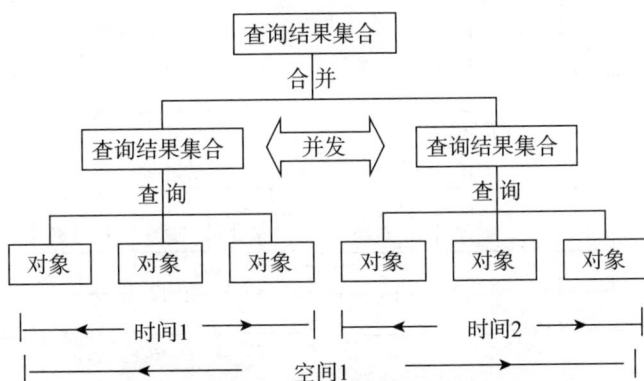

图 5.22　在同一个空间上的不同时间中查询某共享对象或某些共享对象

（三）在不同时间上的不同空间中查询某共享对象或某些共享对象

第一步：并发地对各时间各空间中的共享对象进行观察，判断其特性，并根据特性判断其中各共享对象是否符合查询的条件，将符合查询条件的共享对象放入查询结果；第二步：汇总同一时间不同空间内的查询结果；第三步：汇总不同时间的查询结果。

如果需要查询所有结果，则全部共享服务调度结束时，共享查询结束；否则只要有一个共享服务调度查询结束，即可通知所有的共享服务调度结束。在不同时间上的不同空间中查询某共享对象或某些共享对象，如图 5.23 所示。

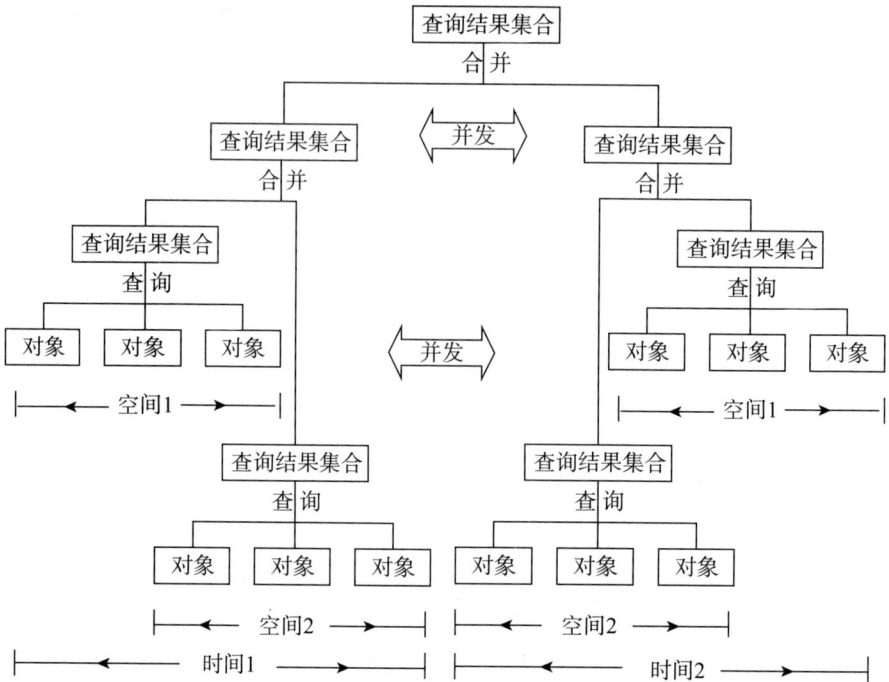

图 5.23　在不同时间上的不同空间中查询某共享对象或某些共享对象

第六节　共享服务时空模型的关系运算

共享服务时空模型上的共享关系运算包括空间关系运算、时间关系运算、本性关系运算。

一、空间关系运算

（一）同一时间不同空间内的共享对象之间的空间关系

第一步：并发地求同一个空间内的共享对象之间的空间关系；第二步：共享合并各空间的共享对象的空间拓扑（这种归并，不是简单地叠加或综合，而是进行空间的衔接）。同一时间不同空间内的共享对象之间的空间关系，如图 5.24 所示。

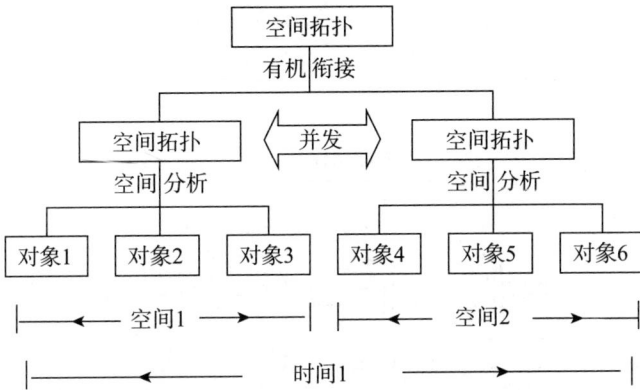

图 5.24 同一时间不同空间内的共享对象之间的空间关系

（二）不同空间内的时间点共享对象之间的空间关系

第一步：并发地求同一个空间内的时间点共享对象之间的空间关系；第二步：共享合并各空间的时间点共享对象的空间拓扑（这种归并，不是简单地叠加或综合，而是进行空间的衔接）。不同空间内的时间点共享对象之间的空间关系，如图 5.25 所示。

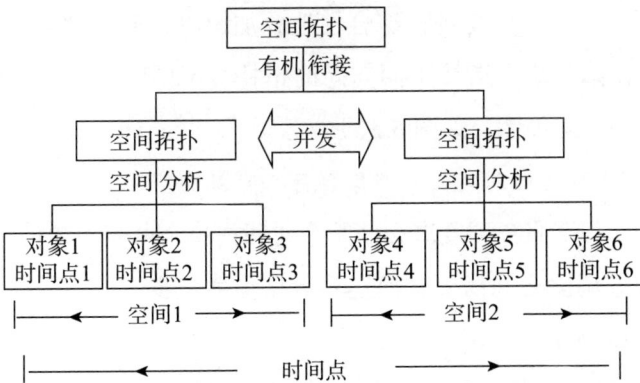

图 5.25 不同空间内的时间点共享对象之间的空间关系

（三）不同时间同一空间内的共享对象之间的空间关系

第一步：并发地求同一个时间的共享对象之间的空间关系；第二步：共享合并各时间的共享对象的空间拓扑（这种归并，不是衔接，而是进行综合性地叠加，不是简单地叠加，而是有机地叠加）。不同时间同一空间内的共享对象之间的空间关系，如图 5.26 所示。

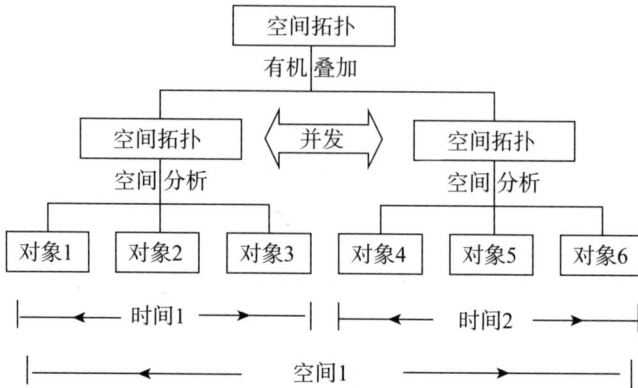

图 5.26　不同时间同一空间内的共享对象之间的空间关系

（四）不同时间不同空间内的共享对象之间的空间关系

第一步：并发地求同一个空间同一个时间内的共享对象之间的空间关系；第二步：共享合并同一个空间各时间的共享对象的空间拓扑（这种归并，不是衔接，而是进行综合性地叠加，不是简单地叠加，而是有机地叠加）；第三步：衔接不同空间的拓扑。不同时间不同空间内的共享对象之间的空间关系，如图 5.27 所示。

（五）不同时间内的某共享对象自身与自身的空间关系

第一步：每个服务调度求相邻几个时间内单个共享对象的空间关系，不同共享服务调度之间需要交换边界数据；第二步：合并需要相连的轨迹。如图 5.28 所示。

（六）不同时间内的各共享对象自身与自身的空间关系

第一步：每个服务调度求相邻几个时间内单个共享对象的空间关系，不同共享服务调度之间需要交换边界数据；第二步：合并需要相连的轨迹；第三步：汇总，属于不同共享对象的不同轨迹，不同共享对象的轨迹之间不需要流通。不同时间内的各共享对象自身与自身的空间关系，如图 5.29 所示。

```
                    ┌──────────┐
                    │ 空间拓扑 │
                    └──────────┘
                     有机│衔接
        ┌──────────────┴────────────┐
        │                    ┌──────────┐
        │                    │ 空间拓扑 │
        │                    └──────────┘
        │                     有机│叠加
        │          ┌──────────┬────┴────┬──────────┐
        │     ┌──────────┐ ╔══════╗ ┌──────────┐
        │     │ 空间拓扑 │ ║ 并发 ║ │ 空间拓扑 │
        │     └──────────┘ ╚══════╝ └──────────┘
        │      空间│分析            空间│分析
        │    ┌────┼────┐         ┌────┼────┐
        │  ┌────┐┌────┐┌────┐  ┌────┐┌────┐┌────┐
        │  │对象4││对象5││对象6│  │对象4││对象5││对象6│
        │  └────┘└────┘└────┘  └────┘└────┘└────┘
        │   ├──── 时间1 ────┤    ├──── 时间2 ────┤
        │   ├───────── 空间2 ─────────┤
   ┌──────────┐
   │ 空间拓扑 │
   └──────────┘
    有机│叠加
  ┌────┴────┬──────────┐
┌──────────┐ ╔══════╗ ┌──────────┐
│ 空间拓扑 │ ║ 并发 ║ │ 空间拓扑 │
└──────────┘ ╚══════╝ └──────────┘
 空间│分析            空间│分析
┌────┼────┐         ┌────┼────┐
┌────┐┌────┐┌────┐  ┌────┐┌────┐┌────┐
│对象1││对象2││对象3│  │对象1││对象2││对象3│
└────┘└────┘└────┘  └────┘└────┘└────┘
 ├──── 时间1 ────┤    ├──── 时间2 ────┤
 ├───────── 空间1 ─────────┤
```

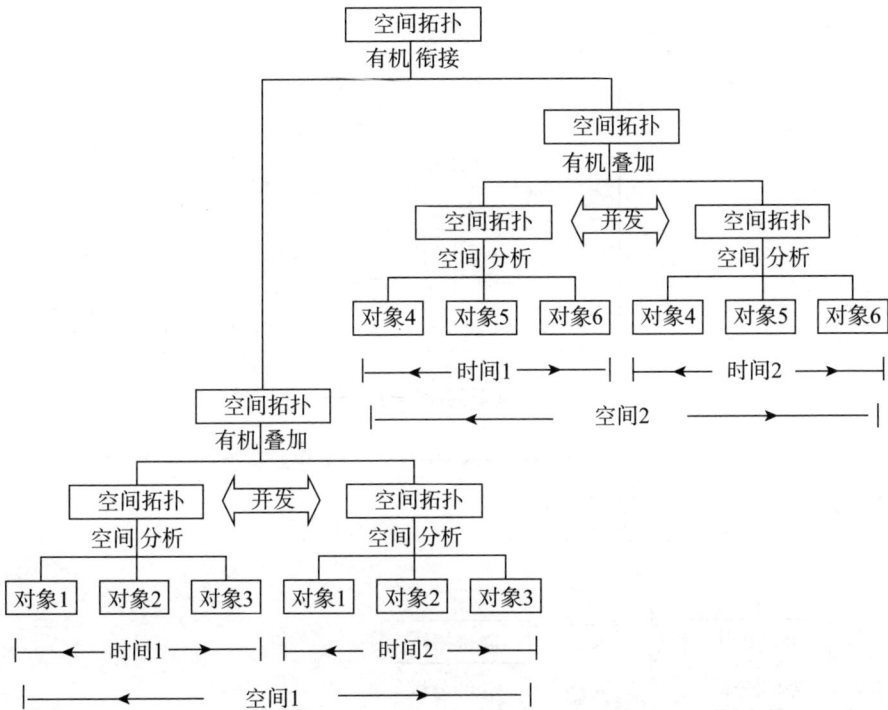

图 5.27 不同时间不同空间内的共享对象之间的空间关系

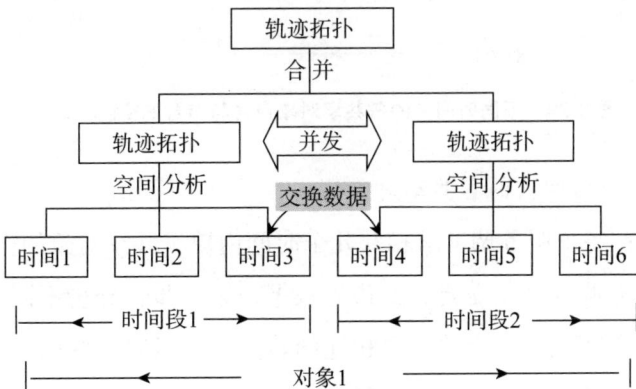

```
                ┌──────────┐
                │ 轨迹拓扑 │
                └──────────┘
                 合│并
        ┌────────┼────────┐
   ┌──────────┐ ╔══════╗ ┌──────────┐
   │ 轨迹拓扑 │ ║ 并发 ║ │ 轨迹拓扑 │
   └──────────┘ ╚══════╝ └──────────┘
    空间│分析   交换数据   空间│分析
  ┌────┼────┐         ┌────┼────┐
┌────┐┌────┐┌────┐  ┌────┐┌────┐┌────┐
│时间1││时间2││时间3│  │时间4││时间5││时间6│
└────┘└────┘└────┘  └────┘└────┘└────┘
 ├──── 时间段1 ────┤    ├──── 时间段2 ────┤
 ├───────── 对象1 ─────────┤
```

图 5.28 不同时间内的某共享对象自身与自身的空间关系

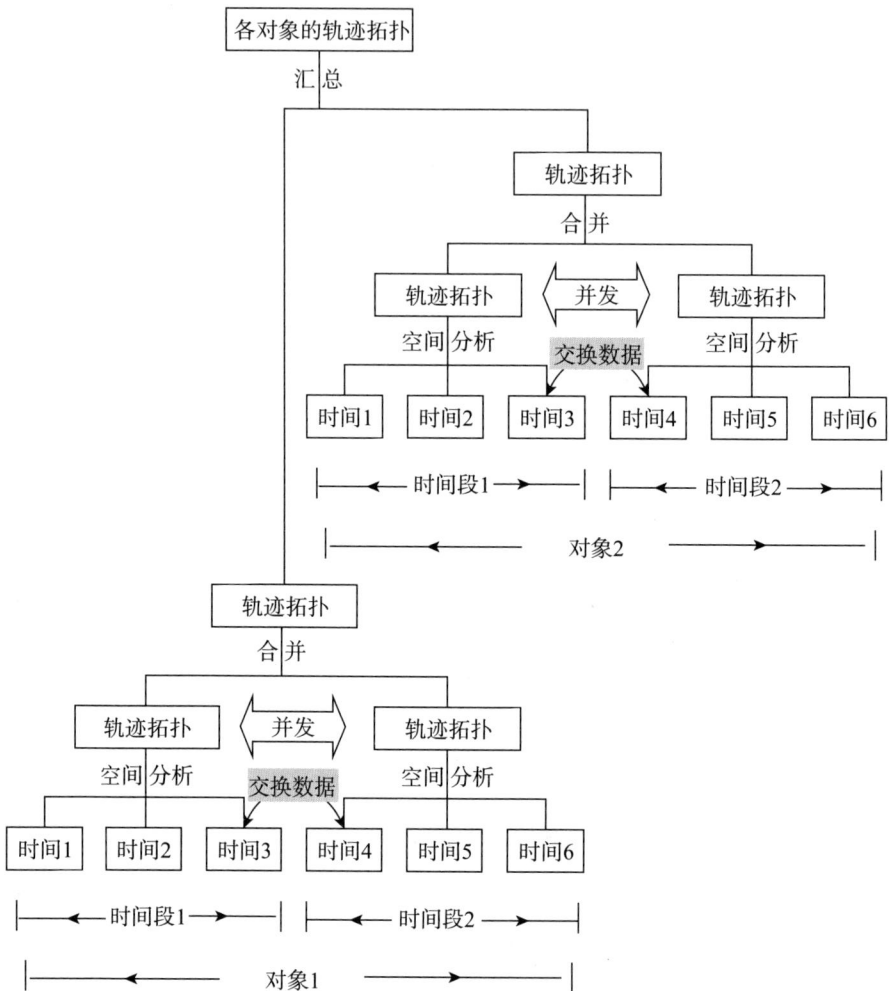

图 5.29　不同时间内的各共享对象自身与自身的空间关系

（七）一段时间内的各共享对象轨迹之间的空间关系

第一步：每个服务调度求相邻几个时间内单个共享对象的空间关系，不同共享服务调度之间需要交换边界数据；第二步：分析不同共享对象轨迹之间的空间关系，合并需要相连的轨迹。一段时间内的各共享对象轨迹之间的空间关系，如图 5.30 所示。

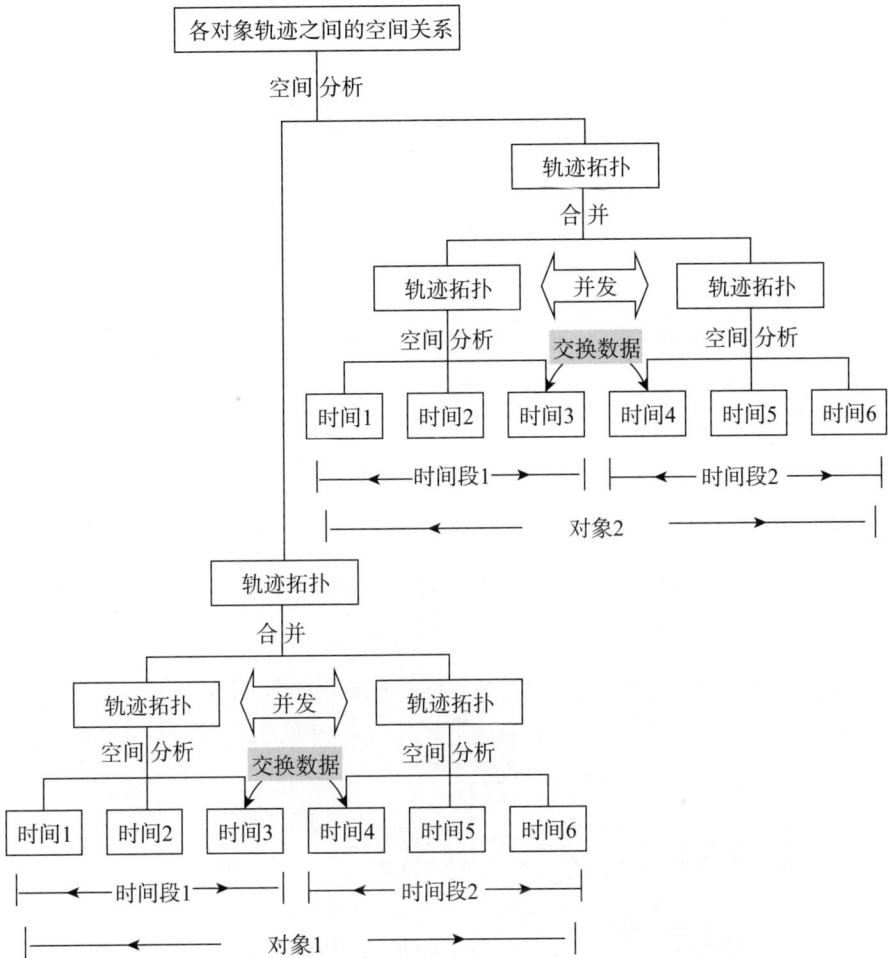

图 5.30　一段时间内的各共享对象轨迹之间的空间关系

二、时间关系运算

不同空间内的某类共享对象自身的时间轨迹之间的关系。

第一步：并发地求出不同空间中的共享对象的时间轨迹；第二步：对各时间轨迹进行时间分析，求出其时间拓扑关系。不同空间内的某类共享对象自身的时间轨迹之间的关系，如图 5.31 所示。

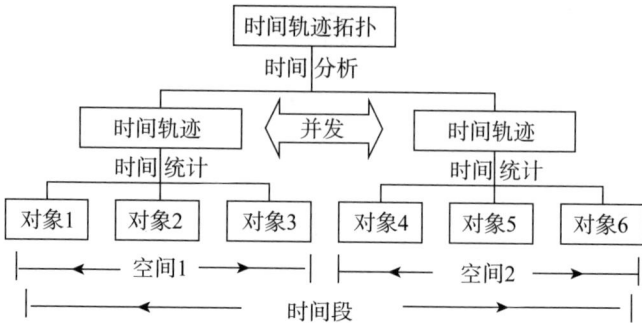

图 5.31　不同空间内的某类共享对象自身的时间轨迹之间的关系

三、本性关系运算

（一）同一空间内不同时间点内共享对象之间的本性关系

第一步：并发地求出该空间相邻几个时间点的共享对象之间的本性关系，并将本性进行分类；第二步：对各时间段的本性共享对象集合进行本性关系分析，如用于计算某地共享单车规模发展的规律及变化。同一空间内不同时间点内共享对象之间的本性关系，如图 5.32 所示。

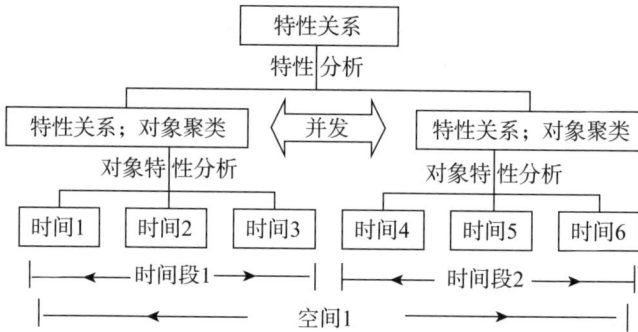

图 5.32　同一空间内不同时间点内共享对象之间的本性关系

（二）同一时间内不同空间内共享对象之间的本性关系

第一步：并发地求出该时间不同空间内的共享对象之间的本性关系，并将本性进行分类；第二步：对各空间的本性共享对象集合进行本性关系分析。例如，分析不同地区的共享单车规模的不同。同一时间内不同空间内共享对象之间的本性关系，如图 5.33 所示。

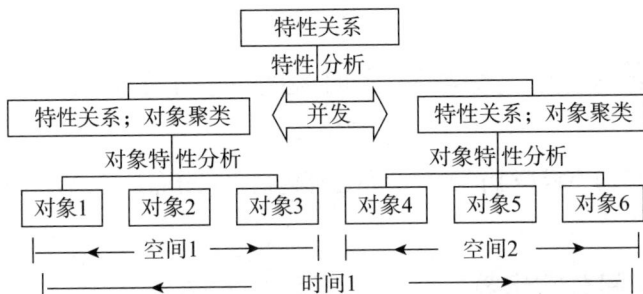

图 5.33　同一时间内不同空间内共享对象之间的本性关系

（三）不同时间内不同空间内共享对象之间的本性关系

第一步：并发地求出该时间不同空间内的共享对象之间的本性关系，并将本性进行分类；第二步：对各时间的本性共享对象集合进行本性关系分析。如可用于计算各地共享单车规模的发展周期的差异。不同时间内不同空间内共享对象之间的本性关系，如图 5.34 所示。

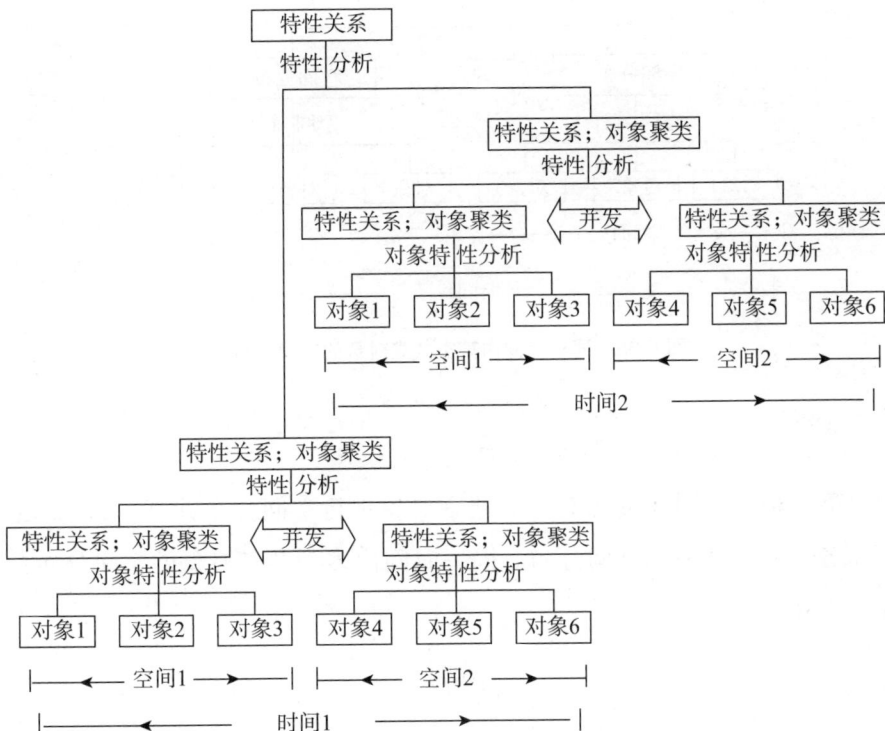

图 5.34　不同时间内不同空间内共享对象之间的本性关系

第七节　共享服务时空模型的分布运算

共享服务时空模型上的共享分布运算包括空间分布运算、时间分布运算。

一、空间分布运算

（一）同一时间内某类共享对象的空间分布

第一步：并发地统计各空间内的某类共享对象的空间分布；第二步：并发地进行汇总，得到某类共享对象在所有空间内的分布。同一时间内某类共享对象的空间分布，如图 5.35 所示。

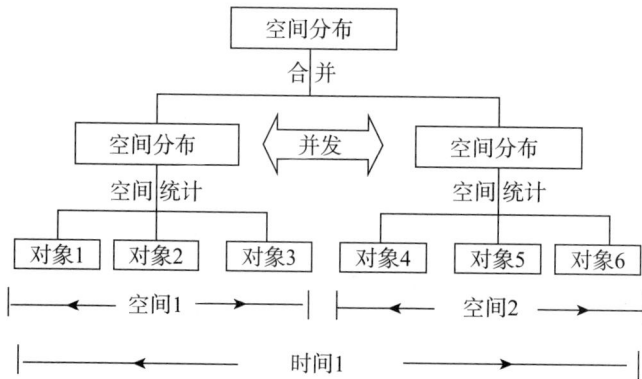

图 5.35　同一时间内某类共享对象的空间分布

（二）同一时间内多类共享对象的空间分布

第一步：分别并发地对每类共享对象进行空间分布计算；第二步：汇总各类共享对象的空间分布。同一时间内多类共享对象的空间分布，如图 5.36 所示。

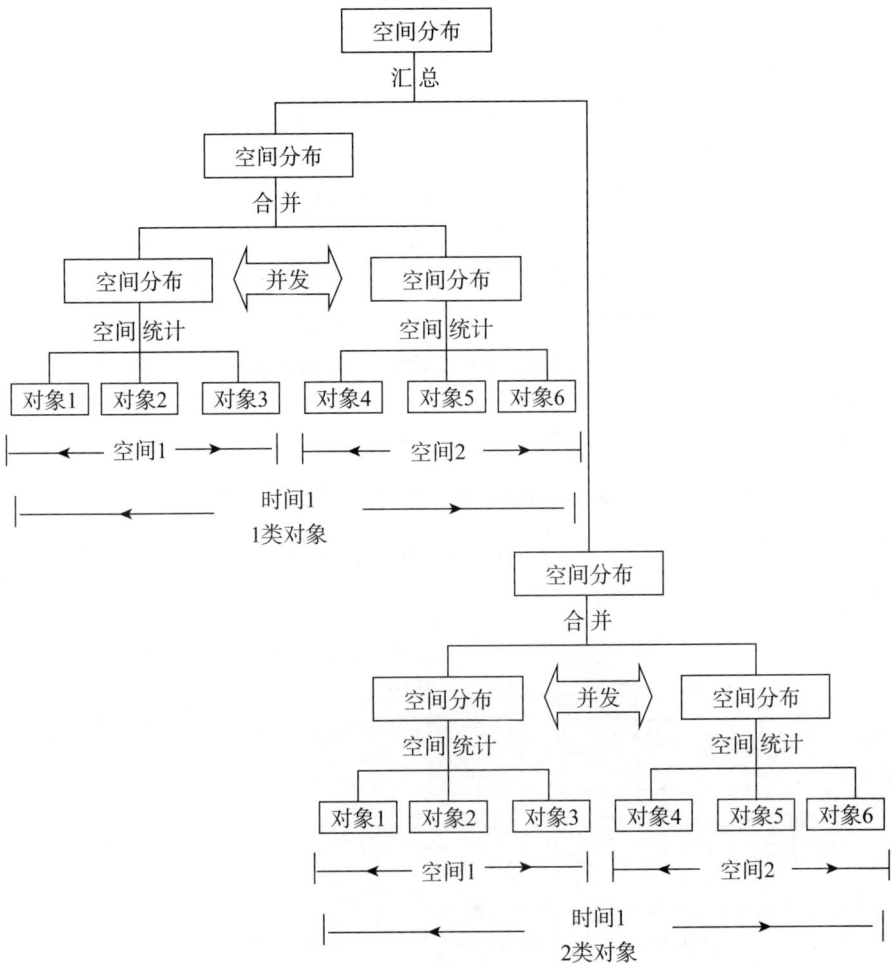

图 5.36　同一时间内多类共享对象的空间分布

（三）某类共享对象时间点的空间分布

　　并发地统计各空间内的某类共享对象时间点的空间分布，再并发地汇总，得到某类共享对象在所有空间内的分布。可用于对不同共享单车在上班期间时间点的空间分布。某类共享对象时间点的空间分布，如图5.37所示。

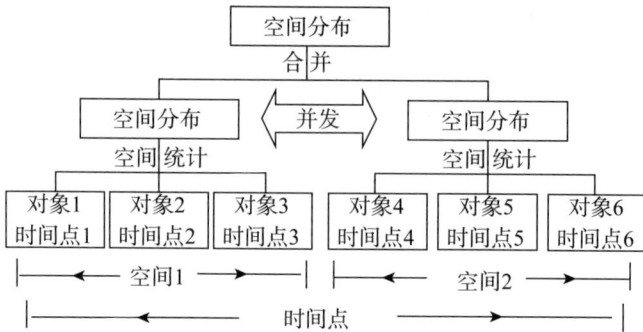

图 5.37　某类共享对象时间点的空间分布

（四）多类共享对象时间点的空间分布

分别并发地对每类共享对象时间点进行空间分布计算，然后汇总各类共享对象的空间分布。多类共享对象时间点的空间分布，如图 5.38 所示。

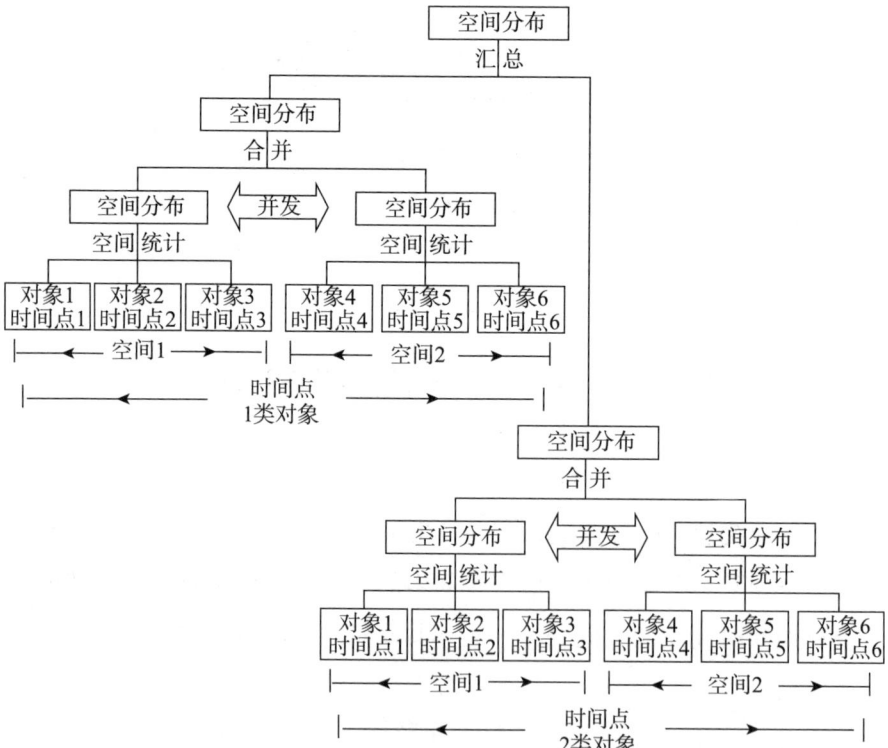

图 5.38　多类共享对象时间点的空间分布

（五）不同时间内某类共享对象的空间分布

并发地对统计各时间各空间内的某类共享对象的空间分布，再并发地进行汇总，得到某类共享对象在所有空间内的分布。然后并发地叠加得到所有时间点内共享对象的空间分布。不同时间内某类共享对象的空间分布，如图 5.39 所示。

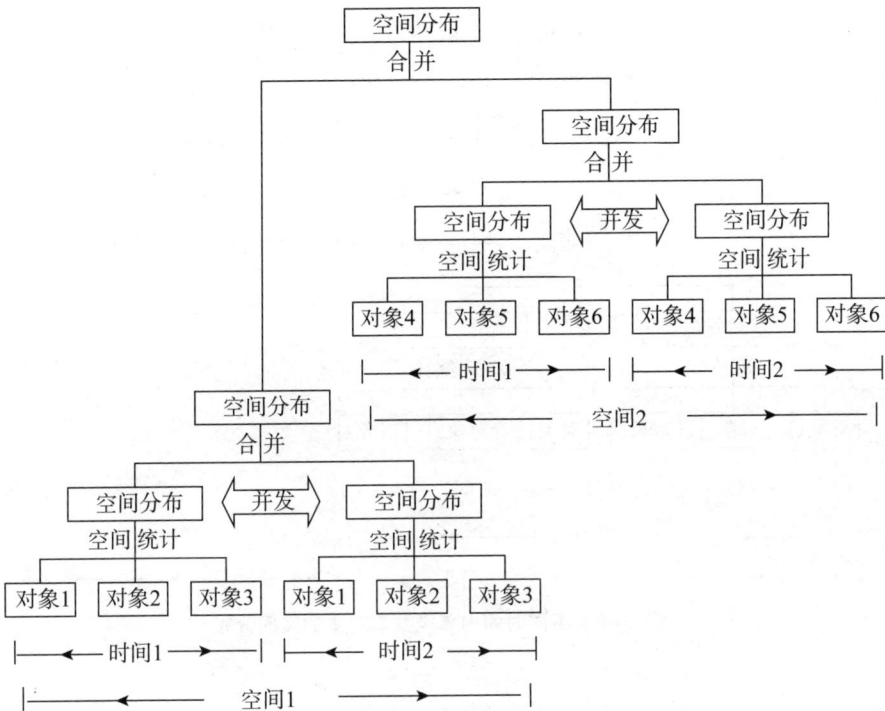

图 5.39　不同时间内某类共享对象的空间分布

（六）不同时间内多类共享对象的空间分布

第一步：分别并发地对每类共享对象进行空间分布计算；第二步：汇总各类共享对象的空间分布。不同时间内多类共享对象的空间分布，如图 5.40 所示。

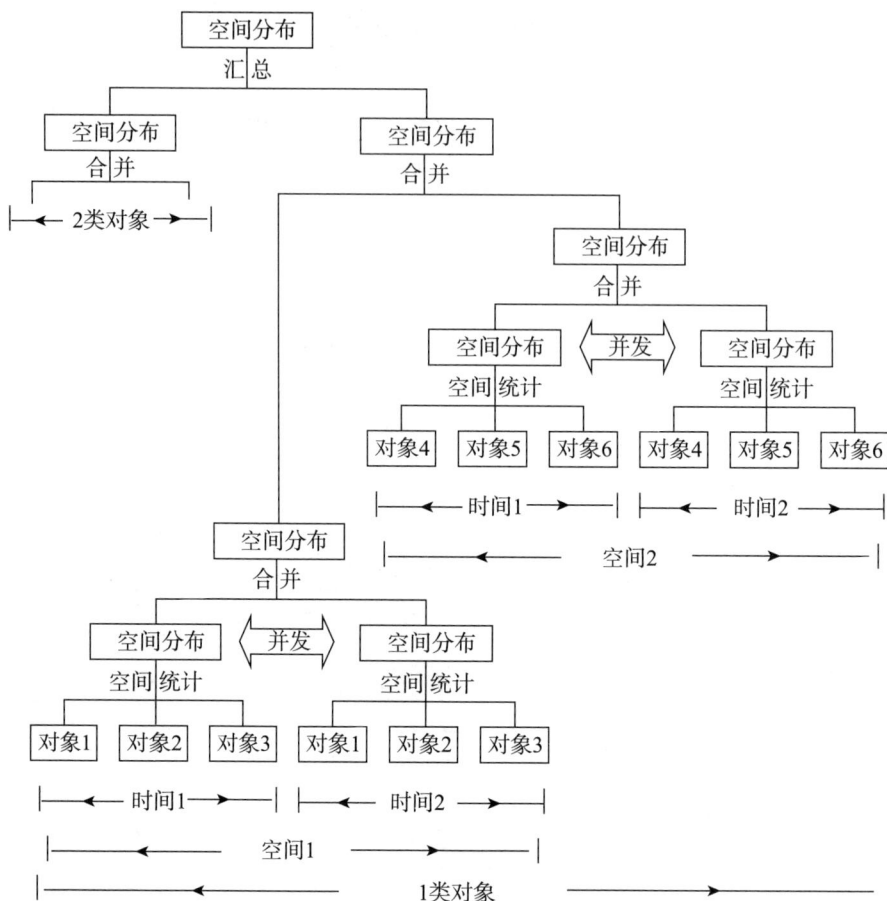

图 5.40　不同时间内多类共享对象的空间分布

二、时间分布运算

（一）同一空间内某类共享对象的时间分布

并发地统计各时间内的某类共享对象的时间分布，再并发地汇总，得到某类共享对象在所有时间内的分布。同一空间指空间足够小，不需要进行空间上的共享。同一空间内某类共享对象的时间分布，如图 5.41 所示。

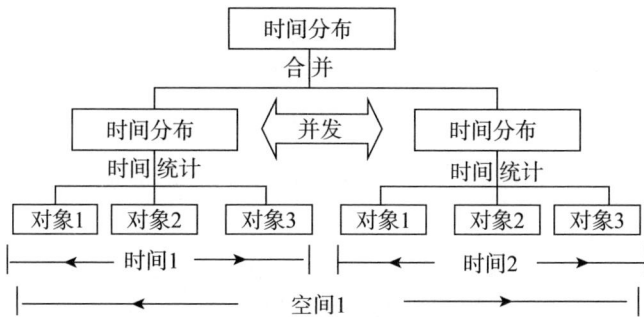

图 5.41　同一空间内某类共享对象的时间分布

（二）同一空间内多类共享对象的时间分布

第一步：分别并发地对每类共享对象进行时间分布计算；第二步：汇总各类共享对象的时间分布。同一空间指空间足够小，不需要进行空间上的共享。同一空间内多类共享对象的时间分布，如图 5.42 所示。

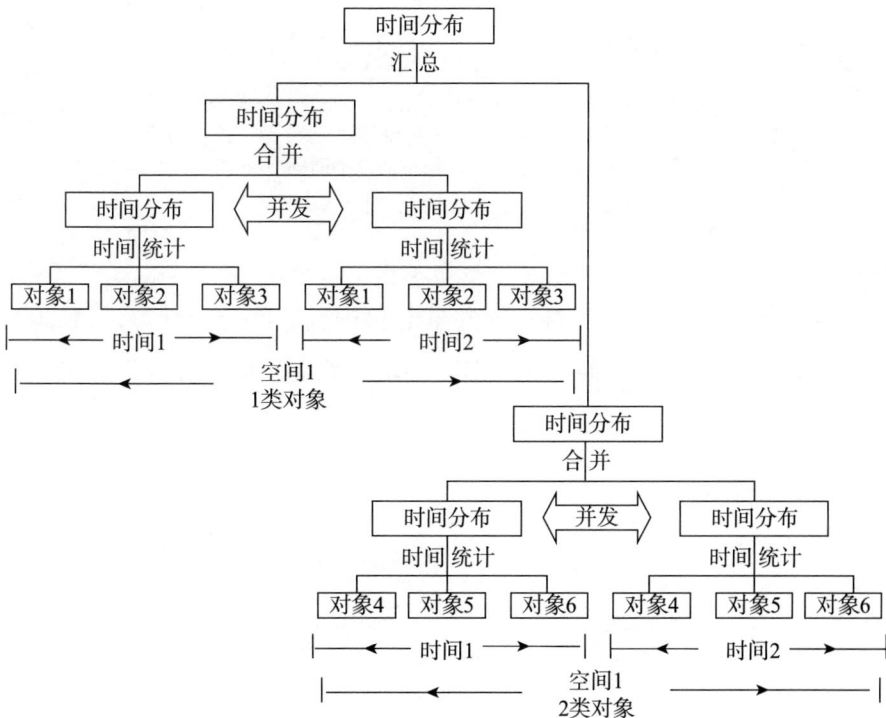

图 5.42　同一空间内多类共享对象的时间分布

（三）某类共享对象空间点的时间分布

并发地统计各时间内的某类共享对象空间点的时间分布，再并发地汇总，得到某类共享对象在所有时间内的分布。可用于对共享单车在各自使用地点的时间分布。某类共享对象空间点的时间分布，如图 5.43所示。

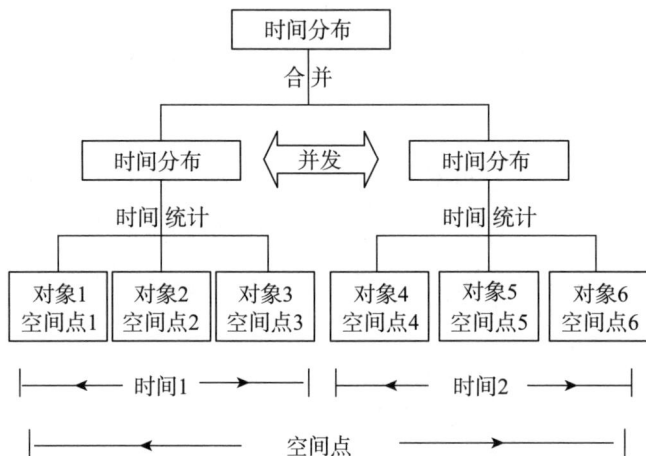

图 5.43　某类共享对象空间点的时间分布

（四）多类共享对象空间点的时间分布

第一步：分别并发地对每类共享对象进行时间分布计算；第二步：汇总各类共享对象的时间分布。多类共享对象空间点的时间分布，如图5.44 所示。

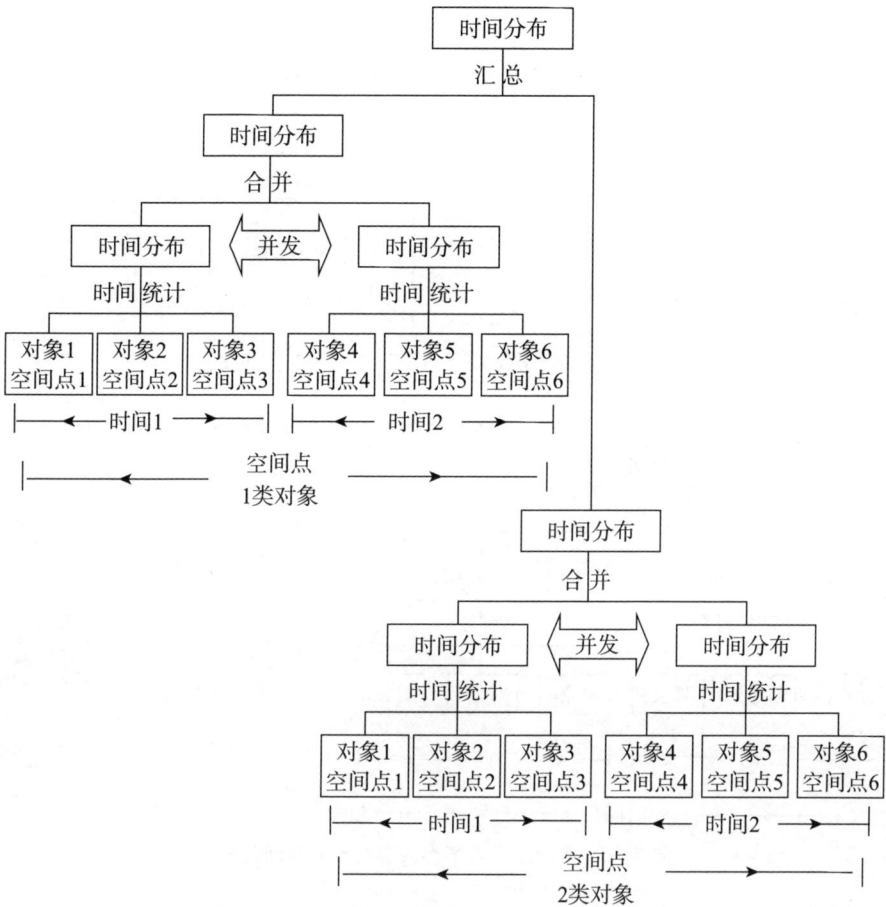

图 5.44　多类共享对象空间点的时间分布

（五）不同空间内某类共享对象的时间分布

第一步：并发地统计各空间各时间内的某类共享对象的时间分布；第二步：并发地汇总，得到某类共享对象在所有时间内的分布；第三步：并发地叠加得到所有空间内共享对象的时间分布。不同空间内某类共享对象的时间分布，如图 5.45 所示。

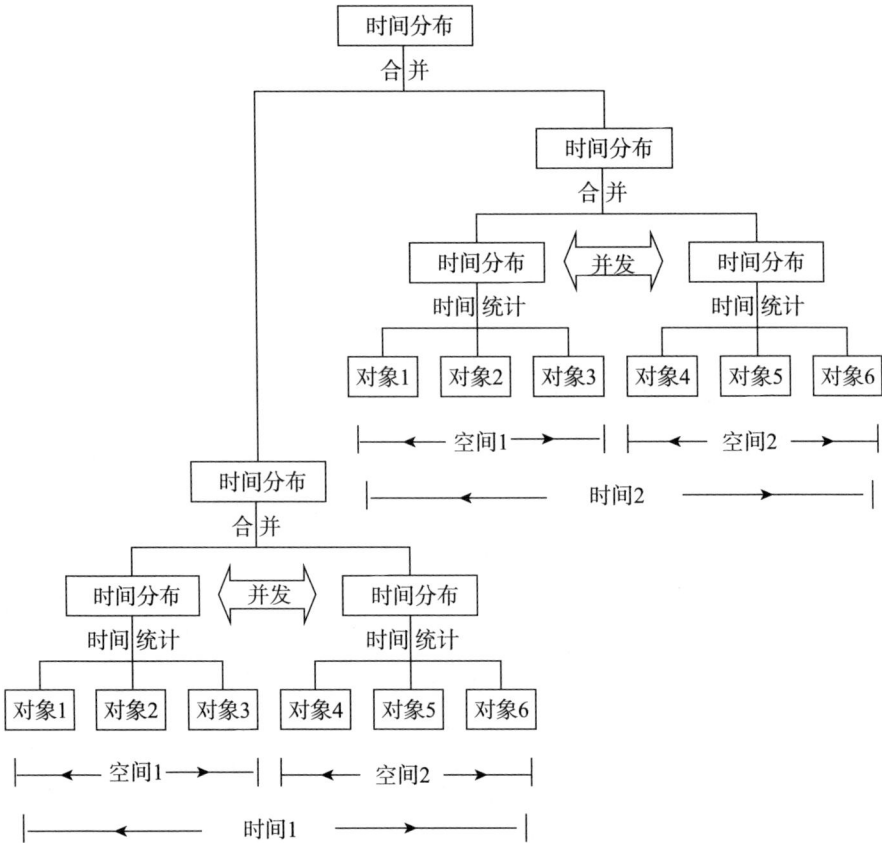

图 5.45　不同空间内某类共享对象的时间分布

（六）不同空间内多类共享对象的时间分布

第一步：分别并发地对每类共享对象进行时间分布计算；第二步：汇总各类共享对象的时间分布。不同空间内多类共享对象的时间分布，如图 5.46 所示。

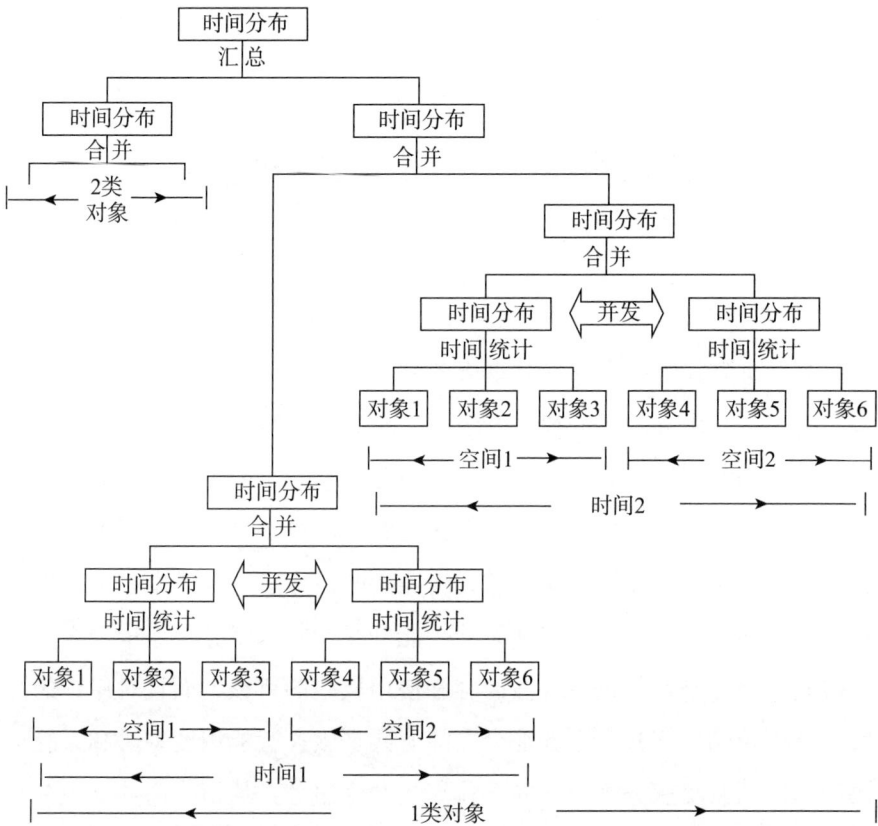

图 5.46 不同空间内多类共享对象的时间分布

第六章　共享服务智能技术

　　本章研究并给出了五种共享服务的创新技术，包括自适应的智能共享服务、共享服务的无缝智能升级、共享服务的智能审查、多共享服务平台之间的共享服务智能调度、共享服务的动态智能更新。自适应智能共享服务方法能在资源缺乏时调用耗资源少的模块进行共享服务，从而提高了共享服务效能。共享服务无缝智能升级方法不需要用户中断当前正在使用的共享业务就能实现无缝智能升级。共享服务智能审查方法可使得共享服务平台能进行数据内容和使用权限的审核，而且对用户的使用不产生影响。多共享服务平台之间的共享服务智能调度方法和系统可协调不同的共享服务平台共同合作完成共享服务，从而提高共享服务平台之间的资源共享率。共享服务动态更新方法能够在使用过程中根据用户需求对共享服务进行动态更新。

第一节　共享服务智能技术的研究现状

　　近些年来，智能手机的普及，第三方支付的崛起以及成本的降低使得我国的共享经济能够在短时间内迅速发展壮大。[①] 智能技术是信息技术中的制高点。智能技术的分支很多。拟人法一般是将人类的策略用到复杂问题的智能求解上，这种方法往往能解决常规算法无法解决的问题，

_____

① 马强：《共享经济在我国的发展现状，瓶颈及对策》，《现代经济探讨》2016 年第 10 期。

例如 NP 问题，所以是人工智能领域里的一种不可或缺的方法。[①] 模糊推理是以模糊集合论为基础进行的一种不确定推理，也可以称为近似推理，在现实中有着广泛的应用，因为在共享经济中共享服务的推荐往往都有着很多不确定的因素，所以只能使用模糊推理来进行决策，而无法用传统的确定推理方式。[②] 通过大数据模糊匹配可以大海捞针式地找到有价值的信息，这也是人工智能中常用的简单而有效的方法之一。[③] 除了拟人法、模糊推理、模糊匹配，还有专家系统、知识库、模式识别、情感计算、深度学习等。

共享经济的现有研究在自适应的智能共享服务、共享服务的无缝智能升级、共享服务的智能审查、多共享服务平台之间的共享服务智能调度、共享服务的动态智能更新这些方面几乎还是空白，但这些方面的研究对于共享服务智能技术的研究来说非常重要，所以本章将围绕这些方面进行研究阐述。

第二节　自适应的智能共享服务

共享服务是基于大量分布式共享服务资源之上的，并使用共享服务平台通过流通网络为用户提供产品共享服务，例如基于互联网的大数据应用服务。传统的共享服务方法中，共享服务资源默认为能够充分满足用户需求，并且流通网络默认为带宽足够、永远畅通。然而实际上，共享服务资源也有缺乏的时候，当资源缺乏时，如果仍然按照充分满足用户需求的方式进行共享服务，会大大降低共享服务的性能。

---

① Zhu D., "Quasi-human Seniority-order Algorithm for Unequal Circles Packing", *Chaos, Solitons & Fractals*, No. 89, 2016.

② Zhu D., Lian Z., "Parking Robot Based on Fuzzy Reasoning and Parking Big Data", *Journal of Intelligent & Fuzzy Systems*, No. 5, 2017.

③ Huang J., Zhu D., Tang Y., "Health Diagnosis Robot Based on Healthcare Big Data and Fuzzy Matching", *Journal of Intelligent & Fuzzy Systems*, No. 5, 2017.

本节研究给出的自适应智能共享服务方法是通过对共享服务流通网络中的资源进行实时监控，根据得到的资源占用率和剩余能力调用相应的模块进行共享服务，能在资源缺乏时调用耗资源少的模块进行共享服务。因此，自适应智能共享服务方法能根据环境自适应智能调整共享服务，从而提高了共享服务效能。

一、自适应智能共享服务方法

图 6.1 给出了自适应智能共享服务方法流程，该方法流程包括以下步骤：

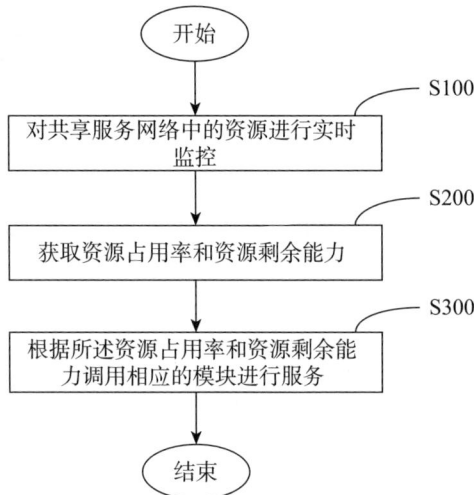

图 6.1　自适应智能共享服务方法流程

步骤 S100，对共享服务流通网络中的资源进行实时监控。共享服务流通网络中的资源包括共享服务资源、消费资源和流通网络资源。

步骤 S200，获取资源占用率和资源剩余能力。获取到资源占用率和资源剩余能力，即可得知当前的资源是否能充分满足用户的需求。

步骤 S300，根据资源占用率和资源剩余能力调用相应的模块进行共享服务。其中，后台共享产品可运行多种模块或版本，不同的模块或版本进行共享服务时所消耗的资源不同。可预先设定阈值，当资源占用率超过阈值或资源剩余能力小于阈值时，则认为当前的资源比较缺乏，不能充分满足用户的需求，则调用消耗资源少的模块进行共享服务；反之，当资源占用率没有超过预设阈值或资源剩余能力大于阈值时，认为当前资源充足，可调用消耗资源多的模块进行共享服务。例如，执行视频编码时，当获取到的当前资源比较缺乏，则可调用显示分辨率较低的模块进行编码共享服务；当资源充足时，再调用显示分辨率高的模块进行编码共享服务。这样，根据环境能自适应智能调整共享服务，提高共享服务性能。

上述方法还可以包括根据资源占用率和资源剩余能力调整模块共享服务参数并根据调整后的共享服务参数进行共享服务的步骤。例如，执行视频编码共享服务时，当前的资源比较缺乏时，则调整显示分辨率较低，资源充足时，再将显示分辨率调高。

上述方法还可以包括在流通网络畅通时统计共享服务过程中模块被调用的次数以及数据被用户使用的次数，将模块被调用的次数超过第一阈值的模块以及被用户使用的次数超过第二阈值的数据迁移到本地并消费的步骤。在流通网络断开或共享服务端资源不可用时，则调用本地消费的模块和数据进行共享服务，从而保证了用户的业务在任何情况下都可以使用。

二、自适应智能共享服务系统

图 6.2 给出了初级自适应智能共享服务平台结构，该系统包括资源监控模块 100 和调度模块 200，其中：资源监控模块 100 用于对共享服务流通网络中的资源进行实时监控，获取资源占用率和资源剩余能力；调度模块 200 与资源监控模块 100 相连，用于根据资源占用率和资源剩余能力调用相应的模块进行共享服务。

图 6.3 给出了高级自适应智能共享服务的系统结构，该系统除了包

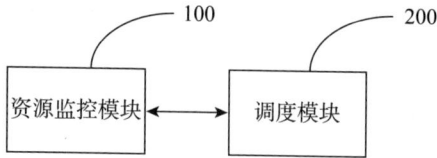

图 6.2 初级自适应智能共享服务平台结构

括上述资源监控模块 100 和调度模块 200 外，还包括调整模块 300、统计模块 400 和迁移模块 500，其中：调整模块 300 用于根据资源占用率和资源剩余能力调整模块共享服务参数并根据调整后的共享服务参数进行共享服务。统计模块 400 用于在流通网络畅通时统计共享服务过程中模块被调用的次数以及数据被用户使用的次数。迁移模块 500 用于将模块被调用的次数超过用于第一阈值的模块以及被用户使用的次数超过第二阈值的数据迁移到本地并消费。其中，调度模块 200 还用于在流通网络断开或共享服务端资源不可用时调用本地消费的模块和数据进行共享服务。

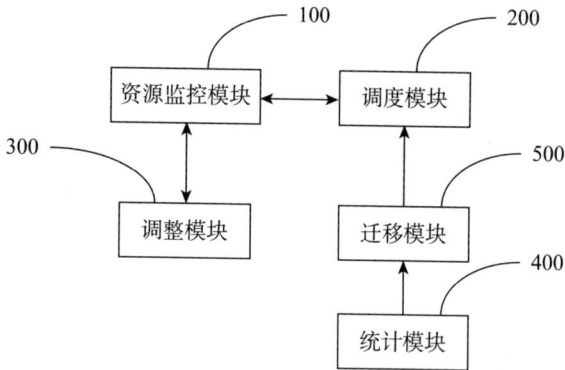

图 6.3 高级自适应智能共享服务平台结构

第三节 共享服务的无缝智能升级

共享服务是指将服务分布在大量的分布式服务资源上，共享服务是指使用共享服务平台通过流通网络为用户提供产品服务，也指在线服务或在线共享系统。传统版本升级时，需要停止运行老版本的共享系统，之后再启动新版本。然而，这样会使得老版本的用户不得不因为老版本共享系统的停止运行而中断正在进行的共享业务，并且在维护期间，新老版本都无法供用户使用。

本节研究给出的共享服务无缝智能升级方法通过在后台运行至少两个版本共享系统，对于新上线的用户则迁移到新版本，而老版本正在使用的在线用户则继续使用老版本，不需要用户中断当前正在使用的共享业务就能实现无缝智能升级。因此，共享服务无缝智能升级方法既能实现无缝智能升级，又在升级过程中不会影响用户使用共享业务。

一、共享服务的无缝智能升级方法

如图 6.4 所示，共享服务的无缝智能升级方法，包括以下步骤：

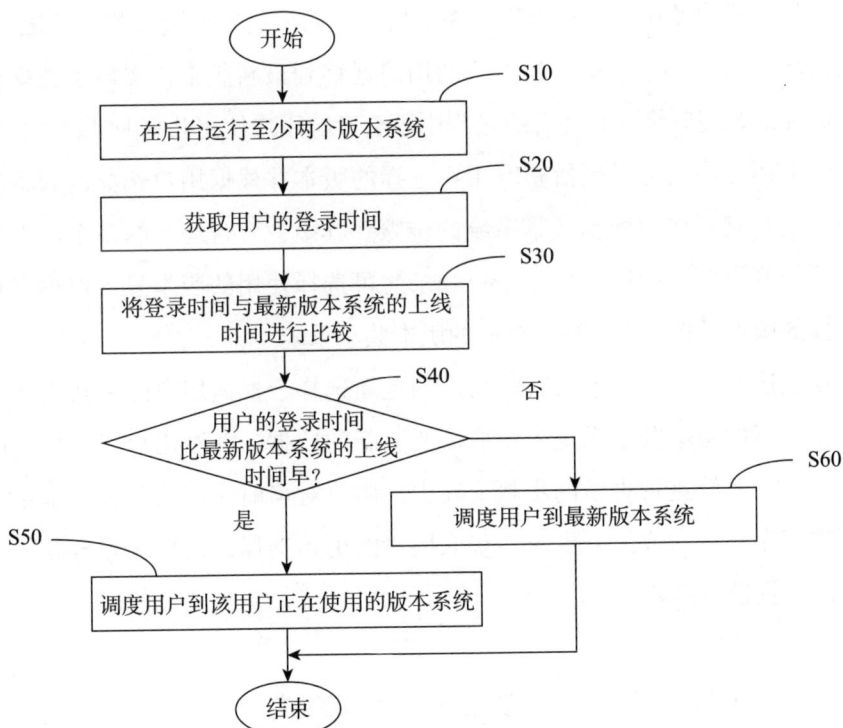

图 6.4　一种共享服务的无缝智能升级方法流程

步骤 S10，在后台运行至少两个版本共享系统。

步骤 S20，获取用户的登录时间。

步骤 S30，将登录时间与最新版本共享系统的上线时间进行比较。

步骤 S40，判断用户的登录时间比最新版本共享系统的上线时间是否早：若是，则进入步骤 S50；否则，进入步骤 S60。

步骤 S50，调度用户到该用户正在使用的版本共享系统。对后台运行的版本共享系统上的在线用户，则继续使用该用户当前使用的版本共享系统。当后台运行的版本共享系统上没有在线用户时，则关闭该版本共享系统。

步骤 S60，调度用户到最新版本共享系统。由于后台运行的版本共享系统上没有在线用户时，则关闭该版本共享系统，对于新上线的用户，即用户的登录时间比最新版本共享系统的上线时间晚时，则调度这些新上线的用户到最新版本共享系统。这样，不需要停止用户对老版本的在线使用，用户使用完毕后退出，在最后一个用户退出该版本共享系统时，则关闭该版本共享系统，新上线的用户迁移到最新版本，实现了共享服务的无缝智能升级，且在升级过程中不会影响用户使用共享业务。

上述方法还可以包括获取用户选择的版本并根据用户选择的版本将用户迁移到对应的版本共享系统的步骤。其中，后台运行的多个版本共享系统都有对应的版本号，用户登录时可选择使用的版本号，根据用户选择的版本号将用户迁移到对应的版本共享系统。

上述方法还可以包括获取用户的更新选择，根据用户的更新选择从后台运行的版本共享系统中获取需要更新的数据，并对用户当前使用的版本共享系统进行更新的步骤。其中，用户对当前使用的版本共享系统可进行全部更新或部分更新，获取用户的更新选择，则可从后台获取对应的数据进行更新。

二、共享服务的无缝智能升级共享系统

如图 6.5 所示，初级共享服务的无缝智能升级共享系统，包括时间检

测模块 10、调度模块 20 和后台服务产品 30，其中：时间检测模块 10 用于获取用户的登录时间，将用户登录时间与最新版本共享系统的上线时间进行比较；调度模块 20 用于当用户的登录时间比最新版本共享系统的上线时间早时，调度用户到该用户正在使用的版本共享系统，否则调度用户到最新版本共享系统；后台服务产品 30 用于运行至少两个版本共享系统。

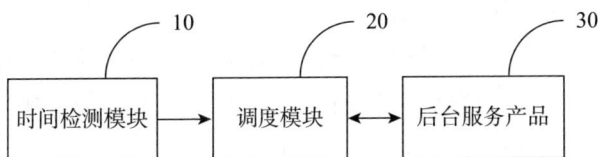

图 6.5　一种初级共享服务的无缝智能升级共享系统结构

　　如图 6.6 所示，高级共享服务的无缝智能升级共享系统除了包括上述时间检测模块 10、调度模块 20 和后台服务产品 30 外，还包括控制模块 40 和更新模块 50，其中：控制模块 40 用于查找后台服务产品 30 上运行的版本共享系统上的在线用户，当版本共享系统上没有在线用户时则关闭该版本共享系统；更新模块 50 用于获取用户的更新选择，根据用户的更新选择从后台服务产品 30 上运行的版本共享系统中获取需要更新的数据，并对用户当前使用的版本共享系统进行更新。

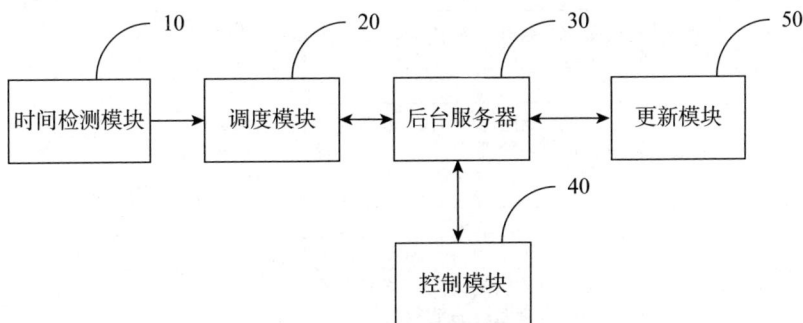

图 6.6　一种高级共享服务的无缝智能升级共享系统结构

　　其中，调度模块 20 还用于获取用户选择的版本并根据用户选择的版本将用户迁移到对应的版本共享系统。

第四节　共享服务的智能审查

目前共享服务平台里面的数据很多，例如视频、图片、文字、音频、数据库等，鱼龙混杂，数据由用户自己管理，共享服务平台一般不对数据进行检查，于是存在共享服务平台中的不良数据对社会服务造成了不良影响。同时，由于不对用户使用的数据进行审查，就不能及时遏制用户对不良数据的使用或对数据的越权使用，也不能对不良数据和不良用户作出相应的处理。

本节研究给出的共享服务智能审查方法可使得共享服务平台能进行数据内容和使用权限的审核，而且对用户的使用不产生影响，又能及时遏制用户对不良数据的使用或对数据的越权使用，并能对不良数据和不良用户作出相应处理。

一、共享服务智能审查方法

共享服务智能审查的方法（见图 6.7），包括：

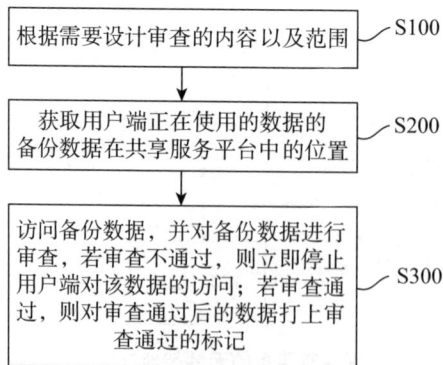

图 6.7　共享服务智能审查的方法流程

S100：根据需要设定审查的内容以及范围。

审查的范围包括但不限于内容是否合法、是否有使用权限；审查的内容包括但不限于视频里是否有黄色内容、违法内容，网页里是否有违法内容等。

S200：获取用户端正在使用的数据的备份数据的位置。

文件监控模块实时监控用户端正在使用的数据，并获知该数据在共享服务平台中的位置。然后将该位置产品发送给审查模块，审查模块则根据位置产品在共享服务平台中调出该数据的备份数据，并对该备份数据进行审核。

S300：对备份数据进行审查，若审查不通过，则立即停止用户端对该数据的使用；若审查通过，则对审查通过后的数据打上审查通过的标记。

对备份数据进行审查时，若发现数据中含有违法的产品或用户端并没有访问该数据的权限，则立即停止用户端的继续访问。

数据经审查通过后就会在数据中设置一个审查通过的标记，方便在下次使用时，无须再次对数据进行审查；但是如果该数据在审查通过后又进行了修改，则其审查通过的标记就会自动丢失，当下次使用时，需要重新审查。

二、共享服务智能审查系统

以下所述的共享服务可以是存在联网的服务资源上的数据，也可以是存放在共享服务平台的数据，数据的类型包括但不限于视频、图片、文字、音频、文件、数据库等。

如图 6.8 所示，数据访问系统包括共享服务平台、用户端和共享服务智能审查系统；共享服务平台包括供用户端浏览的数据和该数据的多个备份数据；用户端连接共享服务平台，用于从共享服务平台中获取数据。用户端连接共享服务平台，共享服务智能审查系统连接用户端。

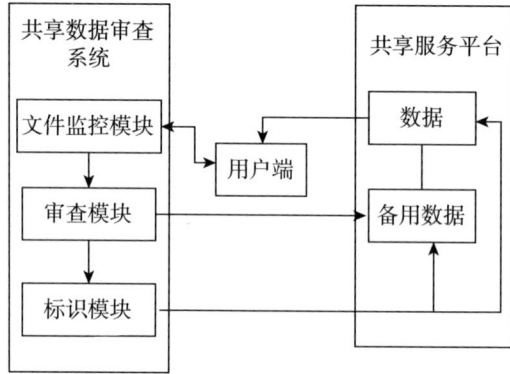

图 6.8　共享服务智能审查的系统结构

　　共享服务智能审查系统包括文件监控模块、审查模块和标识模块。共享服务智能审查系统的工作原理为：首先通过文件监控模块调用获得用户使用的文件和数据，然后再通过审查模块对备份数据进行审查，审查通过的放行，审查不符合规定的立即停止用户端的使用。其中，审查是监视特定的产品，被审查的产品包括但不限于非法产品、使用权限产品等。

　　其中，文件监控模块、审查模块、标识模块和文件监控系统功能说明如下。

　　文件监控模块用于当某个数据被用户端使用时，可以通过文件监控模块获知用户端在使用什么数据，然后告知给审查模块。

　　审查模块用于从文件监控模块获取用户端正在使用的数据，然后在共享服务平台中调用并审查用户端正在使用的数据的备份数据。审查模块根据需要设定审查的内容，例如：当文件是视频时，需要审查视频里是否有黄色内容、违法内容；当文件是网页时，需要审查网页里是否有不应有的内容。因为共享服务平台中每个数据都有多个备份，且所有备份数据与原数据是一致的，而审查模块又是独立于共享服务平台的，所以在用户端使用数据文件的时候，同时对备份文件进行审查是不会对用户端的使用产生任何影响的。另外，通过审查模块对用户端使用的数据

内容、使用权限进行审查，一旦发现不符合审查规定的立即停止用户端
对其数据文件进行继续访问，并对相应数据文件做相应的处理。采用使
用时审查的原则，这样可以提高效率，避免审查一些不怎么用的内容。
用户的使用包括但不限于上传、迁移、复制、删除、查看、搜索等方式。

标识模块用于对审查模块审查通过的数据进行标识；还用于数据被
重新修改后，删除对数据的标识。审查完毕后且符合规定的，可以给该
数据打上审查通过的标记，当数据下次再被使用时就没有必要再审查了，
从而节省了时间和工作量；但如果该数据在审查通过之后被修改了，审
查通过标记就会自动被去掉。

文件监控系统连接审查模块和用户端，审查模块连接共享服务平台
和标识模块。

第五节　多共享服务平台之间的共享服务智能调度

现有技术中不同的共享服务平台的管理机制不同，相互之间无法共
享资源并合作完成任务，造成共享资源的浪费。

本节研究给出的多共享服务平台之间的共享服务智能调度方法和
系统，预先根据各共享服务平台发送的注册信息建立共享服务平台之
间具有的相互匹配的服务的对应关系，当接收到某共享服务平台发送
的共享服务请求时，则可将该共享服务请求调度到可提供匹配的共享
服务的共享服务平台，从而可协调不同的共享服务平台共同合作完成
共享服务，提高共享服务平台之间的资源共享率，从而提高网络资源
利用率。

一、多共享服务平台之间的共享服务智能调度方法

如图6.9所示，在一个技术方案中，一种多共享服务平台之间的共享
服务智能调度方法包括：

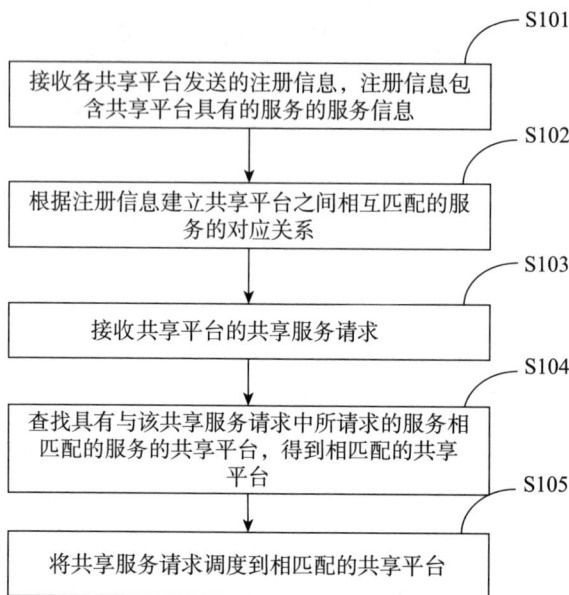

图 6.9　多共享服务平台之间的共享服务智能调度方法的流程示意图

步骤 S101，接收各共享服务平台发送的注册信息，注册信息包含共享服务平台具有的服务的服务信息。

步骤 S102，根据注册信息建立共享服务平台之间相互匹配的服务的对应关系。即若第一共享服务平台的第一服务与第二共享服务平台的第二服务相互匹配，则建立第一服务与第二服务的对应关系。

在一个技术方案中，服务信息包括服务功能内容信息；步骤 S102 包括以下步骤：为共享服务平台分配共享服务平台 ID，并为共享服务平台具有的各项服务分配服务 ID，建立共享服务平台 ID 与服务 ID 的对应关系以及服务 ID 与服务信息的对应关系；进一步地，将各共享服务平台之间具有的服务功能内容信息进行对比，获取相互匹配的服务功能内容信息，建立相互匹配的服务功能内容信息对应的服务 ID 之间的对应关系，得到相互匹配的服务 ID 之间的对应关系。

在一个技术方案中，可将两个进行对比的服务功能内容信息进行分词，比较两个服务功能内容信息是否存在相同词语，获取两个服务功能内容信息的词语相同率，若词语相同率达到预设值，则判定两个服务功能内容信息相互匹配。

步骤 S103，接收某共享服务平台发送的共享服务请求。

步骤 S104，查找具有与该共享服务请求中所请求的服务相匹配的服务的共享服务平台，得到相匹配的共享服务平台。

在一个技术方案中，共享服务请求中包含请求的服务信息；步骤 S104 包括以下步骤：查找请求的服务信息对应的服务 ID，在上述建立的相互匹配的服务 ID 之间的对应关系中查找与该服务 ID 相匹配的服务 ID，并在上述建立的共享服务平台 ID 与服务 ID 的对应关系中查找该相匹配的服务 ID 对应的共享服务平台 ID，得到相匹配的共享服务平台 ID。

在一个技术方案中，上述多共享服务平台之间的共享服务智能调度方法还包括以下步骤：接收共享服务平台发送的可启动服务实例数量信息，可启动服务实例数量信息包括服务信息与该服务信息对应的服务实例数量组成的数对；记录服务信息对应的服务 ID 与该服务信息对应的服务实例数量之间的对应关系。

步骤 S104 在上述建立的相互匹配的服务 ID 之间的对应关系中查找与该服务 ID 相匹配的服务 ID 之后，选取查找到的相匹配的服务 ID 中服务实例数量最大的服务 ID 作为相匹配的服务 ID，判断该相匹配的服务 ID 对应的服务实例数量是否大于等于请求的服务实例数量：若是，则进入在上述建立的共享服务平台 ID 与服务 ID 的对应关系中查找相匹配的服务 ID 对应的共享服务平台 ID 的步骤；若否，则向发起共享服务请求的共享服务平台返回请求失败的信息。

步骤 S105，将共享服务请求调度到相匹配的共享服务平台。

在一个技术方案中，共享服务请求中还包含请求的服务实例数量；上述注册信息还包括共享服务平台通信地址；上述多共享服务平台之间的共享服务智能调度方法还包括建立共享服务平台 ID 与共享服务平台通信地址的对应关系。

步骤 S105 包括以下步骤：查找上述相匹配的共享服务平台 ID 对应的共享服务平台通信地址，并查找该相匹配的服务 ID 对应的服务信息；根据查找到的共享服务平台通信地址向上述相匹配的共享服务平台发送启动服务的指令，该指令中包含查找到的服务信息，并包含共享服务请求中包含的服务实例数量。

在一个技术方案中，服务信息还包括服务的输入数据格式；步骤 S102 还包括：将相互匹配的服务功能内容信息对应的输入数据格式之间进行对比，若两个输入数据格式不同，则能将两个输入数据格式转化成相同格式的输入转化函数的地址；建立相互匹配的服务功能内容信息对应的服务 ID、输入转化函数的地址的对应关系。

共享服务请求还包括请求处理的数据。

步骤 S105 还包括以下步骤：判断请求的服务信息对应的服务 ID 与上述相匹配的服务 ID 是否存在对应的输入转化函数的地址，若否，则根据上述查找到的共享服务平台通信地址向上述相匹配的共享服务平台发送请求处理的数据；若是，则根据对应的输入转化函数的地址调用函数，将请求处理的数据进行转化，根据上述查找到的共享服务平台通信地址向上述相匹配的共享服务平台发送转化后的请求处理的数据。

在一个技术方案中，服务信息还包括服务的输出数据格式；步骤 S102 还包括以下步骤：将相互匹配的服务功能内容信息对应的输出数据格式之间进行对比，若两个输出数据格式不同，则获取将两个输出数据格式转化成相同格式的输出转化函数的地址；建立相互匹配的服务功能内容信息对应的服务 ID、输出转化函数的地址的对应关系。

上述多共享服务平台之间的共享服务智能调度方法还包括以下步骤：接收查找到共享服务平台发送的处理结果数据；将处理结果数据返回给发起共享服务请求的共享服务平台。在一个技术方案中，将处理结果数据返回给发起共享服务请求的共享服务平台的步骤包括以下步骤：判断请求的服务信息对应的服务 ID 与上述相匹配的服务 ID 是否存在对应的输出转化函数的地址，若否，向发起共享服务请求的共享服务平台发送处理结果数据；若是，则根据对应的输出转化函数的地址调用函数，将处理结果数据进行转化，向发起共享服务请求的共享服务平台发送转化后的处理结果数据。

上述多共享服务平台之间的共享服务智能调度方法中包括的步骤可由共享服务平台中心管理节点来执行。

二、多共享服务平台之间的共享服务智能调度系统

如图 6.10 所示，在一个技术方案中，一种多共享服务平台之间的共享服务智能调度系统，包括接收模块 10、匹配服务信息构建模块 20、匹配共享服务平台查找模块 30 和服务请求调度模块 40，其中：

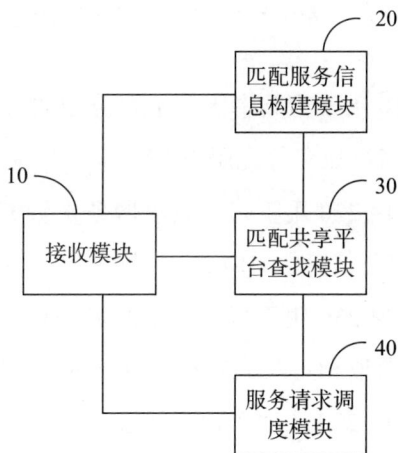

图 6.10 多共享服务平台之间的共享服务智能调度系统的结构示意图

接收模块 10 用于接收各共享服务平台发送的注册信息，注册信息包含共享服务平台具有的服务的服务信息。

匹配服务信息构建模块 20 用于根据注册信息建立共享服务平台之间相互匹配的服务的对应关系。

在一个技术方案中，服务信息包括服务功能内容信息。如图 6.11 所示，匹配服务信息构建模块 20 包括标识分配模块 210、对应关系建立模块 220 和功能内容匹配模块 230，其中：

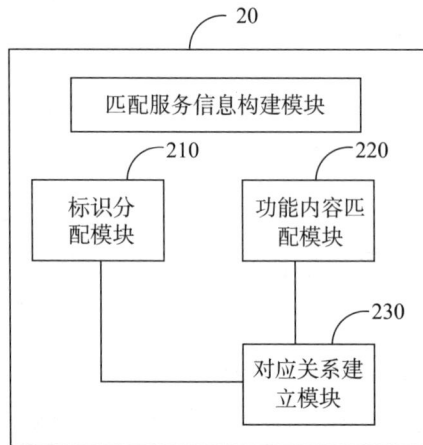

图 6.11　匹配服务信息构建模块的结构示意图

标识分配模块 210 用于为共享服务平台分配共享服务平台 ID，并为共享服务平台具有的各项服务分配服务 ID。

对应关系建立模块 220 用于建立共享服务平台 ID 与服务 ID 的对应关系以及服务 ID 与服务信息的对应关系。

功能内容匹配模块 230 用于将各共享服务平台之间具有的服务功能内容信息进行对比，获取相互匹配的服务功能内容信息。

对应关系建立模块 220 还用于建立相互匹配的服务功能内容信息对应的服务 ID 之间的对应关系，得到相互匹配的服务 ID 之间的对应关系。

接收模块 10 还用于接收某共享服务平台发送的共享服务请求。

匹配共享服务平台查找模块 30 用于查找具有与该共享服务请求中所请求的服务相匹配的服务的共享服务平台，得到相匹配的共享服务平台。

在一个技术方案中，接收模块 10 还用于接收共享服务平台发送的可启动服务实例数量信息，可启动服务实例数量信息包括服务信息与该服务信息对应的服务实例数量组成的数对；对应关系建立模块 220 还用于记录服务信息对应的服务 ID 与该服务信息对应的服务实例数量之间的对应关系。

本技术方案中，匹配共享服务平台查找模块 30 用于在上述建立的相互匹配的服务 ID 之间的对应关系中查找与该服务 ID 相匹配的服务 ID 之后，选取查找到相匹配的服务 ID 中服务实例数量最大的服务 ID 作为相匹配的服务 ID，判断该相匹配的服务 ID 对应的服务实例数量是否大于等于请求的服务实例数量。

服务请求调度模块 40 用于将共享服务请求调度到相匹配的共享服务平台。

在一个技术方案中，共享服务请求中还包含请求的服务实例数量；上述注册信息还包括共享服务平台通信地址；对应关系建立模块 220 还用于建立共享服务平台 ID 与共享服务平台通信地址的对应关系。

如图 6.12 所示，服务请求调度模块 40 包括查找模块 410 和指令调度模块 420，其中：

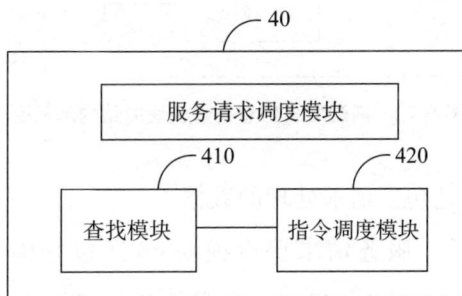

图 6.12　服务请求调度模块的结构示意图

查找模块 410 用于查找上述相匹配的共享服务平台 ID 对应的共享服务平台通信地址，并查找该相匹配的服务 ID 对应的服务信息。

指令调度模块 420 用于根据查找到的共享服务平台通信地址向上述相匹配的共享服务平台发送启动服务的指令。

在一个技术方案中，服务信息还包括服务的输入数据格式；如图6.13 所示，匹配服务信息构建模块 20 还包括数据格式匹配模块 240 和转化函数获取模块 250，其中：数据格式匹配模块 240 用于将相互匹配的服务功能内容信息对应的输入数据格式之间进行对比。转化函数获取模块250 用于若两个输入数据格式不同，则能将两个输入数据格式转化成相同格式的输入转化函数的地址。对应关系建立模块 220 还用于建立相互匹配的服务功能内容信息对应的服务 ID、输入转化函数的地址的对应关系。

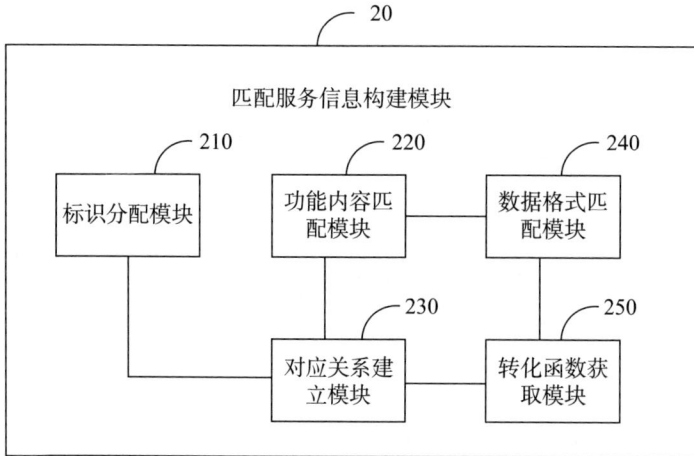

图 6.13　匹配服务信息构建模块的结构示意图

共享服务请求还包括请求处理的数据。

如图 6.14 所示，服务请求调度模块 40 还包括输入数据调度模块430，用于判断请求的服务信息对应的服务 ID 与上述相匹配的服务 ID 是否存在对应的输入转化函数的地址。

在一个技术方案中，服务信息还包括服务的输出数据格式；数据格式匹配模块 240 还用于将相互匹配的服务功能内容信息对应的输出数据格式之间进行对比。转化函数获取模块 250 还用于若两个输出数据格式不同，则获取将两个输出数据格式转化成相同格式的输出转化函数的地

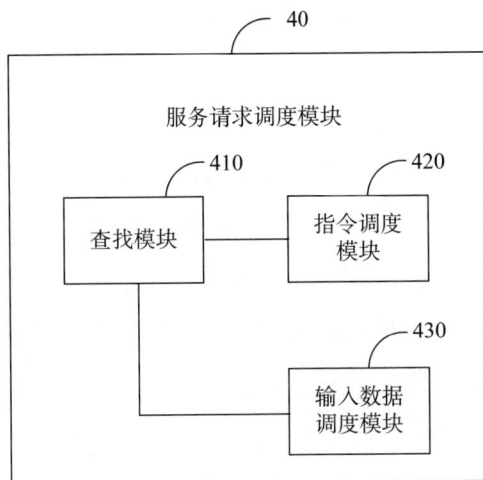

图 6.14　服务请求调度模块的结构示意图

址。对应关系建立模块 220 还用于建立相互匹配的服务功能内容信息对应的服务 ID、输出转化函数的地址的对应关系。

接收模块 10 还用于接收查找到共享服务平台发送的处理结果数据；上述多共享服务平台之间的共享服务智能调度系统还包括处理结果调度模块，用于将处理结果数据返回给发起共享服务请求的共享服务平台。

上述多共享服务平台之间的共享服务智能调度方法和系统，预先根据各共享服务平台发送的注册信息建立共享服务平台之间具有的相互匹配的服务的对应关系，当接收到某共享服务平台发送的共享服务请求时，则可将该共享服务请求调度到可提供匹配的共享服务的共享服务平台，从而可协调不同的共享服务平台共同合作完成共享服务，提高共享服务平台之间的资源共享率，从而提高网络资源利用率。

第六节　共享服务的动态智能更新

目前的共享服务数据都是有专家根据经验事先输入的，在使用过程中，需要等到专家有新的经验后才会对共享服务数据进行更新。因此，一旦共享服务的服务数据不能够满足用户个性化服务的需求时，用户获取共享服务将会失败。

　　本节研究并给出了共享服务动态更新方法，设置输入的服务请求与匹配服务数据之间的匹配阈值；读取用户输入的服务请求，并根据用户输入的服务请求在共享服务中查找匹配的服务数据；判断查找的匹配服务数据与用户输入的服务请求之间的匹配率是否大于或等于匹配阈值，若是，则输出匹配服务数据；若否，则读取新服务数据优化共享服务。当共享服务中的服务数据不能够满足用户输入的服务请求，则需要对共享服务的服务数据更新，即读取新服务数据优化共享服务，从而能够在使用过程中根据用户需求对共享服务进行动态更新。

一、共享服务的动态智能更新方法

　　如图 6.15 所示，为共享服务动态更新方法的流程图。

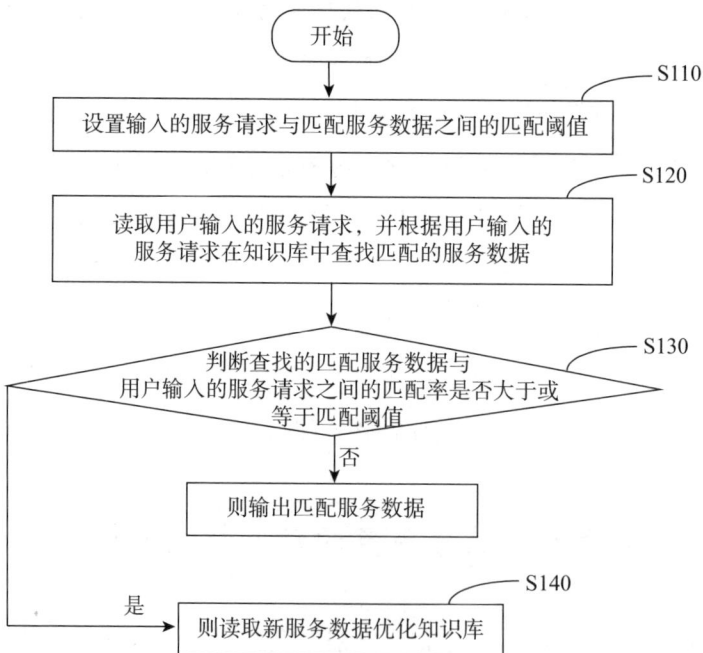

图 6.15　共享服务动态更新方法的流程图

一种共享服务动态更新方法，包括以下步骤：

步骤 S110，设置输入的服务请求与匹配服务数据之间的匹配阈值。

步骤 S110，设置输入的服务请求与匹配服务数据之间的匹配阈值的步骤包括：

设置输入的服务请求与匹配服务数据之间的第一匹配阈值和第二匹配阈值；其中，第一匹配阈值大于第二匹配阈值。第一匹配阈值设为90%，第二匹配阈值设为 60%。

例如，关键词查询的前提是将查询条件分解成若干关键词。对英文而言，一个单词就是一个词。但中文词之间的关系却复杂得多，主要是中文词与词之间没有界定符，需要人为切分。但人为的切分有很大的灵活和操作性，往往容易产生词义失真。此外，汉语中存在大量的歧义现象，对几个字分词可能有很多种不同的结果，而且简单地分词往往会完全曲解甚至误解用户查询的真正意图，造成误检和漏检。因此，可以利用语义共享服务进行总结，获得每个词出现的概率以及词与词之间的关联信息，就可能有效地排除各种歧义，大幅度提高分词的准确性，从而准确地表述查询请求和文档信息。

因此，在设定匹配阈值时，会综合搜索关键词的每个词出现的概率以及词与词之间的关联信息。假设搜索"共享服务 手机 触控屏"，那么在共享服务中除了搜索"共享服务 手机 触控"外，还会搜索包含"服务数据库 移动终端 触摸屏"等关键词的服务数据。检索到包含"服务数据库 移动终端 触摸屏"等关键词的服务数据也计算在匹配阈值范围内。

步骤 S120，读取用户输入的服务请求，并根据用户输入的服务请求在共享服务中查找匹配的服务数据。

例如，当用户输入的服务请求为键入关键词时，在共享服务中搜索与键入关键词一致或相关的服务数据。即不仅要搜索与关键词完全一致的服务数据，还要搜索与关键词相关或相近的服务数据，以保证搜索结果的准确与完全。

关键字密度是关键字匹配度中最重要的要素，过高或者过低的关键字密度都对检索不利，一般来说关键字密度为 5% 最佳。

相关关键字在共享服务中的分布情况在关键字优化中也是相当重要的，刻意去提高关键字密度还不如注重相关关键字的体现，增加共享服务设计内容的匹配度，这样既可以避免关键字堆积的风险，而且能够增加用户对共享服务的信任。

当然，关键字的出现次数是相对关键字密度的另外一个概念，对于内容较少的共享服务来说，严格控制关键字的出现次数相当重要。而且关键字不易紧挨着在一次重复出现，容易造成关键字堆积。

步骤 S130，判断查找的匹配服务数据与用户输入的服务请求之间的匹配率是否大于或等于匹配阈值；若是，则输出匹配服务数据。

步骤 S130 判断查找的匹配服务数据与用户输入的服务请求之间的匹配率是否大于或等于匹配阈值；若是，则输出匹配服务数据的步骤包括：

判断查找的匹配服务数据与用户输入的服务请求之间的匹配率是否大于或等于第一匹配阈值，若是，则输出已经匹配成功过的用户需求服务数据；若否，则判断查找的匹配服务数据与用户输入的服务请求之间的匹配率是否大于或等于第二匹配阈值，若是，则输出匹配服务数据。在查找的匹配服务数据与用户输入的服务请求之间的匹配率小于第二匹配阈值时，则在共享服务中输入新的匹配服务数据。

在本技术方案中，查找到匹配服务数据后，需要对查找的匹配服务数据与用户输入的服务请求之间的匹配率大小进行判断。具体地，判断匹配率是否大于或等于第一匹配阈值。一般地，第一匹配阈值设置的比较大，即如果匹配率大于第一匹配阈值时，可以认为共享服务中的检索结果满足用户需求。若匹配率小于第一匹配阈值时，则需要对匹配率继续判断大小。即将匹配率与第二匹配阈值进行比较，若匹配率大于第二匹配阈值，则认为共享服务中的检索结果有符合用户需求的服务数据，但是检索结果不够精确。若匹配率小于第二匹配阈值，则认为共享服务中的检索结果不能满足用户需求，共享服务的服务数据需要更新。即需要在共享服务中输入新的匹配服务数据，用来满足用户的搜索请求。

步骤 S140,若否，则读取新服务数据优化共享服务。

在匹配率小于匹配阈值时，则认为共享服务中的检索结果无法满足用户需求，需要对共享服务进行更新。即要读取输入的新服务数据对共享服务进行优化，使得共享服务的服务数据更为齐全，因而能够在共享服务无法满足用户输入的服务请求时，对共享服务进行更新，实现共享服务的动态智能更新。

共享服务动态更新方法还包括读取用户的反馈信息，并根据用户的反馈信息更新共享服务。

读取用户的反馈信息并根据用户的反馈信息更新共享服务的步骤包括：

判断用户的反馈信息是否为满意,若是，则不更新共享服务；若否，则更新共享服务。

在用户完成检索后，需要读取用户的反馈信息，即读取用户对本次检索结果是否满意的反馈结果。由于共享服务检索出的服务数据时共享服务中设定认为满足用户输入的服务请求的，但是实际上用户的判断标准与共享服务设定不完全一致，因而会出现共享服务设定认为满足而用户认为不满足的情况。因此，需要读取用户的反馈信息。若用户反馈信息为满意，则认为共享服务设定与用户判断标准一致，因而不需要更新共享服务。若用户反馈信息为不满意，则认为共享服务设定与用户判断标准不一致，用户没有检索到满意的服务数据，因而需要对共享服务进行更新，通过输入新的服务数据来满足用户输入的服务请求。

二、共享服务的动态智能更新系统

一种共享服务动态更新系统，用于根据检索结果的匹配率来判断是否更新共享服务，包括阈值设置模块 202、服务数据读取模块 204、服务数据查找模块 206、阈值判断模块 208、服务数据输出模块 210 及服务数据优化模块 212，见图 6.16。

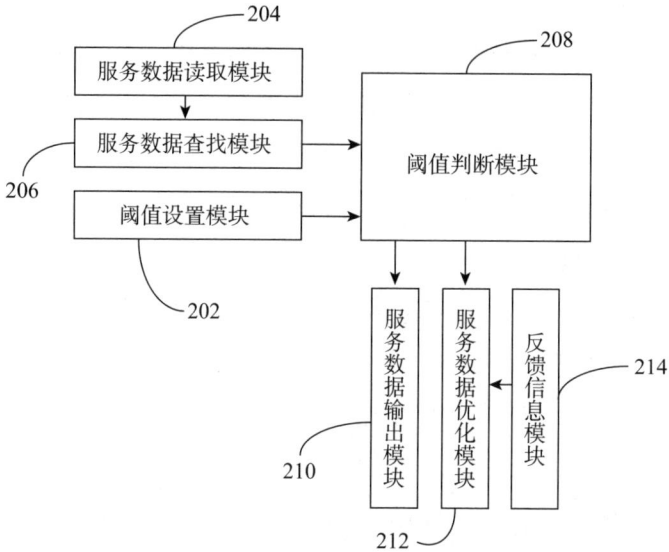

图 6.16　共享服务动态更新系统的模块图

服务数据读取模块 204 与服务数据查找模块 206 连接，阈值判断模块 208 分别与阈值设置模块 202 及服务数据查找模块 206 连接，阈值判断模块 208 还与服务数据输出模块 210 及服务数据优化模块连接 212。

阈值设置模块 202 用于设置输入的服务请求与匹配服务数据之间的匹配阈值。

服务数据读取模块 204 用于读取用户输入的服务请求。

服务数据查找模块 206 用于根据用户输入的服务请求在共享服务中查找匹配的服务数据。

阈值判断模块 208 用于判断查找的匹配服务数据与用户输入的服务请求之间的匹配率是否大于或等于匹配阈值。

若是，则服务数据输出模块 210 用于输出匹配服务数据。若否，则服务数据优化模块 212 读取新服务数据优化共享服务。

阈值设置模块 208 还用于设置输入的服务请求与匹配服务数据之间的第一匹配阈值和第二匹配阈值；其中，第一匹配阈值大于第二匹配阈值。

阈值判断模块 208 还用于判断查找的匹配服务数据与用户输入的服务请求之间的匹配率是否大于或等于第一匹配阈值，若是，则服务数据输出模块 210 输出已经匹配成功过的用户需求服务数据；若否，则阈值判断模块 208 还用于判断查找的匹配服务数据与用户输入的服务请求之间的匹配率是否大于或等于第二匹配阈值，若是，则服务数据输出模块 210 用于输出匹配服务数据；若否，则服务数据优化模块 212 用于在共享服务中输入新的匹配服务数据。

共享服务动态更新系统还包括与服务数据优化模块 212 连接的反馈信息模块 214，反馈信息模块 214 用于读取用户的反馈信息，服务数据优化模块 212 还用于根据用户的反馈信息更新共享服务。

反馈信息模块 214 还用于判断用户的反馈信息是否为满意，若是，则服务数据优化模块 212 不更新共享服务；若否，则服务数据优化模块 212 更新共享服务。

上述共享服务动态更新系统通过设置输入的服务请求与匹配服务数据之间的匹配阈值。因此，在读取用户输入的服务请求后，在共享服务中查找匹配的服务数据，并判断查找的匹配服务数据与用户输入的服务请求之间的匹配率是否大于或等于匹配阈值，若是，则认为共享服务中的服务数据满足用户输入的服务请求，则输出匹配服务数据；若不满足，则认为共享服务中的服务数据不能够满足用户输入的服务请求，需要对共享服务的服务数据更新，即读取新服务数据优化共享服务，从而能够在使用过程中根据用户需求对共享服务进行动态更新。

第七章　共享智能机器人

　　本章研究了六种共享智能机器人，包括智能机器人共享服务平台、语言翻译共享智能机器人、物联网操作示教共享智能机器人、异常行为检测共享智能机器人、共享智能看病机器人、共享智能解答机器人。通过接入共享服务平台，各种各样的智能机器人都共享和获得更为强大的服务能力；语言翻译共享智能机器人，人们可以在旅游时随时租赁使用，充当翻译，不用时随处归还，而无须归还到固定地点，这在旅游景点非常适用；物联网操作示教共享智能机器人，人们可以在学习使用物联网设施时随时租赁使用，不用时随处归还，而无须归还到固定地点，这在有物联网设施的场合非常适用；异常行为检测共享智能机器人，人们可以在需要进行使用异常行为检测时随时租赁使用，不用时随处归还，而无须归还到固定地点，这在需要进行安保的重大活动场合非常适用；共享智能看病机器人，人们可以在需要看病时随时租赁使用，不用时随处归还，而无须归还到固定地点，这在需要进行诊疗且没有时间去医院的情况下非常适用；共享智能解答机器人，人们可以在有问题有困惑时随时租赁使用，不用时随处归还，而无须归还到固定地点，这在需要进行问题咨询的情况下非常适用。

第一节　共享智能机器人的研究现状

　　未来机器人的发展将会根据专业化进行分工，研发出不同类别的机器人，与 3D 打印、工业 VR 等充分结合，使多臂协作机器人成为打造智能网络制造的新模式，实现机器与人的完美协同、共存共享，迈入共享经济的时代。[①]智能机器人在各行各业中都有着广泛应用，这必然使得智能机器人能在共享经济中发挥重要的作用。与人们物质生活相关的智能机器人有医疗机器人、停车机器人、工业机器人、纳米机器人等；与人们精神生活相关的智能机器人有撒谎机器人、幽默机器人、表情机器人等；与信息共享相关的智能机器人有云机器人、大数据机器人等。医疗机器人是一种能辅助医生或替代医生来自助式地给病人进行诊断和推荐治疗方案的一种智能机器人，医疗机器人目前虽然尚未在各大医院进行普及推广，但已经具备一定的技术积累。[②]停车机器人是一种能为车主推荐停车位的车载机器人，能够帮助人们选择停车场和停车位，方便人们自驾出行，停车机器人虽然尚未普及，但也已经具备一定的技术积累。[③]撒谎机器人是一种能够在与人交流时根据人的反应来选择话语的机器人，能够投人所好，具备一定的情商，撒谎机器人的研究刚刚起步。[④]幽默机器人是一种能在与人交流时表达幽默和识别幽默的机器人，能够让人开心快乐，在缓解人们情绪等方面有着重要应用，幽默机器人的研究也是刚刚起步。[⑤]云机器人是一种通过云来共享多个机器人的数据和处理能力的机器人系统，云机器人是共享经济与智能机器人的一个重要结合点。[⑥]

---

① 甘中学：《多臂协作机器人助推制造迈入"分享经济"时代》，《机器人产业》2016 年第 6 期。

② Huang J., Zhu D., Tang Y., "Health Diagnosis Robot Based on Healthcare Big Data and Fuzzy Matching", *Journal of Intelligent & Fuzzy Systems*, No. 5, 2017.

③ Zhu D., Lian Z., "Parking Robot Based on Fuzzy Reasoning and Parking Big Data", *Journal of Intelligent & Fuzzy Systems*, No. 5, 2017.

④ Zhu D., "Feedback Big Data-Based Lie Robot", *International Journal of Pattern Recognition and Artificial Intelligence*, No.2, 2018.

⑤ Zhu D., "Humor Robot and Humor Generation Method Based on Big Data Search through IOT", *Cluster Computing*, No.1, 2018.

⑥ Zhu D., "Extendibility, Scalability and Fault-Tolerance Methods for Cloud Robots especially for Cloud Nanorobots", *Journal of Computational and Theoretical Nanoscience*, No.12, 2015.

共享经济的现有研究在智能机器人共享服务平台、语言翻译共享智能机器人、物联网操作示教共享智能机器人、异常行为检测共享智能机器人、共享智能看病机器人、共享智能解答机器人这些方面还几乎是空白，但这些方面的研究对于共享智能机器人的研究来说非常重要，所以本章将围绕这些方面进行研究阐述。

第二节　智能机器人共享服务平台

目前机器人要么在自己身上装一个芯片来作为机器人自己的大脑，要么连接一个中心服务产品作为附加的大脑。其存在一些缺点：

第一，现有机器人的大脑装在其身上的芯片或中心服务器，受芯片或服务器本身能力的限制，所以服务和消费能力有限；

第二，不管思考与否，不管思考大问题还是小问题，都几乎消耗同样的服务和消费资源。

本节研究一种利用共享服务平台进行服务、消费、协同的机器人。

本节研究的智能机器人共享服务平台，旨在解决现有的机器人的服务和消费能力低、进行复杂通信时不易管理等问题，通过将现有的机器人的大脑设置在共享服务平台中，使机器人的服务能力和消费能力可以无限扩展，且能无限提高机器人的思考力和记忆力。另外，还可按需分配各个机器人的大脑能力，能节省机器人的大脑成本；也可以通过共享服务平台简化通信途径并集合通信，减少通信量。

一、智能机器人共享服务平台的设计方法

如图 7.1 所示，智能机器人共享服务平台的设计方法包括以下步骤：

S100：机器人通过通信模块接入共享服务平台。

S200：机器人将传感器接收的数据、自身的状态和请求不断地更新到共享服务平台中。

S300：共享服务平台处理机器人发送来的数据、状态和请求，并将处理后结果及时返回给机器人；共享服务平台还进行机器人群体产品的分析挖掘。

S400：机器人根据返回的结果进行机器人行为和状态的控制；机器人还通过共享服务平台相互沟通，实现机器人之间的协同、联动。

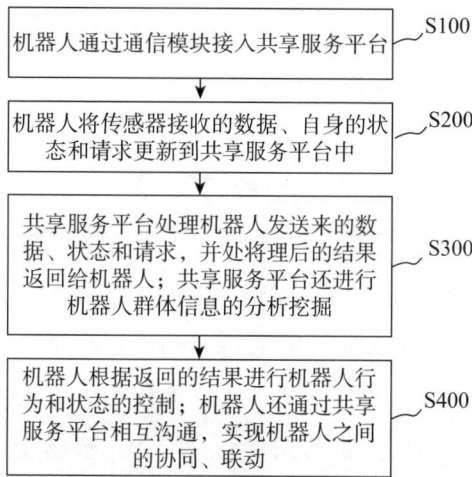

图 7.1 共享机器人系统的设计方法流程

上述共享机器人的超级大脑不在其身体中，而是放在共享服务平台的共享脑模块中。超级大脑消费着机器人的知识库、推理机、神经流通网络、数据、经验等。机器人监控模块通过传感器接收的数据也会不断更新到共享脑模块中。共享脑模块进行运算后将结果和控制传回机器人监控模块来影响机器人的行为和状态，共享脑的能力比传统机器人的能力强无数倍，速度也快无数倍。通过社交模块，不同机器人的大脑都在共享中，沟通得更快、更广，能够变成可指挥千军万马的机器人，形成机器人社会。

上述共享机器人的生产及消费能力比其他机器人强，因为共享服务平台的生产及消费能力可以根据需要无限扩展；共享机器人比其他机器人节省成本，因为生产及消费资源的消耗完全根据机器人的客观需要；共享机器人之间的通信更高效、低成本，因为共享机器人只需要与共享服务平台通信，通信拓扑更简单，同时共享服务平台可以使用集合通信，可以降低通信量。

因此，采用本节中的方法可使机器人的服务能力和消费能力都可以无限扩展，且能无限提高机器人的思考力和记忆力；另外，还可按需分配各个机器人的大脑能力，能节省机器人的大脑成本。本节中的方法，除机器人外，也可以用于其他服务设备。

二、智能机器人共享服务平台的实现

如图 7.2 所示，共享机器人系统，包括共享服务平台以及至少一个机器人，共享服务平台用于接收系统中至少一个机器人发送的运行数据，运行数据包括该机器人的数据、状态以及请求，并将运行数据中的数据和状态进行处理后返回给相应的机器人，并根据运行数据中的请求发送控制指令至相应的机器人；机器人将自身的运行数据发送至共享服务平台，并接收共享服务平台对运行数据的处理结果，根据共享服务平台发送的控制指令运行自身动作。

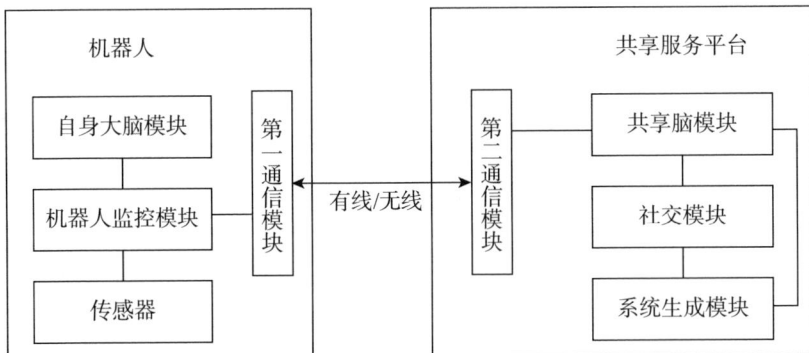

图 7.2　共享机器人系统的系统结构

共享服务平台作为机器人的控制中枢，且机器人与共享服务平台互相分离。机器人包括第一通信模块，共享服务平台包括第二通信模块。机器人与共享服务平台间通过第一通信模块和第二通信模块建立有线或无线通信连接方式进行相互通信；机器人所要处理的服务任务和消费任务通过有线或无线的通信方式传到共享服务平台中，然后经共享服务平台处理后，将结果返回给机器人；共享服务平台可同时服务多个机器人，类似于一个智囊团可以服务多个人。在同一个共享服务平台下的所有机器人通过共享服务平台进行互相通信。

机器人中包括自身大脑模块、机器人监控模块、第一通信模块和传感器。自身大脑模块用于处理机器人自身的一些小的、低级的请求；机器人监控模块根据共享服务平台返回的结果进行机器人行为和状态的控制，并将传感器收集到的数据和机器人本身的状态以及服务请求及时发送给共享服务平台；第一通信模块用于与共享服务平台中的第二通信模块进行有线或无线的通信。

共享服务平台包括共享脑模块，且至少包括一个共享脑模块，每一个共享脑模块对应一个机器人。共享脑模块消费机器人的知识库、推理机、神经流通网络、数据和经验；共享脑模块用于处理机器人发送来的数据、状态和请求，并将处理后的结果及时发送给机器人。共享脑模块采用分布式并行的方式处理机器人发送来的数据、状态和请求。数据包括但不限于视觉传感器数据、温度传感器数据、听觉传感器数据、味觉传感器数据、故障数据、路障数据。

共享服务平台还包括社交模块，且至少包括一个社交模块，每一个社交模块对应至少一个共享脑模块。社交模块用于不同机器人对应的共享脑模块之间快速的沟通，进行机器人群体产品的分析挖掘，实现机器人之间的协同、联动；机器人可通过社交模块加入或退出机器人某群体。

共享服务平台还包括系统生成模块。系统生成模块用于为机器人服务提供商生成具备上述各模块的共享机器人系统，包括但不限为新加入的机器人在共享服务平台中克隆出该机器人对应的共享脑模块，为新加入的机器人群体在共享服务平台中克隆出该机器人群体对应的社交模块。

　　共享服务平台的服务和消费能力是可无限扩展的，且共享服务平台根据机器人的需求分配生产及消费资源。这里的共享服务平台可以是超级服务资源，也可以是服务资源机群，也可以是分布式互联的服务资源，也可以是任何其他形式的服务资源和消费资源的集合。共享服务平台与机器人之间通过有线或者无线进行通信。通过共享服务平台使机器人从其自身的有限的生产及消费能力变为共享服务平台无限的生产及消费能力。将机器人需要处理的服务任务和消费任务传到共享服务平台处理，处理完的结果返回给机器人；机器人之间的交互通过各机器人与共享服务平台的交互来完成。

第三节　语言翻译共享智能机器人

　　传统的语言翻译系统（如谷歌翻译、百度翻译、有道翻译），需要用户指定需要翻译的语言类型，或者自动检测少数几种通用的国际语言的类型。当用户不清楚需要翻译的语言类型时，如用户到某地旅游或出差时，与当地人交流时，想翻译当地人的方言时，用户不一定知道当地的方言类型，此时用户无法指定需要翻译的语言类型；或者当用户需要翻译的语言不在语言翻译系统能自动检测的语言类型之内，如用户到某地旅游或出差时，与当地人交流时，想翻译当地人的方言时，当地方言类型不在翻译系统自动检测的语言类型之内，则翻译系统就会检测失败。这两种情况都会导致用户对该语言的翻译失败，无法满足用户对各种语言的翻译需求。

　　本节研究并给出一种共享智能机器人语言翻译方法，包括：获取被翻译人输入的语言信息；获取被翻译人所在位置的地理位置信息；根据地理位置信息获得被翻译人所在位置对应的语言类型；将语言类型作为语言信息的语言类型。其根据被翻译人所在位置的地理位置信息自动指定需要翻译的语言信息的语言类型，无须用户指定需要翻译的语言类型，也无须系统自动检测少数几种通用的国际语言类型，就能使得用户的语言翻译成功，克服传统语言翻译系统易导致用户对语言翻译失败的缺陷，满足用户对各种语言的翻译需求。

一、共享智能机器人语言翻译方法

在技术方案一中，如图 7.3 所示，提供了一种共享智能机器人语言翻译方法，该共享智能机器人语言翻译方法包括以下步骤：

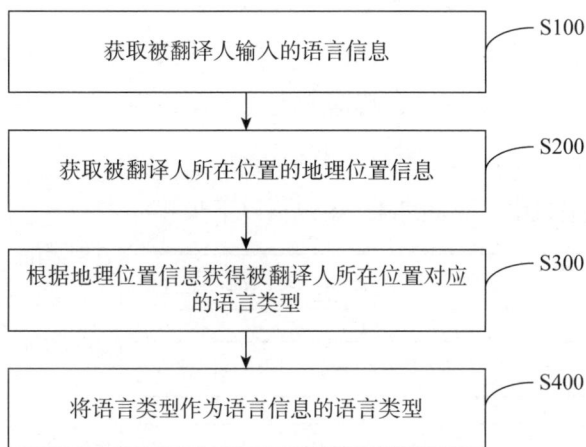

图 7.3　技术方案一中语言翻译方法的流程示意图

S100，获取被翻译人输入的语言信息。

S200，获取被翻译人所在位置的地理位置信息。

S300，根据地理位置信息获得被翻译人所在位置对应的语言类型。

S400，将语言类型作为语言信息的语言类型。

本技术方案中，根据被翻译人所在位置的地理位置信息获得相应的语言类型，然后将该语言类型作为被翻译人输入的语言信息的语言类型，

以便于翻译语言翻译共享智能机器人对语言信息进行翻译。当用户达到
某地，想与当地人交流且对当地语言进行翻译而不知当地的语言类型时，
语言翻译共享智能机器人会根据被翻译人所在的地理位置信息自动获得
当地的语言信息的语言类型，进而对需要翻译的语言信息进行翻译，如
将当地方言翻译为普通话，这样用户便能很好地与当地人进行交流。由
于其是根据被翻译人所在位置的地理位置信息自动指定语言信息的语言
类型的，因此，无须用户指定需要翻译的语言类型，也无须系统自动检
测少数几种通用的国际语言类型，就能使得用户的语言翻译成功，克服
传统语言翻译系统易导致用户对语言翻译失败的缺陷，满足用户对各种
语言的翻译需求。其中，被翻译人指的是输入需要翻译的语言信息的人。

　　需要说明的是，语言翻译是对语言的语音、文本等标本和资料的翻
译。如：普通话语音翻译为其他语言、普通话文本翻译为其他语言；藏
语方言语音翻译为其他语言、藏语方言文本翻译为其他语言；法语语音
翻译为其他语言、法语文本翻译为其他语言。

　　在技术方案二中，见图 7.4，还包括以下步骤：

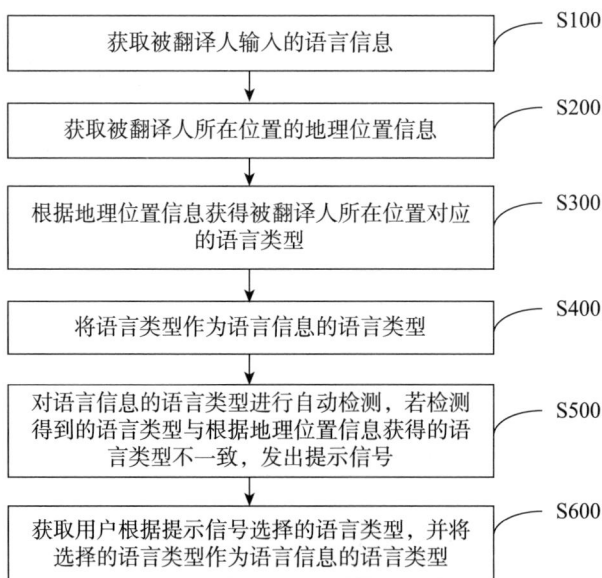

```
┌─────────────────────────────────────────┐ ─── S100
│          获取被翻译人输入的语言信息          │
└─────────────────────────────────────────┘
                     ↓
┌─────────────────────────────────────────┐ ─── S200
│        获取被翻译人所在位置的地理位置信息       │
└─────────────────────────────────────────┘
                     ↓
┌─────────────────────────────────────────┐ ─── S300
│      根据地理位置信息获得被翻译人所在位置对应     │
│                  的语言类型                 │
└─────────────────────────────────────────┘
                     ↓
┌─────────────────────────────────────────┐ ─── S400
│         将语言类型作为语言信息的语言类型         │
└─────────────────────────────────────────┘
                     ↓
┌─────────────────────────────────────────┐ ─── S500
│      对语言信息的语言类型进行自动检测，若检测      │
│      得到的语言类型与根据地理位置信息获得的语       │
│           言类型不一致，发出提示信号            │
└─────────────────────────────────────────┘
                     ↓
┌─────────────────────────────────────────┐ ─── S600
│      获取用户根据提示信号选择的语言类型，并将      │
│        选择的语言类型作为语言信息的语言类型       │
└─────────────────────────────────────────┘
```

图 7.4　技术方案二中语言翻译方法的流程示意图

S500，对语言信息的语言类型进行自动检测，若检测得到的语言类型与根据地理位置信息获得的语言类型不一致，发出提示信号。

S600，获取用户根据提示信号选择的语言类型，并将选择的语言类型作为语言信息的语言类型。

对语言信息的语言类型进行自动检测，若没有检测到需要翻译的语言信息的语言类型，则以根据被翻译人所在位置的地理位置信息获得的语言类型作为需要翻译的语言信息的语言类型，若检测到语言信息的语言类型，则判断检测得到的语言类型与根据地理位置信息得到的语言类型是否一致：若一致，则检测得到的语言类型（或根据地理位置获得的语言类型）即为语言信息的语言类型；若不一致，则发出提示信息，提示用户从检测得到的语言类型和根据地理位置信息得到的语言类型中任意选择一种作为语言信息的语言类型，从而确定出需要翻译的语言信息的语言类型，保证用户的语言信息翻译成功，满足用户对各种语言的翻译需求。该技术方案以两种方式确定需要翻译的语言信息的语言类型，进一步地确保用户的语言信息翻译成功。

在技术方案三中，见图 7.5，步骤 S200 包括：

S210，对被翻译人进行定位，获得被翻译人所在位置的地理位置信息。

该技术方案是获取被翻译人所在位置的地理位置信息的一个具体实现方式，在被翻译人不知其所在的具体地理位置信息时，可以采用移动定位系统（如 GPS，Global Positioning System，全球定位系统）对其进行移动定位，从而获得准确的被翻译人的所在位置。当然，在另外一个技术方案中，若被翻译人知道自己的所在位置，也可直接输入其所在的地理位置。被翻译人所在位置的地理位置信息中包括被翻译人所在位置；被翻译人的所在位置可以是经纬度，也可以是地名，或者是其他能够标志地理位置的信息形式。

在技术方案三中，步骤 S300 包括：

S310，根据地理位置信息查询语言类型空间数据库。其中，语言类

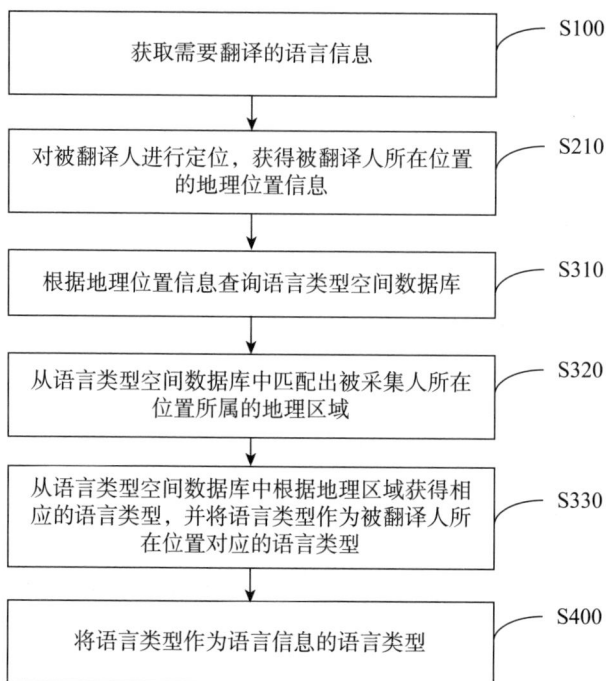

图 7.5　技术方案三中语言翻译方法的流程示意图

型空间数据库中预存有多个地理区域及地理区域对应的语言类型。

　　S320，从语言类型空间数据库中匹配出被采集人所在位置所属的地理区域。

　　S330，从语言类型空间数据库中根据地理区域获得相应的语言类型，并将语言类型作为被翻译人所在位置对应的语言类型。

　　预先建立语言类型空间数据库，该语言类型空间数据库中包括多个地理区域及地理区域对应的语言类型。在获得被翻译人所在位置的地理位置信息之后，查询语言类型空间数据库，并从语言类型空间数据库中匹配出地理位置信息对应的地理区域，进而获得被翻译人所在位置的语言类型，便于用户翻译当地的语言信息，与当地人进行交流。地理区域包括地理区域对应的地理范围信息。

步骤 S320 包括：

S321，将被采集人所在位置与语言类型空间数据库中的地理区域的地理范围进行比较。

S322，若被采集人所在位置在第一地理区域的地理范围内，则被采集人所在位置所属的地理区域为第一地理区域。

在建立语言类型空间数据库时，为了简化语言翻译共享智能机器人设计的复杂度，将具有一定特性的地理范围划分为一个地理区域，在获得被翻译人所在位置的地理位置信息后，将地理位置信息与语言类型空间数据库中的地理区域所属的地理范围进行比较，若该地理位置信息属于某个地理区域的地理范围之内，则将该地理区域作为被翻译人所在位置的地理区域。由于每个地理区域都对应有相应的语言类型，因此，在获得地理区域之后便能获得相应的语言类型，简单方便，易于实现。

二、共享智能机器人语言翻译系统

在技术方案四中，如图 7.6 所示，提供了一种语言翻译共享智能机器人，该语言翻译共享智能机器人包括：语言信息获取模块 100，用于获取被翻译人输入的语言信息。地理位置信息获取模块 200，用于获取被翻译人所在位置的地理位置信息。语言类型获取模块 300，用于根据地理位置

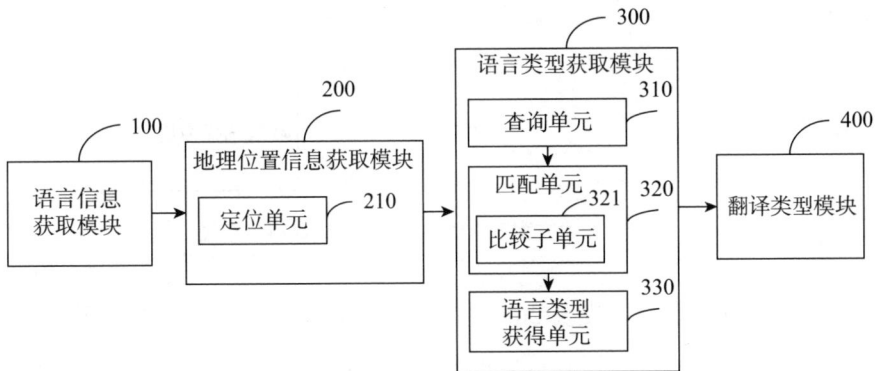

图 7.6　技术方案四中语言翻译系统的结构示意图

信息获得被翻译人所在位置对应的语言类型。翻译类型模块 400，用于将语言类型作为语言信息的语言类型。

本技术方案中的语言翻译共享智能机器人，根据被翻译人所在位置的地理位置信息自动指定需要翻译的语言信息的语言类型，无须用户指定需要翻译的语言类型，也无须系统自动检测少数几种通用的国际语言类型，就能使得用户的语言翻译成功，克服传统语言翻译系统易导致用户对语言翻译失败的缺陷，满足用户对各种语言的翻译需求。

在技术方案五中，见图 7.7，还包括：自动检测模块 500，用于对语言信息的语言类型进行自动检测，若检测得到的语言类型与根据地理位置信息获得的语言类型不一致，则发出提示信号。获取选择模块 600，用于获取用户根据提示信号选择的语言类型，并将选择的语言类型作为语言信息的语言类型。

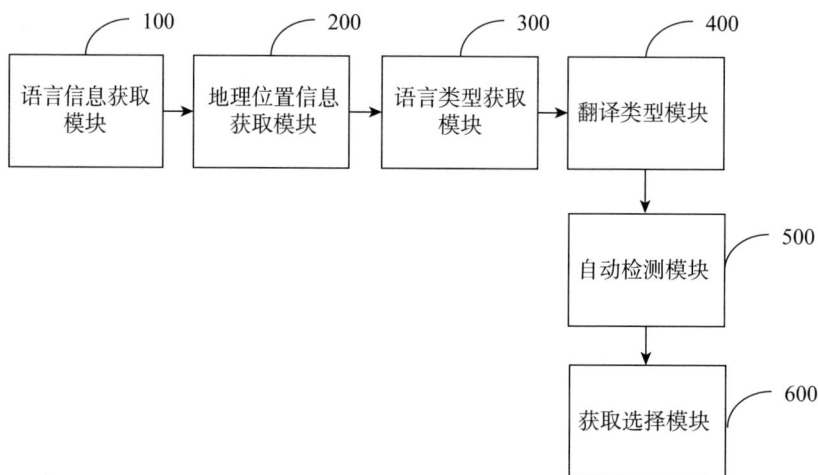

图 7.7　技术方案五中语言翻译系统的结构示意图

地理位置信息获取模块 200 包括：定位单元 210，用于对被翻译人进行定位，获得被翻译人所在位置的地理位置信息。

语言类型获取模块 300 包括：查询单元 310，用于根据地理位置信息查询语言类型空间数据库，其中，语言类型空间数据库中预存有多个地理区域及地理区域对应的语言类型。匹配单元320，用于从语言类型空间数据库中匹配出被采集人所在位置所属的地理区域。语言类型获得单元330，用于从语言类型空间数据库中根据地理区域获得相应的语言类型，并将语言类型作为被翻译人所在位置对应的语言类型。

匹配单元320包括：比较子单元321，用于将被采集人所在位置信息与语言类型空间数据库中的地理区域的地理范围进行比较，若被采集人所在位置在第一地理区域的地理范围内，则被采集人所在位置所属的地理区域为第一地理区域。

第四节　物联网操作示教共享智能机器人

物联网操作示教是指老师用户向学生用户展示物联网的操作过程，同时也允许学生用户在老师用户的指导下亲自尝试物联网操作的过程。

目前物联网操作示教主要是组织人员到物联网操作现场进行学习，或者是将物联网操作流程进行录像作为教学材料使用。然而通过现场进行物联网操作示教的方式由于受物联网操作现场空间的限制，导致可容纳的参观、观摩的人数较少，教导和学习的效率较低。由于人员杂乱会或造成物联网操作现场空气污染甚至影响物联网操作老师用户的注意力。现有技术中通过录像进行物联网操作示教的方式，学生用户无法亲自尝试物联网操作的过程，示教的效果低下。

本节研究给出了共享智能机器人的物联网操作示教方法和系统，该共享智能机器人的物联网操作示教方法包括以下步骤：接收用户通过终端发送的对物联网控制系统的操作信息；计算操作信息与操作知识库中预先存储的对物联网控制系统的示例操作信息之间的匹配度；将操作知识库中匹配度最大的示例操作信息及其对应的反馈结果返回终端。上述的共享智能机器人的物联网操作示教方法和系统，能够提高示教和学习的效率和效果。

一、共享智能机器人的物联网操作示教方法

一个技术方案用于实现物联网操作示教共享智能机器人架构如图 7.8 所示，包括终端、物联网控制系统和用于实现共享智能机器人的物联网操作示教方法的操作服务器。三者之间可以通过无线网络连接。终端为具有输入功能的电子设备，例如，个人电脑（PC）、平板电脑、手机等终端。物联网控制系统是一种面向物联网的软件系统，通过物联网控制系统，用户可以与物联网上的物，如传感器、移动终端等进行交互，还可以对物联网上的物进行控制。

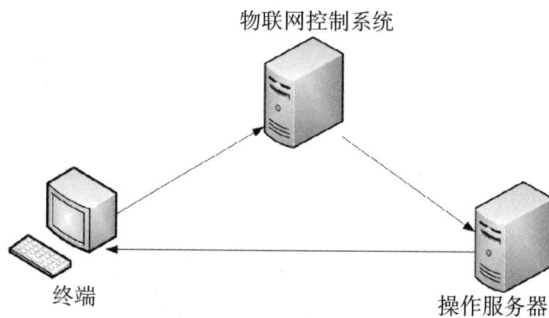

图 7.8　实现物联网操作示教共享智能机器人架构示意图

在一个技术方案中，如图 7.9 所示，提出了一种共享智能机器人的物联网操作示教方法。该方法包括以下步骤：

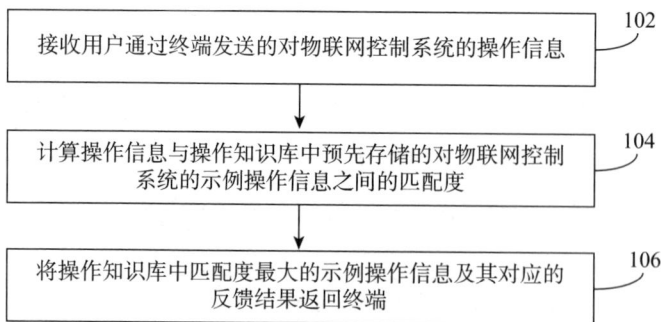

图 7.9　共享智能机器人的物联网操作示教方法的流程图

步骤102，接收用户通过终端发送的对物联网控制系统的操作信息。

在本技术方案中，操作信息包括操作对象、针对该操作对象的操作内容和操作位置。操作内容包括对物联网控制系统中的图标或者按钮等操作对象的点击、输入、拖动等。操作位置包括例如物联网控制系统上某个操作对象所在的位置。终端接收用户对物联网控制系统的操作信息，并发送该操作信息。

步骤104，计算操作信息与操作知识库中预先存储的对物联网控制系统的示例操作信息之间的匹配度。

操作知识库中存储有正确的对物联网控制系统进行操作的示例操作信息，以及与示例操作信息对应的反馈结果。示例操作信息包括示例操作内容和示例操作位置。示例操作信息对应的反馈结果包括反馈内容和反馈位置。例如，示例操作内容可以为对物联网控制系统的操作对象的点击、输入、拖动等。示例操作位置可以为物联网控制系统上某个操作对象所在的位置。反馈内容可以为操作对象的状态变化，如虚拟灯泡亮了。反馈位置可以为物联网控制系统上某个操作对象所在的位置，例如物联网控制系统上虚拟灯泡所在的位置。

在本技术方案中，计算操作信息与操作知识库中预先存储的对物联网控制系统的示例操作信息之间的匹配度即分别计算操作内容和操作位置与示例操作内容和操作位置的匹配度。

步骤106，将操作知识库中匹配度最大的示例操作信息及其对应的反馈结果返回终端。

在本技术方案中，将上述步骤104中计算得到的所有的匹配度进行排序，获取匹配度最大的示例操作信息，将匹配度最大的示例操作信息及其对应的反馈结果返回终端。用户可以通过终端显示的示例操作信息与自己输入的操作信息进行比较，这样更有利于用户学习，提高示教的效率。

上述的共享智能机器人的物联网操作示教方法，接收用户通过终端发送的对物联网控制系统的操作信息；计算操作信息与操作知识库中预先存储的对物联网控制系统的示例操作信息之间的匹配度。将操作知识库中匹配度最大的示例操作信息及其对应的反馈结果返回终端。这样用户不仅可以知晓自己的操作是否正确，而且还会得知正确的操作信息对应的反馈结果，提高了示教和学习的效率和效果。

在一个技术方案中，如图 7.10 所示，将操作知识库中匹配度最大的示例操作信息对应的反馈结果返回终端的步骤包括：

步骤 202，获取最大的匹配度。

从上述步骤 104 中计算得到的匹配度中，获取最大的匹配度。

步骤 204，判断最大的匹配度是否大于预设阈值：如果是，则执行步骤 206 ；反之，则执行步骤 208。

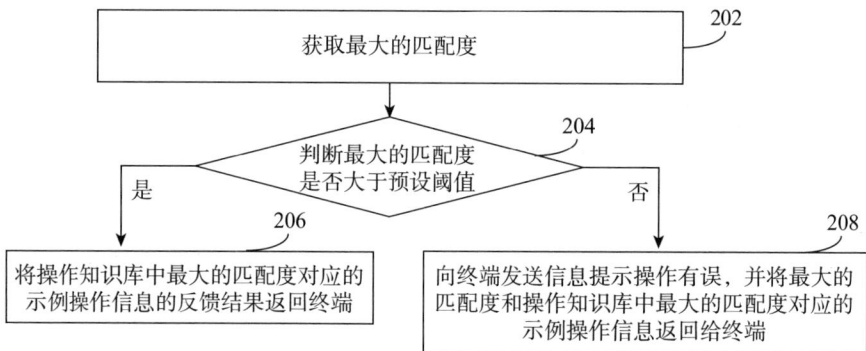

图 7.10　将操作知识库中匹配度最大的示例操作信息及其对应的

反馈结果返回终端的过程示意图

步骤 206，将操作知识库中最大的匹配度对应的示例操作信息的反馈结果返回终端。

将上述步骤 104 计算得到的操作内容对应的匹配度和操作位置对应的匹配度分别与预设阈值进行比较，判断操作内容对应的匹配度和操作位置对应的匹配度是否同时大于预设阈值，如果是，则从操作知识库中获取示例操作信息对应的反馈结果返回至终端。

在本技术方案中，根据各种操作信息允许的误差范围来设定预设阈值。当最大的匹配度大于预设阈值时，则说明用户通过终端发送的对物联网控制系统的操作信息是正确的，而且还可得知操作信息对应的操作结果，达到自助学习的效果。

步骤208，向终端发送信息提示操作有误，并将最大的匹配度和操作知识库中匹配度最大的示例操作信息返回给终端。

当最大的匹配度小于或者等于预设阈值时，则表明用户的操作可能是错误的或者是用户误操作，向终端发送操作有误的信息提示。将操作知识库中最大的匹配度对应的示例操作信息返回给用户，使得用户了解正确的操作方式。另外，将最大的匹配度返回终端，可以使得用户了解自己操作的准确程度。

在一个技术方案中，操作信息包括操作内容和操作位置。示例操作信息包括示例操作内容和示例操作位置。

计算操作信息与操作知识库中的对物联网控制系统的示例操作信息之间匹配度的步骤包括：分别计算操作内容与示例操作内容的第一匹配度，操作位置与示例操作位置的第二匹配度。

在本技术方案中，可以通过上述技术方案的方法，分别将操作内容、示例操作内容、操作位置以及示例操作位置转换为相应的字符串，然后利用字符串匹配算法分别计算操作内容与示例操作内容的第一匹配度，操作位置与示例操作位置的第二匹配度。

计算操作信息与操作知识库中的对物联网控制系统的示例操作信息之间的匹配度为：$P=k_1 \times P_1 + k_2 \times P_2$，其中 P_1 为第一匹配度，P_2 为第二匹配度，$k_1>0$，$k_2>0$，$k_1+k_2=0$。

在一个技术方案中，将操作知识库中匹配度最大的示例操作信息及其对应的反馈结果返回终端的步骤之后还包括：比较操作信息与操作知识库中匹配度最大的示例操作信息之间的差异，获取差异信息返回终端。

通过上述技术方案的步骤，可以是让用户知道自己的操作与标准操作之间的差异，便于用户改进自己的操作，提高了示教的效果。

上述的方法可以提高用户操作信息与示例操作信息之间的匹配度，能够更加准确地获取用户操作信息的反馈结果，并返回至终端进行显示。

在一个技术方案中，在接收用户通过终端发送的对物联网控制系统的操作信息的步骤之前，该方法还包括：获取至少一个示例操作信息及其对应的反馈结果。

在本技术方案中，获取对物联网控制系统的至少一个示例操作信息，这些示例操作信息为对物联网控制系统的正确的操作信息。示例操作信息包括示例操作位置和示例操作内容。反馈结果为与物联网控制系统的示例操作信息对应的操作结果。

根据至少一个示例操作信息及其对应的反馈结果，创建操作知识库。

将示例操作信息及其对应的反馈结果建立对应关系，并按照示例操作信息及其对应的反馈结果对应存储，以创建操作知识库。

通过上述技术方案创建的操作知识库，便于将用户的操作信息与正确的示例操作信息比对，提高了示教和学习的效率和效果。

在一个技术方案中，如图 7.11 所示，计算操作信息与操作知识库中的对物联网控制系统的示例操作信息之间的匹配度的步骤包括：

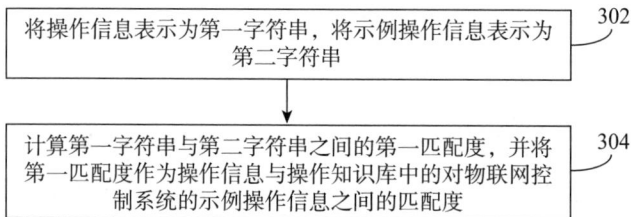

图 7.11　计算操作信息与操作知识库中的对物联网控制系统的
示例操作信息之间的匹配度的过程示意图

步骤 302，将操作信息表示为第一字符串，将示例操作信息表示为第二字符串。

按照预定规则将操作信息编译为第一字符串，将示例操作信息表示为第二字符串。这里的预定规则可以为满足计算精度和效率规则。第一字符串和第二字符串可以为代码段等。

步骤304，计算第一字符串与第二字符串之间的第三匹配度，并将第三匹配度作为操作信息与操作知识库中的对物联网控制系统的示例操作信息之间的匹配度。

在本技术方案中，可以采用通用的字符串匹配算法，例如 KMP 算法计算第一字符串与第二字符串之间的第三匹配度，还可以采用其他字符串匹配算法，在这里不再赘述。

将获取的第三匹配度作为操作信息与操作知识库中的对物联网控制系统的示例操作信息之间的匹配度。

通过将操作信息转换为字符串，并进行字符串匹配算法得到操作信息与示例操作信息之间的匹配度，这样易于实现，而且计算效率较高，使得用户终端可以便捷地获取操作信息对应的反馈结果。

二、物联网操作示教共享智能机器人

在一个技术方案中，如图 7.12 所示，提出一种物联网操作示教共享

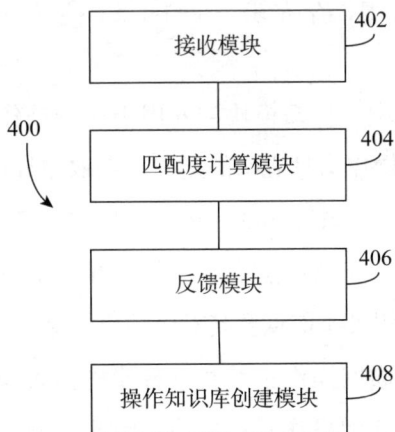

图 7.12　物联网操作示教共享智能机器人结构框架图

智能机器人 400。该系统 400 包括接收模块 402、匹配度计算模块 404、反馈模块 406 和操作知识库创建模块 408。

接收模块 402 用于接收用户通过终端发送的对物联网控制系统的操作信息。匹配度计算模块 404 用于计算操作信息与操作知识库中预先存储的对物联网控制系统的示例操作信息之间的匹配度。反馈模块 406 用于将操作知识库中匹配度最大的示例操作信息对应的反馈结果返回终端。

在一个技术方案中，反馈模块 406 还用于：获取最大的匹配度；判断最大的匹配度是否大于预设阈值；当最大的匹配度大于预设阈值时，将操作知识库中最大的匹配度对应的示例操作信息的反馈结果返回终端；当最大的匹配度小于预设阈值时，向终端发送信息提示操作有误，并将最大的匹配度和操作知识库中最大的匹配度的示例操作信息返回给终端。

在一个技术方案中，操作信息包括操作内容和操作位置；示例操作信息包括示例操作内容和示例操作位置。

匹配度计算模块 404 还用于分别计算操作内容与示例操作内容的第一匹配度和操作位置与示例操作位置的第二匹配度；计算操作信息与操作知识库中的对物联网控制系统的示例操作信息之间的匹配度为：$P=k_1 \times P_1+k_2 \times P_2$，其中，$P_1$ 为第一匹配度，P_2 为第二匹配度，$k_1>0$，$k_2>0$，$k_1+k_2=1$。

在一个技术方案中，反馈模块 406 用于比较操作信息与操作知识库中匹配度最大的示例操作信息之间的差异，获取差异信息返回终端。

在一个技术方案中，系统 400 还包括操作知识库创建模块 408。操作知识库创建模块 408 用于获取至少一个示例操作信息及其对应的反馈结果；根据至少一个示例操作信息及其对应的反馈结果创建操作知识库。

本技术方案的物联网操作示教共享智能机器人 400 用于实现前述的共享智能机器人的物联网操作示教方法。因此，物联网操作示教共享智能机器人 400 中的具体实现可参见前文中共享智能机器人的物联网操作示教方法的技术方案部分，在此不再赘述。

上述的物联网操作示教共享智能机器人，接收用户通过终端发送的对物联网控制系统的操作信息；计算操作信息与操作知识库中预先存储的对物联网控制系统的示例操作信息之间的匹配度。将操作知识库中匹配度最大的示例操作信息及其对应的反馈结果返回终端。这样用户不仅可以知晓自己的操作是否正确，而且还会得知正确的操作信息对应的反馈结果，提高了示教和学习的效率和效果。

第五节　异常行为检测共享智能机器人

用户异常行为常指违反职业规范或社会文明准则或成群体行为习惯和标准的"反常"行为。特别是随着人们对公共安全意识、网络安全意识的提高对人群场景、网络等环境中的异常行为检测的关注度越来越高。

目前对用户异常行为的检测，通常依据个体异常行为的特征进行匹配检测，或依据个体正常行为的特征进行对比检测。但由于同一个行为可能在某些情况下是异常行为，而在其他情况下是正常行为。因此，可能会将正常行为误检为异常行为，也有可能会将异常行为漏检为正常行为，从而导致异常行为检测的错误率高。

本节研究给出了共享智能机器人的异常行为检测方法和系统，该方法包括：获取用户的待检测行为信息，并计算待检测行为信息与历史异常行为信息之间的匹配度；筛选出匹配度大于第一预设阈值的历史异常行为信息；获取筛选出的历史异常行为信息对应的异常行为序列，并获取异常行为序列中筛选出的历史异常行为信息及其对应的关联行为信息之间的关联关系；根据关联关系获取待检测行为信息的关联行为信息，将待检测行为信息及其对应的关联行为信息组成待检测行为序列；计算待检测行为序列与异常行为序列的相似度；获取相似度大于第二预设阈值的待检测行为信息，将获取的待检测行为信息判定为异常行为信息。

上述的共享智能机器人的异常行为检测方法和系统能够准确地进行用户异常行为检测。

一、共享智能机器人的异常行为检测方法

在一个技术方案中，如图 7.13 所示，提出了一种共享智能机器人的异常行为检测方法，该方法包括以下步骤：

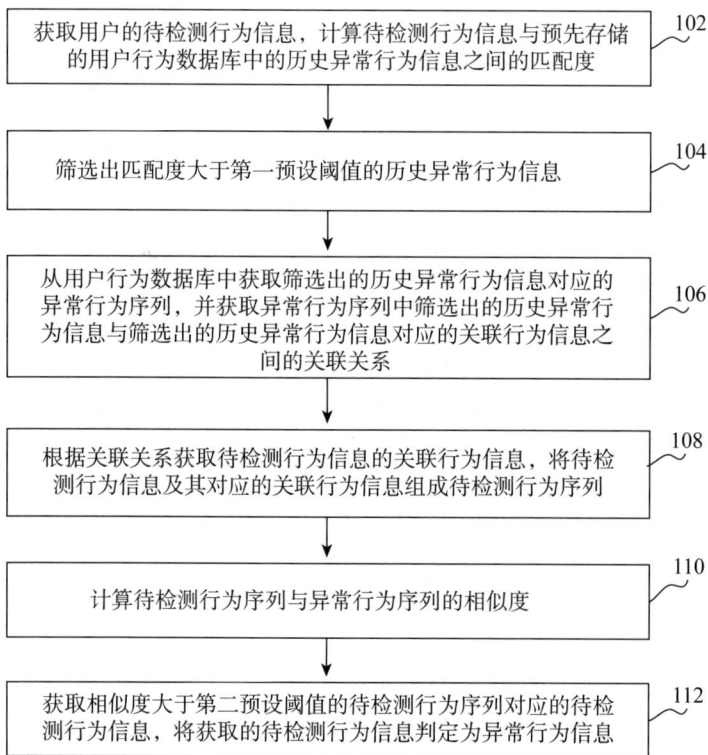

```
┌─────────────────────────────────────────────────────────┐
│ 获取用户的待检测行为信息，计算待检测行为信息与预先存储      │ 102
│ 的用户行为数据库中的历史异常行为信息之间的匹配度            │
└─────────────────────────────────────────────────────────┘
                           ↓
┌─────────────────────────────────────────────────────────┐
│ 筛选出匹配度大于第一预设阈值的历史异常行为信息              │ 104
└─────────────────────────────────────────────────────────┘
                           ↓
┌─────────────────────────────────────────────────────────┐
│ 从用户行为数据库中获取筛选出的历史异常行为信息对应的        │ 106
│ 异常行为序列，并获取异常行为序列中筛选出的历史异常行        │
│ 为信息与筛选出的历史异常行为信息对应的关联行为信息之        │
│ 间的关联关系                                              │
└─────────────────────────────────────────────────────────┘
                           ↓
┌─────────────────────────────────────────────────────────┐
│ 根据关联关系获取待检测行为信息的关联行为信息，将待检        │ 108
│ 测行为信息及其对应的关联行为信息组成待检测行为序列          │
└─────────────────────────────────────────────────────────┘
                           ↓
┌─────────────────────────────────────────────────────────┐
│ 计算待检测行为序列与异常行为序列的相似度                    │ 110
└─────────────────────────────────────────────────────────┘
                           ↓
┌─────────────────────────────────────────────────────────┐
│ 获取相似度大于第二预设阈值的待检测行为序列对应的待检        │ 112
│ 测行为信息，将获取的待检测行为信息判定为异常行为信息        │
└─────────────────────────────────────────────────────────┘
```

图 7.13　共享智能机器人的异常行为检测方法流程图

步骤 102，获取用户的待检测行为信息，并计算待检测行为信息与预先存储的用户行为数据库中的历史异常行为信息之间的匹配度。

在本技术方案中，用户为单个个体。待检测行为信息为用户的某一个具体的行为动作信息，例如用户的待检测行为信息可以为这一用户从

ATM 机取款的行为序列"走进银行→插卡→输入密码→取款→走出银行"中的任意一个行为动作信息，例如取款。

用户的待检测行为信息可以为用户在购物网站上购物时进行的操作信息，该用户的待检测行为信息能够通过购物网站的后台记录获取；或者用户在 ATM 机取款时进行的操作信息，该用户的待检测行为信息可以通过 ATM 机的后台记录及 ATM 机上安装的摄像头获取；还可以为用户在公共场所的活动信息，该用户的待检测行为信息可以通过公共场所安装的摄像头获取。

在一个技术方案中，预先存储的用户行为数据库中存储有用户的历史行为信息。该历史行为信息可以为历史异常行为信息和历史正常行为信息。历史行为信息为某一具体的行为动作信息。通常匹配度是指相比较的两个对象之间的相同或者相似程度。

由于用户行为数据库中存储的历史行为信息可以为多种格式，例如，图像、音频、视频和文本等。因此，计算待检测行为信息与预先存储的用户行为数据库中的历史异常行为信息之间的匹配度可以通过图像匹配方式、音频匹配方式、视频匹配方式或者文本匹配方式实现。

步骤 104，筛选出匹配度大于第一预设阈值的历史异常行为信息。

将上述步骤 102 计算得到的匹配度与第一预设阈值做比较，从用户行为数据库中筛选出匹配度大于第一预设阈值的历史异常行为信息。历史异常信息可能有一个或多个。一般第一预设阈值可以根据具体需要进行设定，在本技术方案中设定为 60%。

步骤 106，从用户行为数据库中获取筛选出的历史异常行为信息对应的异常行为序列，并获取异常行为序列中筛选出的历史异常行为信息与筛选出的历史异常行为信息对应的关联行为信息之间的关联关系。

在本技术方案中，异常行为序列是由筛选出的历史异常行为信息及其关联行为信息按照预定关联关系排列而成。

在本技术方案中，历史异常行为信息对应的关联行为信息可以有 0

个或 1 个或多个。当只有 0 个关联行为信息时，则异常行为序列为该历史异常行为信息。当有 1 个或多个关联行为信息时，则异常行为序列中各个关联行为信息与历史异常行为信息之间的连接关系包括但不限于队列关系、树状关系、网状关系或者其他连接关系。

关联行为信息为与筛选出的历史异常行为信息存在预定关联关系的行为信息。在本技术方案中，预定关联关系包括时间关系（例如时间先后关系）、空间关系（例如空间相邻关系）、因果关系和属性关系（例如属性相似关系）中的至少一种。

例如，筛选出的历史异常行为信息为"取款"，"取款"对应的异常行为序列包括第一异常行为序列：走进银行（该行为信息中有"东张西望"）→插卡（该行为信息中有"手发抖"）→取款；第二异常行为序列：走进银行（该行为信息中有"东张西望"）→插卡（该行为信息中有"手发抖"）→取款→走出银行（该行为信息中有"东张西望"）。第一异常行为序列中与"取款"对应的关联行为信息为"走进银行（该行为信息中有"东张西望"）""插卡（该行为信息中有"手发抖"）"，第二异常行为序列中与"取款"对应的关联行为信息为"走进银行（该行为信息中有"东张西望"）""插卡（该行为信息中有"手发抖"）""走出银行（该行为信息中有"东张西望"）"。

通过获取的关联行为信息，挖掘筛选出的历史异常行为信息及其关联行为信息之间的关联关系。

步骤 108，根据关联关系获取待检测行为信息的关联行为信息，将待检测行为信息及其对应的关联行为信息组成待检测行为序列。

根据上述步骤 106 获取的关联关系，获取待检测行为信息的关联行为信息，然后将待检测行为信息及其关联行为信息按照前述的关联关系组成待检测行为序列。

步骤 110，计算待检测行为序列与异常行为序列的相似度。

在本技术方案中，待检测行为序列与异常行为序列的相似度为：将待检测行为序列转换成异常行为序列的代价。转换代价越高则说明这两个行为序列的相似度越低。转换代价指是指：由待检测行为序列转换成异常行为序列所需的最少编辑操作次数。计入操作次数的编辑操作包括：将一个行为信息替换成另一个匹配度小于或等于第二预设阈值行为信息、插入一个行为信息、删除一个行为信息。不计入操作次数的编辑操作包括将一个行为信息替换成另一个匹配度大于第二预设阈值的行为信息。

步骤112，获取相似度大于第二预设阈值的待检测行为序列对应的待检测行为信息，将获取的待检测行为信息判定为异常行为信息。

比较上述技术方案获取的相似度与第二预设阈值的大小，由于异常行为序列可能有一个或者多个，所以异常行为序列与待检测行为序列进行比对得到的相似度可能有一个或者多个，在本技术方案中，只要存在一个大于第二预设阈值的相似度时，即可将待检测行为信息标记为异常行为信息。

上述的共享智能机器人的异常行为检测方法，根据历史异常行为信息及其对应的关联行为信息的关联关系，挖掘出待检测行为信息对应的待检测行为序列；计算待检测行为序列与异常行为序列的相似度，将相似度大于第二预设阈值的待检测行为信息标记为异常行为信息。上述的共享智能机器人的异常行为检测方法，提高了用户异常行为检测的准确度，减少了用户异常行为检测的错误率。

在一个技术方案中，在步骤102获取用户的待检测行为信息的步骤之前，该方法还包括建立用户行为数据库的步骤。

如图7.14所示，建立用户行为数据库的步骤具体包括：

步骤202，获取用户的历史行为信息中的历史异常行为信息和历史非异常行为信息。

用户的历史行为信息包括历史异常行为信息和历史非异常行为信息。例如，用户在购物网站上购物时进行的操作信息，能够通过购物网站的后台记录获取。用户在ATM机取款时进行的操作信息，可以通过ATM

```
┌──────────────────────────────────────────────┐
│ 获取用户的历史行为信息中的历史异常行为信息和历史非异常 │ ⟍ 202
│                  行为信息                        │
└──────────────────────────────────────────────┘
                         │
                         ▼
┌──────────────────────────────────────────────┐
│ 获取历史异常行为信息对应的行为序列和历史非异常行为信息 │ ⟍ 204
│                  对应的序列                       │
└──────────────────────────────────────────────┘
                         │
                         ▼
┌──────────────────────────────────────────────┐
│ 根据获取历史异常行为信息对应的行为序列和历史非异常行为 │ ⟍ 206
│         信息对应的序列获取异常行为序列             │
└──────────────────────────────────────────────┘
                         │
                         ▼
┌──────────────────────────────────────────────┐
│ 将历史异常行为信息对应的关联行为信息，以及异常行为序列 │ ⟍ 208
│           存储至用户行为数据库                    │
└──────────────────────────────────────────────┘
```

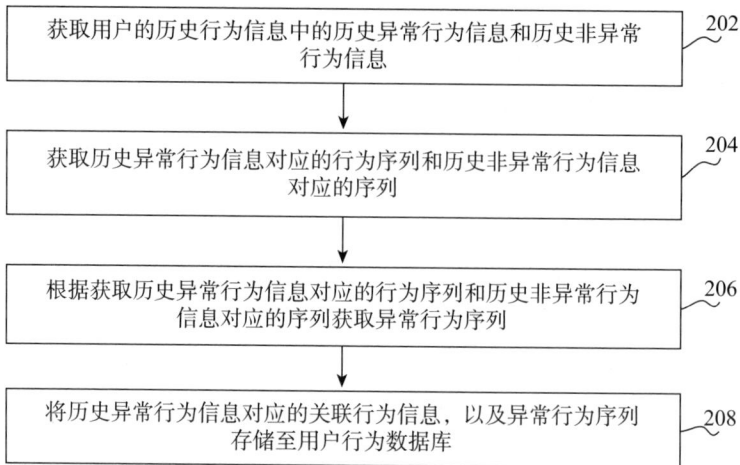

图 7.14　建立用户行为数据库的流程图

机的后台记录及 ATM 机上安装的摄像头获取。公共场所用户的活动信息，可以通过公共场所安装的摄像头获取。需要说明的是，获取到的用户历史行为信息已被标注为异常或者非异常。在本技术方案中，非异常是指正常或者不确定状态。

步骤 204，获取历史异常行为信息对应的行为序列和历史非异常行为信息对应的行为序列。

在本技术方案中，历史异常行为信息所对应的关联行为信息是指与历史异常行为信息存在预定关联关系的关联行为信息。预定关联关系包括时间关系（例如时间先后关系）、空间关系（例如空间相邻关系）、因果关系和属性关系（例如属性相似关系）中的至少一种。

步骤 206，根据获取历史异常行为信息对应的行为序列和历史非异常行为信息对应的行为序列获取异常行为序列。

在本技术方案中，如图 7.15 所示，根据获取历史异常行为信息对应的行为序列和历史非异常行为信息对应的行为序列获取异常行为序列的具体过程包括：

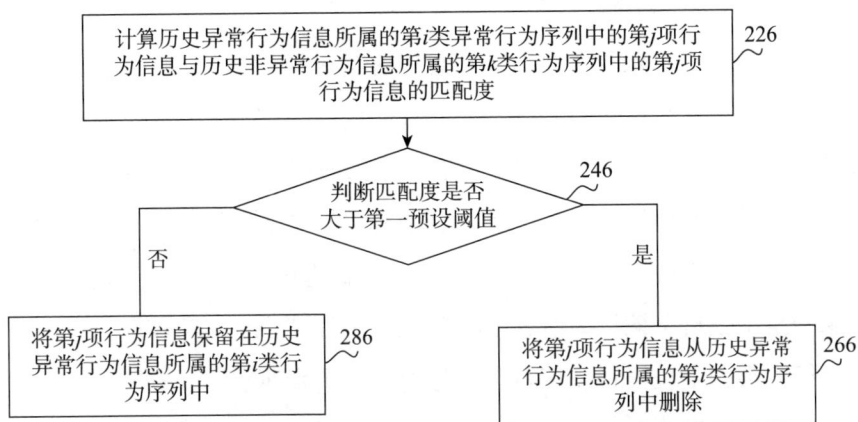

图 7.15 获取异常行为序列的方法流程图

步骤 226，计算历史异常行为信息所属的第 i 类异常行为序列中的第 j 项行为信息与历史非异常行为信息所属的第 k 类行为序列中的第 j 项行为信息的匹配度。

步骤 246，判断该匹配度是否大于第一预设阈值：如果是，则执行步骤 266；反之，则执行 286。

步骤 266，当匹配度大于第一预设值时，则将第 j 项行为信息从历史异常行为信息所属的第 i 类行为序列中删除。

步骤 286，当匹配度小于或者等于第一预设值时，则将第 j 项行为信息保留在历史异常行为信息所属的第 i 类行为序列中。

对历史非异常行为信息所属的所有行为序列中的第 j 项行为信息重复执行上述步骤；对历史异常行为信息所属的第 i 类行为序列中的所有项行为信息重复执行上述步骤。

即重复执行步骤 226 至步骤 286，直至得到最终的序列作为历史异常行为信息对应的异常行为序列。在本技术方案中，i, j, k 均为正整数。

例如，通过 ATM 机的后台记录及 ATM 机上安装的摄像头获取，用户在 ATM 机取款时进行的操作信息，其中某 80 个取款行为被标记成了异常行为信息（可能为盗用别人的银行卡来取款的行为）。通过聚类算法对这 80 个行为序列进行归类：

第 1 类：走进银行（该行为信息中有"东张西望"）→插卡（该行为信息中有"手发抖"）→输入密码（该行为信息中有"多次输入密码"）→取款→走出银行（该行为信息中没有"东张西望"）。

第 2 类：走进银行（该行为信息中有"东张西望"）→插卡（该行为信息中有"手发抖"）→输入密码（该行为信息中有"1 次输入密码"）→取款→走出银行（该行为信息中没有"东张西望"）。

第 3 类：走进银行（该行为信息中有"东张西望"）→插卡（该行为信息中有"手发抖"）→输入密码（该行为信息中有"多次输入密码"）→取款→走出银行（该行为信息中有"东张西望"）。

第 4 类：走进银行（该行为信息中有"东张西望"）→插卡（该行为信息中有"手发抖"）→输入密码（该行为信息中有"1 次输入密码"）→取款→走出银行（该行为信息中有"东张西望"）。

另外获取用户在 ATM 机取款的 6000 个非异常行为序列，通过聚类算法对这 6000 个行为序列进行归类：

第 1 类：走进银行（该行为信息中没有"东张西望"）→插卡（该行为信息中没有"手发抖"）→输入密码（该行为信息中有"多次输入密码"）→取款→走出银行（该行为信息中没有"东张西望"）。

第 2 类：走进银行（该行为信息中没有"东张西望"）→插卡（该行为信息中没有"手发抖"）→输入密码（该行为信息中有"1 次输入密码"）→取款→走出银行（该行为信息中没有"东张西望"）。

如果异常取款行为所属的第 i 类行为序列中的第 j 项行为信息与非异常取款行为所属的某一类行为序列中的第 j 项行为信息匹配度大于第一预设值，则将第 j 项行为信息从异常取款行为所属的第 i 类行为序列中删除，最终得到的序列作为异常取款行为对应的异常行为序列；如果得到了多个异常行为序列，删除重复的异常行为序列，得到多类异常行为序列。需要说明的是，异常行为"取款行为"本身无须比较和删除。

根据上述的方式：

异常取款行为所属的第 1 类行为序列中的输入密码（该行为信息中有"多次输入密码"）在非异常取款行为所属的某一类行为序列中有，删除；异常取款行为所属的第 1 类行为序列中的走出银行（该行为信息中没有"东张西望"）在非异常取款行为所属的某一类行为序列中有，删除；得到的异常行为序列为：走进银行（该行为信息中有"东张西望"）→插卡（该行为信息中有"手发抖"）→取款。

异常取款行为所属的第 2 类行为序列中的输入密码（该行为信息中有"1 次输入密码"）在非异常取款行为所属的某一类行为序列中有，删除；异常取款行为所属的第 1 类行为序列中的走出银行（该行为信息中没有"东张西望"）在非异常取款行为所属的某一类行为序列中有，删除；得到的异常行为序列为：走进银行（该行为信息中有"东张西望"）→插卡（该行为信息中有"手发抖"）→取款。

异常取款行为所属的第 3 类行为序列中的输入密码（该行为信息中有"多次输入密码"）在非异常取款行为所属的某一类行为序列中有，删除；得到的异常行为序列为：走进银行（该行为信息中有"东张西望"）→插卡（该行为信息中有"手发抖"）→取款→走出银行（该行为信息中有"东张西望"）。

异常取款行为所属的第 4 类行为序列中的输入密码（该行为信息中有"1 次输入密码"）在非异常取款行为所属的某一类行为序列中有，删除；得到的异常行为序列为：走进银行（该行为信息中有"东张西望"）→插卡（该行为信息中有"手发抖"）→取款→走出银行（该行为信息中有"东张西望"）。

对得到的异常行为序列进行归类，得到两类异常取款行为对应的异常行为序列。因此，与异常取款行为所关联的异常行为序列为：

第 1 类：走进银行（该行为信息中有"东张西望"）→插卡（该行为信息中有"手发抖"）→取款。

第2类：走进银行（该行为信息中有"东张西望"）→插卡（该行为信息中有"手发抖"）→取款→走出银行（该行为信息中有"东张西望"）。

步骤208，将关联行为信息，以及异常行为序列存储至用户行为数据库。

进一步地，将上述步骤中获取的历史异常行为信息对应的关联行为信息，及其历史异常行为信息对应的异常行为序列建立关联后保存至用户行为数据库。例如，以记录的形式存储。

上述步骤建立的用户行为数据库，用户的历史行为信息、关联行为信息以及异常行为序列之间存在着对应关系。用户行为数据库的存储方式包括数据库或大数据存储库。通过上述的方式建立的用户行为数据库便于后续的待检测行为信息的检测，提高了检测效率。

在一个技术方案中，采用文本匹配方式计算待检测行为信息与预先存储的用户行为数据库中的历史异常行为信息之间的匹配度。如图7.16所示，具体的实现步骤为：

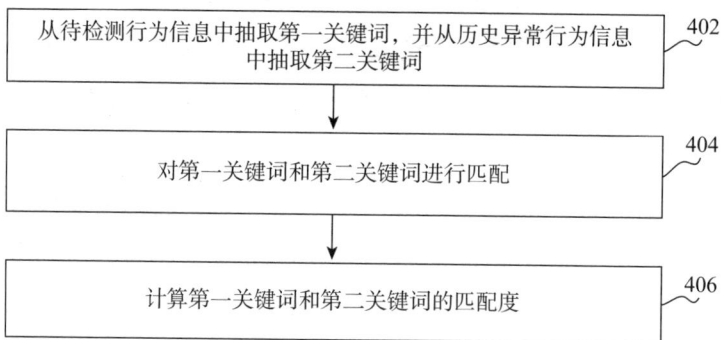

图 7.16　采用文本匹配方式计算待检测行为信息与预先存储的用户行为数据库中的历史异常行为信息之间的匹配度的流程图

步骤402，从待检测行为信息中抽取第一关键词，并从历史异常行为信息中抽取第二关键词。

从待检测行为信息和历史异常行为信息的两个文本中分别抽取第一

关键词和第二关键词。在本技术方案中，第一关键词和第二关键词的数目可以为一个或者多个，且第一关键词和第二关键词的数目相等。

步骤404，对第一关键词和第二关键词进行匹配。

对从两个文本中抽取出的关键词进行匹配。其中，在进行关键词匹配时，将关键词作为字符串，既可以采用字符串的精确匹配，也可以采用字符串的模糊匹配。

步骤406，计算第一关键词和第二关键词的匹配度。

在本技术方案中，将匹配成功的关键词数目与总的关键词数目的比值作为匹配度。

通过上述方式将计算得到的匹配度与第一预设阈值做比较，获取一个或多个大于第一预设阈值的匹配度对应的历史异常行为信息。

通过上述的文本匹配方式，从用户行为数据库中筛选出匹配度大于第一预设阈值的历史异常行为信息，提高了用户异常行为检测的准确率。

在一个技术方案中，计算待检测行为序列与异常行为序列的相似度的步骤包括：计算待检测行为序列与异常行为序列之间的转换代价，将转换代价作为相似度。

在一个技术方案中，转换代价是指两个行为序列之间，由一个转换成另一个所需的最少编辑操作的次数。计入操作次数的编辑操作包括：将一个行为信息替换成另一个行为信息，插入一个行为信息，或者删除一个行为信息。不计入操作次数的编辑操作包括将一个行为信息替换成另一个匹配度大于预设值的行为信息。在一个技术方案中，待检测行为序列与异常行为序列的相似度为：将待检测行为序列转换为异常行为序列的代价。转换代价越高则表明待检测行为序列与异常行为序列的相似度越低。

转换代价的具体计算过程为：

假设待检测行为序列 A 包含 m 个行为信息 A_i，记为：$A=\{A_1, A_2, \cdots, A_m\}$，其中，$m \geq 1$，$i \in [1, m]$。异常行为序列 B 包含 n 个行为信息

B_j，记为：$B=\{B_1, B_2, \cdots, B_n\}$，其中，$n \geq 1$，$j \in [1, n]$。

假设 $F(i, j)$ 为将待检测行为序列 $A=\{A_1, A_2, \cdots, A_i\}$ 转换成异常行为序列 $B=\{B_1, B_2, \cdots, B_j\}$ 的代价，其中，$F(0, 0)=0$，$F(0, j)=j$ 表示将空字符串转换为 $B=\{B_1, B_2, \cdots, B_j\}$，那么需要进行的操作次数为 $B=\{B_1, B_2, \cdots, B_j\}$ 的长度 j，所进行的操作即为将 $B=\{B_1, B_2, \cdots, B_j\}$ 所有的行为信息 B_j 插入。$F(i, 0)=i$ 表示解释将 $A=\{A_1, B_2, \cdots, A_i\}$ 转换为空字符串，那么需要进行的操作次数为 $A=\{A_1, A_2, \cdots, A_i\}$ 的长度 i，所进行的操作即为将 $A=\{A_1, A_2, \cdots, A_i\}$ 所有的行为信息丢弃。

在一个技术方案中，计算 $F(i, j)$ 的过程为：

假设 $F(i\text{-}1, j\text{-}1)$、$F(i\text{-}1, j)$、$F(i, j\text{-}1)$ 的值已经通过同样的过程求出。

第一种情况，若 A_i 与 B_j 的匹配度 $g(A_i, B_j)$ 大于或等于第二预设值，待检测行为序列 $A=\{A_1, A_2, \cdots, A_i\}$ 与异常行为序列 $B=\{B_1, B_2, \cdots, B_j\}$ 之间的删除、替换或者插入均不会对转换代价有较大影响。因此，此时转换代价 $F(i, j)=F(i\text{-}1, j\text{-}1)$。

第二种情况，若 A_i 与 B_j 的匹配度 $g(A_i, B_j)$ 小于第二预设值：

当 $\min\{F(i\text{-}1, j\text{-}1), F(i\text{-}1, j), F(i, j\text{-}1)\}=F(i\text{-}1, j\text{-}1)$ 时，这时将待检测行为序列 $A=\{A_1, A_2, \cdots, A_i\}$ 转换成异常行为序列 $B=\{B_1, B_2, \cdots, B_j\}$ 需要把 A_i 替换为 B_j，此时转换代价 $F(i, j)=F(i\text{-}1, j\text{-}1)+1$。

当 $\min\{F(i\text{-}1, j\text{-}1), F(i\text{-}1, j), F(i, j\text{-}1)\}=F(i\text{-}1, j)$ 时，这时将待检测行为序列 $A=\{A_1, A_2, \cdots, A_i\}$ 转换成异常行为序列 $B=\{B_1, B_2, \cdots, B_j\}$ 需要将 A_i 删除，此时转换代价 $F(i, j)=F(i\text{-}1, j\text{-}1)+1$。

当 $\min\{F(i\text{-}1, j\text{-}1), F(i\text{-}1, j), F(i, j\text{-}1)\}=F(i, j\text{-}1)$ 时，这时将待检测行为序列 $A=\{A_1, A_2, \cdots, A_i\}$ 转换成异常行为序列 $B=\{B_1, B_2, \cdots, B_j\}$ 需要在 A_i 后插入字符 B_j，此时转换代价 $F(i, j)=F(i\text{-}1, j\text{-}1)+1$。

在另一个技术方案中，计算 $F(i, j)$ 的过程为：

　　假设 $F(i-1, j-1)$、$F(i-1, j)$、$F(i, j-1)$ 的值已经通过同样的过程求出。

　　第一种情况，若 A_i 与 B_j 的匹配度 $g(A_i, B_j)$ 大于或等于第二预设值，待检测行为序列 $A=\{A_1, A_2, \cdots, A_i\}$ 与异常行为序列 $B=\{B_1, B_2, \cdots, B_j\}$ 之间的删除、替换或者插入均不会对转换代价有较大影响。因此，此时转换代价 $F(i, j) = F(i-1, j-1) + (1-g(A_1, B_j))$。

　　第二种情况，若 A_i 与 B_j 的匹配度 $g(A_i, B_j)$ 小于第二预设值：

　　当 $\min\{F(i-1, j-1), F(i-1, j), F(i, j-1)\} = F(i-1, j-1)$ 时，这时将待检测行为序列 $A=\{A_1, A_2, \cdots, A_i\}$ 转换成异常行为序列 $B=\{B_1, B_2, \cdots, B_j\}$ 需要把 A_i 替换为 B_j，此时转换代价 $F(i, j) = F(i-1, j-1) + (1-g(A_1, B_j))$。

　　当 $\min\{F(i-1, j-1), F(i-1, j), F(i, j-1)\} = F(i-1, j)$ 时，这时将待检测行为序列 $A=\{A_1, A_2, \cdots, A_i\}$ 转换成异常行为序列 $B=\{B_1, B_2, \cdots, B_j\}$ 需要将 A_i 删除，此时转换代价 $F(i, j) = F(i-1, j-1) + 1$。

　　当 $\min\{F(i-1, j-1), F(i-1, j), F(i, j-1)\} = F(i, j-1)$ 时，这时将待检测行为序列 $A=\{A_1, A_2, \cdots, A_i\}$ 转换成异常行为序列 $B=\{B_1, B_2, \cdots, B_j\}$ 需要在 A_i 后插入字符 B_j，此时转换代价 $F(i, j) = F(i-1, j-1) + 1$。

　　在一个技术方案中，在将获取的待检测行为信息判定为异常行为信息的步骤之后，该方法还包括：将待检测行为信息及其对应的判定结果保存至用户行为数据库。

　　在本技术方案中，将待检测行为信息的判定结果，即异常行为或正常行为标注在待检测行为信息中，然后将待检测行为信息、待检测行为信息对应的关联行为信息、待检测行为序列以及判定结果保存至用户行为数据库。

　　需要补充的是，如果用户现实检验发现将该待检测行为信息的判定结果标注有误，则可对用户行为数据库中该待检测行为信息的标注进行修改。

通过上述步骤，将待检测行为信息相关的数据存储至用户行为数据库，丰富了用户行为数据，进一步提高了异常行为检测的准确度。

二、异常行为检测共享智能机器人

在一个技术方案中，如图 7.17 所示，提出了一种异常行为检测共享智能机器人 500，该系统 500 包括匹配度计算模块 502、历史异常行为信息筛选模块 504、关联关系获取模块 506、待检测行为序列生成模块 508、相似度计算模块 510 和判定模块 512。

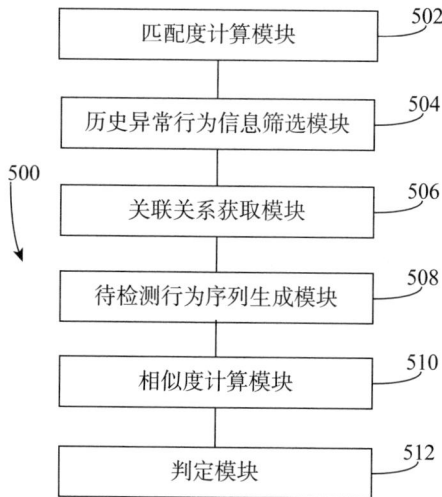

图 7.17　异常行为检测共享智能机器人的结构框图

匹配度计算模块 502，用于获取用户的待检测行为信息，并计算待检测行为信息与预先存储的用户行为数据库中的历史异常行为信息之间的匹配度。历史异常行为信息筛选模块 504 用于筛选出匹配度大于第一预设阈值的历史异常行为信息。关联关系获取模块 506 用于从用户行为数据库中获取筛选出的历史异常行为信息对应的异常行为序列，并获取异常行为序列中筛选出的历史异常行为信息与筛选出的历史异常行为信息对应的关联行为信息之间的关联关系，其中，用户行为数据库的存储方式包括数据库或大数据存储库。待检测行为序列生成模块 508 用于根据关联关系获取待检测行为信息的关联行为信息，将待检测行为信息及其对应的关联行为信息组成待检测行为序列。相似度计算模块 510 用于计算待检测行为序列与异常行为序列的相似度。判定模块 512 用于获取相似度大于第二预设阈值的待检测行为序列对应的待检测行为信息，将获取的待检测行为信息判定为异常行为信息。

在一个技术方案中，匹配度计算模块 502 还用于从待检测行为信息中抽取第一关键词，并从历史异常行为信息中抽取第二关键词；对第一关键词和第二关键词进行匹配；计算第一关键词和第二关键词的匹配度。

在一个技术方案中，相似度计算模块 510 还用于计算待检测行为序列与异常行为序列之间的转换代价，将转换代价作为相似度，其中，转换代价为由待检测行为序列转换到异常行为序列所需的最少编辑操作的次数。

在一个技术方案中，如图 7.18 所示，该系统 500 还包括用户行为数

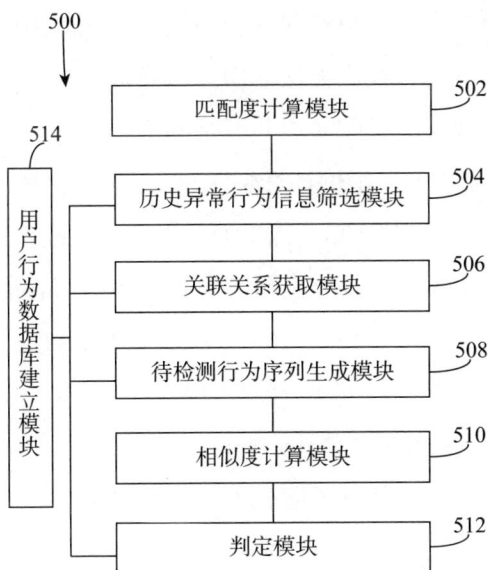

图 7.18　异常行为检测共享智能机器人的结构框图

据库建立模块 514。用户行为数据库建立模块 514 用于存储历史异常行为信息，历史异常行为信息所对应的关联行为信息，以及历史异常行为信息对应的异常行为序列。

在一个技术方案中，用户行为数据库建立模块 514 还用于将存储待检测行为信息、待检测行为序列以及待检测行为信息对应的判定结果。

在一个技术方案中，用户行为数据库建立模块 514 还用于计算历史异常行为信息所属的第 i 类异常行为序列中的第 j 项行为信息与历史非异常行为信息所属的第 k 类行为序列中的第 j 项行为信息的匹配度，其中，i，j，k 均为正整数；当匹配度大于第一预设阈值时，将第 j 项行为信息从历史异常行为信息所属的第 i 类行为序列中删除；当匹配度小于或者等于第一预设阈值时，则将第 j 项行为信息保留在历史异常行为信息所属的第 i 类行为序列中；对历史非异常行为信息所属的所有行为序列中的第 j 项行为信息重复执行上述步骤；对历史异常行为信息所属的第 i 类行为序列中的所有项行为信息重复执行上述步骤；获取最终的行为序列作为历史异常行为信息对应的异常行为序列。

本技术方案的异常行为检测共享智能机器人 500 用于实现前述的共享智能机器人的异常行为检测方法。因此，异常行为检测共享智能机器人 500 中的具体实现可参见前文中共享智能机器人的异常行为检测方法的技术方案部分，例如，匹配度计算模块 502、历史异常行为信息筛选模块 504、关联关系获取模块 506、待检测行为序列生成模块 508、相似度计算模块 510 和判定模块 512 分别用于实现上述共享智能机器人的异常行为检测方法中步骤 102、104、106、108、110 和 112，所以，其具体实现方式可参照前文中有关步骤 102、104、106、108、110 和 112 的各个技术方案的描述，在此不再赘述。

上述的异常行为检测共享智能机器人，根据每个历史异常行为信息的关联关系，挖掘出待检测行为信息对应的待检测行为序列；并计算待检测行为序列与异常行为序列的相似度；获取相似度大于第二预设阈值的待检测行为信息；将获取的待检测行为信息判定为异常行为信息。同一个行为可能在某些情况下是异常行为，而在其他情况下是正常行为；通过异常行为序列对行为信息进行判定，不会将正常行为误检为异常行为，也不会将异常行为漏检为正常行为，从而使得异常行为检测的准确率高。上述的异常行为检测共享智能机器人，提高了用户异常行为检测的准确度。

第六节　共享智能看病机器人

随着互联网技术的发展，医院利用计算来记录患者的检测数据，并将医疗数据存储到服务器。每天都有大量的患者到医院就诊，医生将每个患者的检测数据输入到计算机以存储到服务器中。

然而，在将医疗数据存储到数据库中后，大量的医疗数据需要占用较多的存储空间，同时这些医疗数据也没能被得到充分利用，存储到数据库中的医疗数据的利用率较低，造成了医疗数据闲置的情况。

本节研究给出了共享智能看病机器人和装置，系统包括：体检数据采集设备和数据服务器；体检数据采集设备用于获取第一体检数据，并将第一体检数据发送给数据服务器；数据服务器根据第一体检数据在医疗大数据库中查找与第一体检数据匹配度最高的第二体检数据；从医疗大数据库中提取第二体检数据对应的确诊数据；根据确诊数据生成第一体检数据对应的分析结果。本节提供的共享智能看病机器人和装置，充分利用医疗大数据库中存储的海量医疗数据对第一体检数据进行分析，提高了分析结果的准确性，同时也提高了医疗大数据库中存储的海量医疗数据的利用率。

一、共享智能看病机器人应用环境

图 7.19 为一个技术方案中共享智能看病机器人的应用环境图，共享

智能看病机器人包括体检数据采集设备 110 和数据服务器 120，体检数据采集设备 110 和数据服务器 120 通过网络联接。体检采集设备 110 包括采集控制终端 112、扫描部件 114 和采集平台 116，采集控制终端 112 通过控制扫描部件 114 和采集平台 116 采集位于采集平台 116 上患者的体检数据。扫描部件 114 具体可以是 B 超（B-mode Ultrasonography）设备中的超声扫描仪，还可以是 CT（X 线计算机断层摄影，Computed Tomography）设备中 X 线管和探测器，也可以是 MRI（磁共振成像，Magnetic Resonance Imaging）成像设备中的磁场发生器、无线电波发生器和探测器。

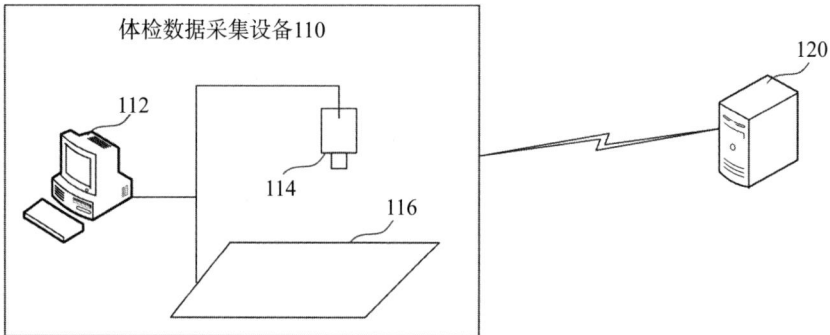

图 7.19　医疗数据分析系统的应用环境图

体检数据采集设备 110 用于获取第一体检数据，并将第一体检数据发送给数据服务器 120。

具体地，体检数据采集设备 110 对患者身体各部位进行检查，通过对患者身体各部分的检查生成患者的第一体检数据，第一体检数据包括对患者各部分进行检查得到的数据。体检数据采集设备 110 在获取到第一体检数据后，将第一体检数据通过网络发送给数据服务器 120。

数据服务器 120 用于根据第一体检数据在医疗大数据库中查找与第一体检数据匹配度最高的第二体检数据；从医疗大数据库中提取第二体检数据对应的确诊数据；根据确诊数据生成第一体检数据对应的分析结果。

具体地，数据服务器 120 在接收到体检数据采集设备 110 发送的第一体检数据后，则计算第一体检数据与医疗大数据库中每份体检数据的匹配度，对计算得到的匹配度进行比较，在医疗大数据库中选取与第一体检数据匹配度最高的体检数据作为第二体检数据。医疗大数据库中存储着多位患者的体检数据和确诊数据，每位患者的体检数据和确诊数据建立有对应关系，医疗大数据库中的体检数据的数据格式和第一体检数据的数据格式相同。医疗大数据库具体可以是建立在数据服务器 120 上，也可以建立在其他数据平台或数据服务器上，数据平台可以是云存储平台。体检数据和确诊数据的对应关系可以是体检数据通过患者标识与确诊数据对应，患者标识具体可以是患者编号，患者编号具体可以是患者姓名、性别、年龄和家庭住址中的至少一种。确诊数据是确诊患者所生疾病种类的数据。

数据服务器 120 可以以第一体检数据和医疗大数据库中存储的体检数据的文本相似度作为匹配度，相似度越高则匹配度越高。其中，文本相似度可以根据第一体检数据和医疗大数据库中体检数据的最小编辑距离（又称莱文斯坦距离）或海明距离来计算，也可采用其他计算文本相似度的算法计算。

数据服务器 120 在从医疗大数据库中查找到第二体检数据后，在医疗大数据库中根据体检数据和确诊数据的对应关系提取第二体检数据对应的确诊数据，根据提取到的确诊数据的内容生成第一体检数据对应的分析结果，将分析结果与第一体检数据对应存储。分析结果为第一体检数据所对应患者的健康状况，具体可以包括疾病名称。

数据服务器 120 具体可以是云服务器，医疗大数据库可以是云服务器中安装的分布式存储系统，在分布式存储系统中存储着体检数据和确诊数据，分布式存储系统中由多个节点组成，节点可以是具有存储功能和计算功能的数据服务器，每份体检数据和确诊数据被存储在至少一个节点上，当有一个节点上的数据出错，分布式存储系统将另外节点中的数据拷贝到数据出错的节点实现数据容错。多个节点可以并行计算分布式存储系统中存储的体检数据与第一体检数据匹配度，并根据匹配选取第二体检数据。

医疗大数据库中存储有许多患者的体检数据和确诊数据，在数据服务器通过体检数据采集设备获取第一体检数据，利用医疗大数据库中存储的海量数据对获取到的第一体检数据进行分析，可以提高分析结果的准确性，在医疗大数据库中的海量数据中查找与第一体检数据匹配度最高的第二体检数据，根据第二体检数据对应的确诊数据生成第一体检数据对应的分析结果。这样，充分利用医疗大数据库中存储的海量医疗数据对第一体检数据进行分析，不仅提高了分析结果的准确性，同时也提高了医疗大数据库中存储的海量医疗数据的利用率。

数据服务器 120 还用于获取确诊患者所对应的体检数据和确诊数据；将获取的体检数据和相应的确诊数据进行关联并存储在医疗大数据库中。

具体地，数据服务器 120 查找已经确诊患者的患者标识，再从确诊数据库中提取患者标识对应的确诊数据，从体检数据库中提取患者标识的体检数据。数据服务器 120 将同一个患者标识对应的确诊数据和体检数据进行关联并存储到医疗大数据库中。具体可以将同一个患者标识对应的确诊数据和体检数据对应存储在医疗大数据库中，还可以分别提取确诊数据和体检数据中的特征数据，建立特征数据的对应关系表，通过特征数据的对应关系表将同一个患者标识对应的确诊数据和体检数据关联，并将关联后的确诊数据和体检数据存储到医疗大数据库中，具体还可以通过患者标识将同一个患者标识对应的确诊数据和体检数据进行关联，将患者标识、确诊数据和体检数据对应存储在医疗大数据库中。

将确诊患者的确诊数据和体检数据存储在医疗大数据库中，使医疗大数据库中存储着海量确诊患者的确诊数据和体检数据，并且同一患者标识对应的确诊数据和体检数据关联存储在医疗大数据库中，为第一体检数据的分析提供了大数据支撑，通过医疗大数据库中海量确诊患者的数据对第一体检数据进行分析，提高了第一体检数据分析结果的准确性。

体检数据采集设备 110 还用于进行覆盖相应患者身体各部分的检测得到检测数据后，对检测数据进行分析获得第一体检数据。

具体地，体检数据采集设备 110 为医疗扫描设备，医疗扫描设备用于对患者身体部分进行扫描来获取患者的体检数据。体检数据采集设备 110 对患者身体进行覆盖身体各部分进行检测得到患者的检测数据，提取检测数据中的特征区域进行分析得到患者的覆盖身体各部分的第一体检数据。检测数据具体可以是 CT（X 线计算机断层摄影，Computed Tomography）图像，B 超（B-mode Ultrasonography）图像和 MRI（磁共振成像，Magnetic Resonance Imaging）图像中的至少一种。

体检数据采集设备 110 进行覆盖患者身体各部分的扫描得到医疗图像，对医疗图像进行分析获得第一体检数据，第一体检数据为涉及患者身体各部分的体检数据，在体检数据分析时，可以考虑到患者身体各部分的情况进行全面的体检数据分析，相比于以患者某个部分的体检数据进行分析得到的分析结果，提高了体检数据分析结果的准确性。

数据服务器 120 还用于提取第一体检数据中体检指标对应的数值和医疗大数据库中的体检数据中的体检指标所对应的数值；根据提取到的数值计算第一体检数据与医疗大数据库中体检数据的匹配度。

具体地，体检数据中包括多个体检指标，每个体检指标对应着不同的数值。数据服务器 120 在接收到第一体检数据后，对第一体检数据进行分析，提取第一体检数据中各体检指标对应的数值。数据服务器 120 提取医疗大数据库中每份体检数据中的各体检指标对应的数值。第一体检数据中的体检指标数量与医疗大数据库中每份体检数据的体检指标数量相同，且体检指标的名称也相同，根据相应的体检指标对应的数值的匹配结果来计算第一体检数据与医疗大数据库中体检数据的匹配度。匹配结果具体可以是第一体检数据中体检指标和医疗大数据库中某份体检数据中体检指标数值相等的体检指标的个数。

　　数据服务器 120 还用于遍历医疗大数据库中的各体检数据中的体检指标；计算遍历的体检指标与第一体检数据中相应体检指标的数值差异；根据数值差异和相应体检指标对应的预设范围确定匹配的体检指标；根据遍历的体检数据中匹配的体检指标的数量确定第一体检数据与医疗大数据库中相应体检数据的匹配度。

　　具体地，数据服务器 120 在遍历医疗大数据库中的各体检数据中的体检指标时，提取体检指标对应的数值。将每份体检数据中体检指标对应的数值与第一体检数据中相应的体检指标的数值相减得到每个体检指标对应的差值，计算每份体检指标对应的差值的绝对值作为体检指标的数值差异，各体检指标都对应有预设范围，其中相应体检指标的数值差异如果在预设范围内，则表示该体检指标匹配。分别统计第一体检数据与医疗大数据库中各体检数据匹配的体检指标数量，以统计的体检指标数量作为第一体检数据与医疗大数据库中相应体检数据的匹配度。具体还可以用匹配的体检指标数量除以体检指标的总数量，以计算得到的商作为第一体检数据与医疗大数据库中相应体检数据的匹配度。

　　根据第一体检数据中的体检指标对应的数值和医疗大数据库中各体检数据的体检指标对应的数值计算，通过计算得到第一体检数据中体检指标与医疗大数据库中各体检数据的体检指标的数值差异，根据数值差异来确定匹配体检指标的数量，从而根据匹配体检指标的数量计算得到第一体检数据与医疗数据中相应体检数据的匹配度。通过计算第一体检数据中体检指标与医疗大数据库中海量体检数据的体检指标的数值差异，得到第一体检数据与医疗大数据库中各体检数据准确的匹配度，进而根据匹配度选取与第一体检数据最匹配的第二体检数据。

　　数据服务器 120 还用于提取确诊数据中的疾病名称；根据疾病名称生成第一体检数据对应的分析结果。

　　具体地，数据服务器 120 在获取到与第二体检数据对应的确诊数据后，提取确诊数据中确诊数据对应的患者所确诊的疾病名称，以提取到的疾病名称作为第一体检数据的分析结果，第一体检数据的分析结果表示第一体检数据对应的患者所患疾病的疾病名称，进而辅助医生更加快速、准确、合理地作出诊断。

数据服务器 120 在利用医疗大数据库中存储的大量数据对第一体检数据进行分析时，在查找到与第一体检数据匹配度高的第二体检数据后，提取第二体检数据对应的确诊数据，根据确诊数据中的疾病名称生成第二体检数据的分析报告，提高了第一体检数据的分析效率和分析结果的准确性。

二、共享智能看病机器人系统

如图 7.20 所示，在技术方案一中，提供一种共享智能看病机器人 200，该装置具体包括体检数据获取模块 202、体检数据查找模块 204、确诊数据提取模块 206 和分析结果生成模块 208。

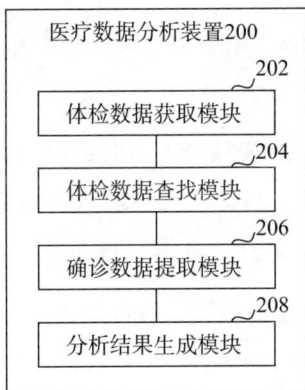

医疗数据分析装置200

体检数据获取模块 202

体检数据查找模块 204

确诊数据提取模块 206

分析结果生成模块 208

图 7.20　技术方案一中医疗数据分析装置的结构框图

体检数据获取模块 202，用于获取第一体检数据。

具体地，体检数据获取模块 202 利用体检数据采集设备 110 对患者身体各部位进行检查，通过对患者身体各部分的检查生成患者的第一体检数据，第一体检数据包括对患者各部分进行检查得到的数据。

体检数据查找模块204，用于根据第一体检数据在医疗大数据库中查找与第一体检数据匹配度最高的第二体检数据。

具体地，体检数据查找模块204在接收到体检数据获取模块202发送的第一体检数据后，则计算第一体检数据与医疗大数据库中每份体检数据的匹配度，对计算得到的匹配度进行比较，在医疗大数据库中选取与第一体检数据匹配度最高的体检数据作为第二体检数据。

确诊数据提取模块206，用于从医疗大数据库中提取第二体检数据对应的确诊数据。

具体地，体检数据和确诊数据的对应关系可以是体检数据通过患者标识与确诊数据对应，患者标识具体可以是患者编号，患者编号具体可以是患者姓名、性别、年龄和家庭住址中的至少一种。确诊数据是确诊患者所生疾病种类的数据。在从医疗大数据库中查找到第二体检数据后，在医疗大数据库中根据体检数据和确诊数据的对应关系提取第二体检数据对应的确诊数据。

分析结果生成模块208，用于根据确诊数据生成第一体检数据对应的分析结果。

具体地，分析结果生成模块208，根据提取到的确诊数据的内容生成第一体检数据对应的分析结果，将分析结果与第一体检数据对应存储。分析结果为第一体检数据所对应患者的健康状况，具体可以包括疾病名称，进而辅助医生更加快速、准确、合理地作出诊断。

本技术方案中，医疗大数据库中存储有许多患者的体检数据和确诊数据，在获取第一体检数据后，利用医疗大数据库中存储的海量数据对获取到的第一体检数据进行分析，可以提高分析结果的准确性，在医疗大数据库中的海量数据中查找与第一体检数据匹配度最高的第二体检数据，根据第二体检数据对应的确诊数据生成第一体检数据对应的分析结果。这样，充分利用医疗大数据库中存储的海量医疗数据对第一体检数据进行分析，提高了分析结果的准确性，进而辅助医生更加快速、准确、合理地作出诊断，同时也提高了医疗大数据库中存储的海量医疗数据的利用率。

如图 7.21 所示，在技术方案二中，共享智能看病机器人 200 还包括患者数据获取模块 210 和数据关联存储模块 212。

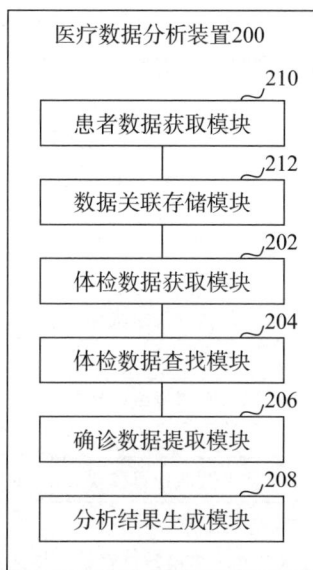

图 7.21 技术方案二中医疗数据分析装置的结构框图

患者数据获取模块 210，用于获取确诊患者所对应的体检数据和确诊数据。

具体地，患者数据获取模块 210 查找已经确诊患者的患者标识，再从确诊数据库中提取患者标识对应的确诊数据，从体检数据库中提取患者标识的体检数据。

数据关联存储模块 212，用于将获取的体检数据和相应的确诊数据进行关联并存储在医疗大数据库中。

具体地，数据关联存储模块 212 将同一个患者标识对应的确诊数据和体检数据进行关联并存储到医疗大数据库中。

体检数据获取模块 202 还用于进行覆盖相应患者身体各部分的检测得到检测数据后，对检测数据进行分析获得第一体检数据。

本技术方案中，体检数据获取模块 202 进行覆盖患者身体各部分的扫描得到医疗图像，对医疗图像进行分析获得第一体检数据，第一体检数据为涉及患者身体各部分的体检数据，在体检数据分析时，可以考虑到患者身体各部分的情况进行全面的体检数据分析，相比于以患者某个部分的体检数据进行分析得到的分析结果，提高了体检数据的分析结果的准确性。

如图 7.22 所示，在技术方案三中，体检数据查找模块 204 具体包括：体检数值提取模块 204a 和体检数值计算模块 204b。

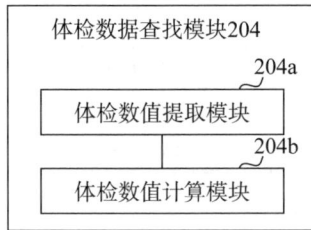

体检数据查找模块204

204a
体检数值提取模块

204b
体检数值计算模块

图 7.22　技术方案三体检数据查找模块的结构框图

体检数值提取模块 204a，用于提取第一体检数据中体检指标对应的数值和医疗大数据库中体检数据的体检指标所对应的数值。

体检数值计算模块 204b，用于根据提取到的数值计算第一体检数据与医疗大数据库中体检数据的匹配度。

具体地，体检数据中包括多个体检指标，每个体检指标对应着不同的数值。体检数值提取模块 204a 在接收到第一体检数据后，对第一体检数据进行分析，提取第一体检数据中各体检指标对应的数值。体检数值提取模块 204a 提取医疗大数据库中每份体检数据中的各体检指标对应的数值。第一体检数据中的体检指标数量与医疗大数据库中每份体检数据的体检指标数量相同，且体检指标的名称也相同，体检数值计算模块

204b 根据相应的体检指标对应的数值的匹配结果来计算第一体检数据与医疗大数据库中体检数据的匹配度。匹配结果具体可以是第一体检数据中体检指标和医疗大数据库中某份体检数据中体检指标数值相等的体检指标的个数。

如图 7.23 所示，在技术方案四中，体检数据查找模块 204 具体包括体检指标遍历模块 204c、数值差异计算模块 204d、体检指标确定模块 204e 和匹配度确定模块 204f。

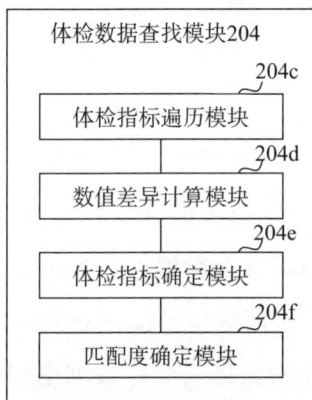

图 7.23　技术方案四体检数据查找模块的结构框图

体检指标遍历模块 204c，用于遍历医疗大数据库中的各体检数据中的体检指标。

数值差异计算模块 204d，用于计算遍历的体检指标与第一体检数据中相应体检指标的数值差异。

体检指标确定模块 204e，用于根据数值差异和相应体检指标对应的预设范围确定匹配的体检指标。

匹配度确定模块 204f，用于根据遍历的体检数据中匹配的体检指标的数量确定第一体检数据与医疗大数据库中相应体检数据的匹配度。

具体地，体检指标遍历模块 204c 在遍历医疗大数据库中的各体检数据中的体检指标时，提取体检指标对应的数值。数值差异计算模块 204d

将每份体检数据中体检指标对应的数值与第一体检数据中相应的体检指标的数值相减得到每个体检指标对应的差值，计算每份体检指标对应的差值的绝对值作为体检指标的数值差异，各体检指标都对应有预设范围，其中相应体检指标的数值差异如果在预设范围内，则表示该体检指标匹配。体检指标确定模块204e，用于根据数值差异和相应体检指标对应的预设范围确定匹配的体检指标。匹配度确定模块204f分别统计第一体检数据与医疗大数据库中各体检数据匹配的体检指标数量，以统计的体检指标数量作为第一体检数据与医疗大数据库中相应体检数据的匹配度。具体还可以用匹配的体检指标数量除以体检指标的总数量，以计算得到的商作为第一体检数据与医疗大数据库中相应体检数据的匹配度。

　　本技术方案中，根据第一体检数据中的体检指标对应的数值和医疗大数据库中各体检数据的体检指标对应的数值计算，通过计算得到第一体检数据中体检指标与医疗大数据库中各体检数据的体检指标的数值差异，根据数值差异来确定匹配体检指标的数量，从而根据匹配体检指标的数量计算得到第一体检数据与医疗数据中相应体检数据的匹配度。通过计算第一体检数据中体检指标与医疗大数据库中海量体检数据的体检指标的数值差异，得到第一体检数据与医疗大数据库中各体检数据准确的匹配度，进而根据匹配度选取与第一体检数据最匹配的第二体检数据。

　　如图7.24所示，在技术方案五中，分析结果生成模块208具体包括疾病名称提取模块208a和分析报告生成模块208b。

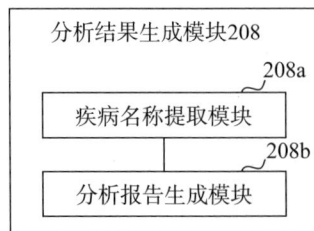

图7.24　技术方案五分析结果生成模块的结构框图

疾病名称提取模块 208a，用于提取确诊数据中的疾病名称。

分析报告生成模块 208b，用于根据疾病名称生成第一体检数据对应的疾病分析报告。

具体地，在获取到与第二体检数据对应的确诊数据后，疾病名称提取模块 208a 提取确诊数据中确诊数据对应的患者所确诊的疾病名称，分析报告生成模块 208b 以提取到的疾病名称作为第一体检数据的分析结果，第一体检数据的分析结果表示第一体检数据对应的患者所患疾病的疾病名称，根据分析结果生成第一体检数据对应的分析报告。

本技术方案中，在利用医疗大数据库中存储的大量数据对第一体检数据进行分析时，在查找到与第一体检数据匹配度高的第二体检数据后，提取第二体检数据对应的确诊数据，根据确诊数据中的疾病名称生成第二体检数据的分析报告，提高了第一体检数据的分析效率和分析结果的准确性，并通过分析报告全面反映第一体检数据所对应患者的健康状况。

三、共享智能机器人的看病方法

如图 7.25 所示，在一个技术方案中，提供一种共享智能机器人的看病方法，该方法具体包括以下步骤：

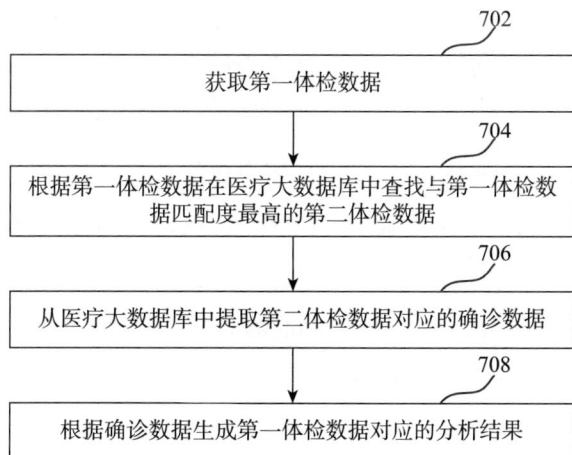

图 7.25　医疗数据分析方法的流程示意图

步骤702，获取第一体检数据。

步骤704，根据第一体检数据在医疗大数据库中查找与第一体检数据匹配度最高的第二体检数据。

步骤706，从医疗大数据库中提取第二体检数据对应的确诊数据。

步骤708，根据确诊数据生成第一体检数据对应的分析结果。

在一个技术方案中，步骤702之前还包括以下步骤：获取确诊患者所对应的体检数据和确诊数据；将获取的体检数据和相应的确诊数据进行关联并存储在医疗大数据库中。

在一个技术方案中，步骤702包括以下步骤：进行覆盖相应患者身体各部分的检测得到检测数据后，对检测数据进行分析获得第一体检数据。

在一个技术方案中，步骤704具体还包括以下步骤：提取第一体检数据中体检指标对应的数值和医疗大数据库中体检数据的体检指标所对应的数值；根据提取到的数值计算第一体检数据与医疗大数据库中体检数据的匹配度。

在一个技术方案中，步骤704具体还包括以下步骤：遍历医疗大数据库中的各体检数据中的体检指标；计算遍历的体检指标与第一体检数据中相应体检指标的数值差异；根据数值差异和相应体检指标对应的预设范围确定匹配的体检指标；根据遍历的体检数据中匹配的体检指标的数量确定第一体检数据与医疗大数据库中相应体检数据的匹配度。

在一个技术方案中，步骤708具体还包括：提取确诊数据中的疾病名称；根据疾病名称生成第一体检数据对应的疾病分析结果。

本技术方案中，医疗大数据库中存储有许多患者的体检数据和确诊数据，在获取第一体检数据后，利用医疗大数据库中存储的海量数据对获取到的第一体检数据进行分析，可以提高分析结果的准确性，在医疗大数据库中的海量数据中查找与第一体检数据匹配度最高的第二体检数据，根据第二体检数据对应的确诊数据生成第一体检数据对应的分析结果。这样，充分利用医疗大数据库中存储的海量医疗数据对第一体检数据进行分析，提高了分析结果的准确性，同时也提高了医疗大数据库中存储的海量医疗数据的利用率。

第七节　共享智能解答机器人

目前，传统的问题解决沟通模式为用户需要到专业机构找专家，与专家进行面对面的问题沟通，专家根据用户的问题，通过咨询结果、自身经验或者专家库中已有的数据进行参考推理，得到针对该用户的问题解决方案推荐给用户。上述这种方式过于依赖专家或专家库的主观经验和理论知识，同时，一旦专家或专家库的知识有误，则会产生错误的解决方案，推荐方案会有偏差，对用户问题的解决具有不良的影响，延缓了用户获得有效解决方案的时效性。

本节提出了一种共享智能机器人的解答方法，方法包括：获取用户的问题信息和个人信息，将用户的问题信息作为第一问题信息，将用户的个人信息作为第一个人信息；将第一问题信息及第一个人信息与知识库中的问题信息及个人信息进行匹配，确定与第一问题信息及第一个人信息匹配的第二问题信息及第二个人信息；获取与第二问题信息及第二个人信息对应的解决方案；将获取到的解决方案推荐给用户。实现了获取解决方案的及时性和快捷性，且由于该方法和系统不再依赖于个人的主观经验，而是根据解决问题的客观历史数据，并且结合用户的个人信息进行推荐，推荐的解决方案更具有可靠性。此外，还提出了一种共享智能解答机器人。

一、共享智能机器人的解答方法

如图 7.26 所示，在一个技术方案中，提出了一种共享智能机器人的解答方法，该方法包括：

步骤 102，获取用户的问题信息和个人信息，将用户的问题信息作为第一问题信息，将用户的个人信息作为第一个人信息。

　　在本技术方案中，用户问题信息和个人信息的获取可以通过终端来获取，比如，可以通过终端输入用户的问题信息和个人信息。其中，终端可以是智能手机、平板电脑、笔记本电脑、穿戴式智能设备等可以录入问题信息的电子设备。具体地，可在终端机上运行用户问题管理系统，通过该系统对用户的问题信息和用户的个人信息进行录入。其中，问题信息包括但不限于日常问题、专业问题等，用户的个人信息包括但不限于用户的年龄、性别、所在地等信息。

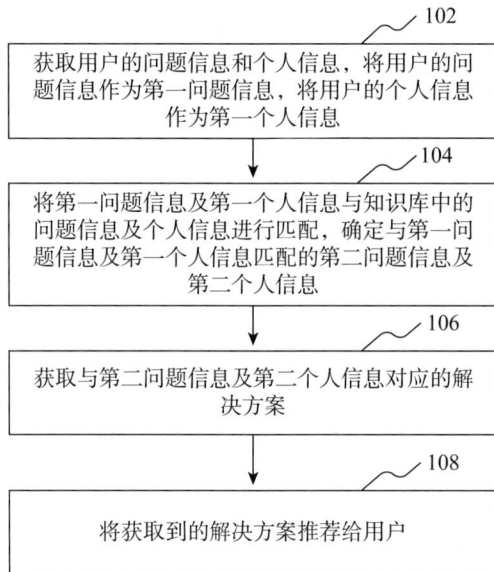

```
┌─────────────────────────────────┐ ～102
│ 获取用户的问题信息和个人信息，将用户的问 │
│ 题信息作为第一问题信息，将用户的个人信息 │
│      作为第一个人信息          │
└─────────────────────────────────┘
               ↓
┌─────────────────────────────────┐ ～104
│ 将第一问题信息及第一个人信息与知识库中的 │
│ 问题信息及个人信息进行匹配，确定与第一问 │
│ 题信息及第一个人信息匹配的第二问题信息及 │
│          第二个人信息          │
└─────────────────────────────────┘
               ↓
┌─────────────────────────────────┐ ～106
│ 获取与第二问题信息及第二个人信息对应的解 │
│          决方案                │
└─────────────────────────────────┘
               ↓
┌─────────────────────────────────┐ ～108
│      将获取到的解决方案推荐给用户      │
└─────────────────────────────────┘
```

图 7.26　共享智能机器人的解答方法的流程图

　　步骤104，将第一问题信息及第一个人信息与知识库中的问题信息及个人信息进行匹配，确定与第一问题信息及第一个人信息匹配的第二问题信息及第二个人信息。

　　具体地，将第一问题信息与知识库中的各个问题信息进行匹配，分别计算各个问题信息与第一问题信息的匹配度，获取匹配度大于预设阈值的问题信息集合，然后将第一个人信息与问题信息集合中每个问题信息对应的个人信息进行匹配，计算问题信息集合中每个问题信息对应的个人信息与第一个人信息之间的匹配度，根据计算得到的知识库中问题信息与第一问题信息之间的匹配度和个人信息与第一个人信息之间的匹配度，确定与第一问题信息及第一个人信息匹配的第二问题信息及第二个人信息。具体地，知识库中预存有多个解决案例，每个解决案例包括问题信息、个人信息及与该问题信息和个人信息对应的解决方案和解决效果的分数值。同一个解决案例中，问题信息、个人信息、解决方案、解决效果的分数值之间是相互对应的。确定与第一问题信息及第一个人信息匹配的第二问题信息及第二个人信息的方法有多种，在一个技术方案中，首先将第一问题信息与知识库中的各个解决案例的问题信息进行匹配，获取匹配度大于第一预设阈值的第一解决案例集合，然后计算第一解决案例集合中每个解决案例的个人信息与第一个人信息的匹配度，获取匹配度大于第二预设阈值的第二解决案例集合，然后获取第二解决案例集合中每个解决案例的解决效果的分数值，将分数值最大的解决效果对应的问题信息及个人信息作为与第一问题信息及第一个人信息匹配的第二问题信息及第二个人信息。在另一个技术方案中，将第一个问题信息与知识库中的各个解决案例的问题信息进行匹配，获取匹配度大于第一预设阈值的第一解决案例集合，然后计算第一解决案例集合中每个解决案例的个人信息与第一个人信息的匹配度，获取匹配度大于第二预设阈值的第二解决案例集合，然后获取第二解决案例集合中每个解决案例的解决效果的分数值，最后根据获取的第二解决案例集合中每个解决案例的问题信息与第一问题信息的匹配度，个人信息与第一个人信息的匹配度及对应的解决效果的分数值计算每个解决案例的匹配优先度，将计算得到的最大匹配优先度作为第一匹配优先度，将第一匹配优先度对应的问题信息及个人信息作为与第一问题信息及第一个人信息匹配的第二问题信息及第二个人信息。

步骤 106，获取与第二问题信息及第二个人信息对应的解决方案。

具体地，知识库中预先存储了大量的解决案例，每个解决案例包括问题信息、个人信息及与该问题信息及个人信息对应的解决方案、解决效果的分数值。其中，解决效果的分数值反映了解决效果的好坏，分数值越高，说明解决效果越好。计算得到与第一问题信息及第一个人信息匹配的第二问题信息及第二个人信息后，获取与该第二问题信息及第二个人信息对应的解决方案。由于第一问题信息及个人信息与第二问题信息及第二个人信息之间的匹配度最大，其相似性也最大，能够解决第二问题信息的解决方案有很大概率可以解决用户的问题。因此，可以利用第二问题信息的解决方案来为用户答疑解惑。

步骤 108，将获取到的解决方案推荐给用户。

具体地，可以将获取到的与用户的问题信息及个人信息匹配的解决方案推荐给该用户。解决方案的信息可以通过网络推送给用户，也可以通过短信的形式发送到与用户对应的终端，还可以通过邮件等形式发送给用户。用户收到针对该用户的问题信息即第一问题信息的解决方案后，可以根据该解决方案的解决效果对该解决方案进行评分，将用户的评分作为与解决方案对应的解决效果的分数值，然后将第一问题信息以及为第一问题信息推荐的解决方案和解决效果的分数值一起作为一个新的解决案例添加到知识库中，使知识库逐渐地完善。

在本技术方案中，通过获取用户的问题信息与个人信息，将用户的问题信息作为第一问题信息，将用户的个人信息作为第一个人信息，然后将第一问题信息及第一个人信息与知识库中的问题信息及个人信息进行匹配，确定与第一问题信息及第一个人信息匹配的第二问题信息及第二个人信息，进而获取与第二问题信息及第二个人信息对应的解决方案，将获取到的解决方案推荐给用户。上述共享智能机器人的解答方法，通过在知识库中搜索与用户的问题信息和个人信息匹配的第二问题信息和第二个人信息，从而确定最能解决用户问题的解决方案，然后将该方案推荐给用户，实现了获取解决方案的及时性和快捷性，且由于该方法和系统不再依赖于个人的主观经验，而是根据解决问题的客观历史数据，并且结合用户的个人信息进行推荐，推荐的解决方案更具有可靠性。

在一个技术方案中，在获取用户的问题信息和个人信息的步骤之前还包括：建立知识库，其中，知识库中包括多个解决案例，每个解决案例中包括问题信息、个人信息及与该问题信息及个人信息对应的解决方案和解决效果的分数值。

在本技术方案中，预先建立知识库，知识库中包括多个解决案例。每个解决案例中包括问题信息、个人信息及与该问题信息及个人信息对应的解决方案和解决效果的分数值，解决效果的分数值用于反映该解决方案对应的解决效果的优劣，分数值越大，说明解决效果越好；反之，分数值越小，解决效果就越差。分数值来源于用户对解决方案的反馈，用户的反馈可以通过评分来实现。本节技术方案中知识库可以为解决方案的大数据知识库，解决方案大数据知识库是知识工程中结构化、易操作、易利用、全面有组织的知识集群，可以针对专业领域问题求解的需求，采用专业知识表示方式在计算机存储器中存储、组织、管理和使用的互相联系的知识片集合。这些知识片包括与专业领域相关的理论知识、事实数据。例如，专业领域内有有关的定义、定理和运算规则以及常识性知识等。

如图 7.27 所示，在一个技术方案中，将第一问题信息及第一个人信息与知识库中的问题信息及个人信息进行匹配，确定与第一问题信息及第一个人信息匹配的第二问题信息及第二个人信息的步骤包括：

步骤 104A，将第一问题信息与知识库中的各个解决案例的问题信息进行匹配，获取匹配度大于第一预设阈值的第一解决案例集合。

在本技术方案中，将第一问题信息与知识库中的各个解决案例的问题信息一一进行匹配，并计算每个问题信息与第一问题信息之间的匹配度，然后根据计算得到的匹配度，获取大于第一预设阈值的所有问题信

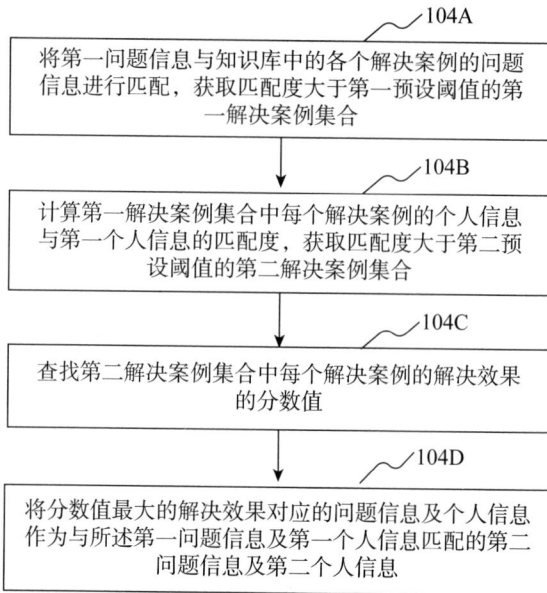

图 7.27　确定与第一问题信息及第一个人信息匹配的第二问题信息及

第二个人信息的方法流程图

息，将获取到的所有问题信息对应的解决案例作为第一解决案例。匹配度的预设阈值的取值范围在 0 到 1 之间。计算匹配度的方法可以有多种，比如，可以根据关键词进行匹配，将匹配成功的关键词数作为匹配度。其中，在进行关键词的匹配时，将关键词作为字符串，既可以采用字符串的精确匹配，也可以采用字符串的模糊匹配。具体地，提取第一问题信息中的关键词作为第一关键词，然后利用第一关键词与知识库中的问题信息进行匹配，匹配的关键词数越多，相应的匹配度也就越大，将匹配度大于预设阈值（比如 80%）的问题信息全部收集起来组成一个问题信息集合。在另一个技术方案中，从获取的用户的问题信息中抽取关键词作为第一关键词，从大数据知识库中解决案例中的问题信息中抽取关键词作为第二关键词，用户问题信息与知识库中各个问题信息的匹配实际上就是第一关键词与第二关键词进行匹配，并将匹配成功的关键词数在第一关键词数中的占比作为相应的匹配度。比如，从用户的问题信息中提取的第一关键词的次数为 10 个，那么如果数据库中的某个问题信息中的关键词有 7 个与第一关键词匹配成功，那么该问题信息与第一问题信息的匹配度就是 70%。

步骤 104B，计算第一解决案例集合中每个解决案例的个人信息与第一个人信息的匹配度，获取匹配度大于第二预设阈值的第二解决案例集合。

在本技术方案中，将第一问题信息与知识库中的各个解决案例的问题信息进行匹配，获取匹配度大于第一预设阈值的第一解决案例集合后，将第一解决案例集合中每个解决案例的个人信息与第一个人信息进行匹配，通过计算第一解决案例集合中每个解决案例的个人信息与第一个人信息的匹配度，获取匹配度大于第二预设阈值的第二解决案例集合。具体地，个人信息包括但不限于用户年龄、性别、用户所在地等信息。个人信息之间匹配度的计算有多种，在一个技术方案中，计算第一解决案例集合中每个解决案例的个人信息中的用户年龄与第一个人信息的用户年龄的差值的绝对值，绝对值越小说明年龄相差越小，其相应的匹配度就越大，可以通过设置一个年龄差值的绝对值与匹配度反相关的函数来计算相应的年龄匹配度。在另一个技术方案中，有些时候用户的问题具有地域特色，所以可以通过计算每个解决案例的个人信息中的用户所在地与第一个人信息的用户所在地的距离来计算相应的所在地匹配度。此外，为了更准确地匹配用户的个人信息可以综合考虑用户的个人信息中年龄匹配度和用户所在地匹配度来计算个人信息的匹配度。

步骤 104C，查找第二解决案例集合中每个解决案例的解决效果的分数值。

在本技术方案中，获取到个人信息匹配度大于第二预设阈值的第二解决案例集合后，进一步地去获取该解决案例集合中每个解决案例的解决效果的分数值，分数值越大，说明解决效果越好。具体地，比如，首先获取问题信息匹配度大于90%的第一解决案例集合,此时第一解决案例集合中的问题信息基本上都和第一问题信息比较相似,接下来需要获取第一解决案例集合中个人信息与第一个人信息的匹配度,将匹配度大于95%的解决案例作为第二解决案例集合,此时第二解决案例集合中不但问题信息比较相似,用户的个人信息也比较相似。然后去获取第二解决案例集合中每个解决案例的解决效果的分数值,分数值越大,说明解决效果越好,也同时说明对应的解决方案越符合用户的需求。

步骤104D,将分数值最大的解决效果对应的问题信息及个人信息作为与第一问题信息及第一个人信息匹配的第二问题信息及第二个人信息。

在本技术方案中,获取到第二解决案例集合中每个解决案例对应的解决效果的分数值后,通过比较各个解决案例的解决效果的分数值,将分数值最大的解决效果对应的问题信息作为与第一问题信息及第一个人信息匹配的第二问题信息及第二个人信息,进而获取与该第二问题信息及第二个人信息对应的解决方案,将该解决方案推荐给用户。

如图7.28所示,在一个技术方案中,将第一问题信息及第一个人信息与知识库中的问题信息及个人信息进行匹配,确定与第一问题信息及第一个人信息匹配的第二问题信息及第二个人信息的步骤包括:

步骤104a,将第一问题信息与知识库中的各个解决案例的问题信息进行匹配,获取匹配度大于第一预设阈值的第一解决案例集合。

步骤104b,计算第一解决案例集合中每个解决案例的个人信息与第一个人信息的匹配度,获取匹配度大于第二预设阈值的第二解决案例集合。

步骤104c,查找第二解决案例集合中每个解决案例的解决效果的分数值。

步骤104d,根据获取的第二解决案例集合中每个解决案例的问题信息匹配度、个人信息匹配度和解决效果的分数值计算每个解决案例的匹配优先度,将计算得到的最大匹配优先度作为第一匹配优先度。

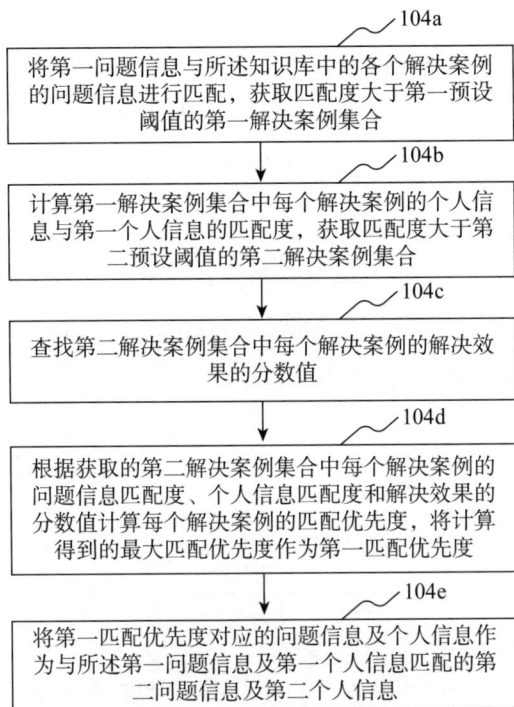

图 7.28　确定与第一问题信息及第一个人信息匹配的第二问题信息及

第二个人信息的方法流程图

在本技术方案中，获取第二解决案例集合中每个解决案例的问题信息匹配度、个人信息匹配度和解决效果的分数值，采用加权平均的方法计算问题信息集合中每个解决案例的匹配优先度。具体地，将问题信息的匹配度设为 $P1$，将个人信息的匹配度设为 $P2$，将解决效果的分数值设为 $P3$，然后分别设置问题信息匹配度 $P1$ 的权重参数为 $k1$，个人信息匹配度 $P2$ 的权重参数为 $k2$，解决效果的分数值 $P3$ 的权重参数为 $k3$。其中，$k1+k2+k3=1$，$k1$、$k2$、$k3$ 为大于 0 小于 1 的数。那么每个解决案例的匹配度优先度为 $P1 \times k1 + P2 \times k2 + P3 \times k3$，然后将计算得到的最大的匹配优先度作为第一匹配优先度。

步骤 104e，将第一匹配优先度对应的问题信息及个人信息作为与第一问题信息及第一个人信息匹配的第二问题信息及第二个人信息。

具体地，将计算得到的最大的匹配优先度作为第一匹配优先度，然后获取与该第一匹配优先度对应的问题信息和个人信息，该第一匹配优先度对应的问题信息及个人信息作为第一问题信息及第一个人信息匹配的第二问题信息及第二个人信息。

如图7.29所示，在一个技术方案中，计算第一解决案例集合中每个解决案例的个人信息与第一个人信息的匹配度，获取匹配度大于第二预设阈值的第二解决案例集合的步骤包括：

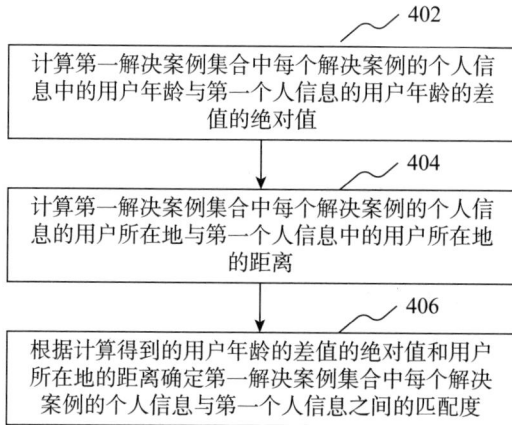

图 7.29　计算第一解决案例集合中每个解决案例的个人信息与

第一个人信息的匹配度的方法流程图

步骤402，计算第一解决案例集合中每个解决案例的个人信息中的用户年龄与第一个人信息的用户年龄的差值的绝对值。

具体地，个人信息包括用户的年龄、性别、用户所在地等信息。获取到问题信息匹配度大于第一预设阈值的第一解决案例集合后，获取第一解决案例集合中每个解决案例的个人信息中的用户年龄，并与第一个人信息的用户年龄进行比较，计算得到每个解决案例的个人信息中的用户年龄与第一个人信息的用户年龄之间的差值的绝对值。比如，若获取的第一用户信息中用户的年龄为 36 岁，其中一个解决案例中的个人信息中的用户年龄为 32 岁，那么两者年龄的差值为 32–36=–4，差值的绝对值就是 4 岁。

步骤 404，计算第一解决案例集合中每个解决案例的个人信息的用户所在地与第一个人信息中的用户所在地的距离。

在本技术方案中，获取第一解决案例集合中每个解决案例的个人信息的用户所在地，并与第一个人信息中的用户所在地进行比较，计算两者之间的距离。具体地，距离的计算可以采用模糊地估算，比如，如果两者分别在两个城市，那么可以将两个城市之间的距离作为两者的距离。如果两者在同一城市的不同区域，那么可以将两个区域之间的距离作为两者的距离，如果两者在同一城市同一区域，那么可以认为两者的距离很近，可以设为接近于 0 的正数。

步骤 406，根据计算得到的用户年龄的差值的绝对值和用户所在地的距离确定第一解决案例集合中每个解决案例的个人信息与第一个人信息之间的匹配度。

在本技术方案中，计算得到用户年龄的差值的绝对值和用户所在地的距离后，根据预设的函数关系计算第一解决案例集合中每个解决案例的个人信息与第一个人信息之间的匹配度。具体地，假设计算得到的用户年龄的差值的绝对值为 X，用户所在地的距离为 Y，那么个人信息匹配度可以表示为 X 和 Y 的函数，即 $f(X, Y)$，其中，X 和 Y 都是大于或等于 0 的数，并且 X 与函数 $f(X, Y)$ 成反相关，Y 与函数 $f(X, Y)$ 也成反相关。也就是说，年龄差值的绝对值越大，其匹配度反而越小，距离越大，其匹配度也越小；反之，年龄差值的绝对值越小，距离越小，其对应的个人信息的匹配度越大。

如图 7.30 所示，在一个技术方案中，上述共享智能机器人的解答方法还包括：

步骤 110，获取用户对解决方案的反馈，根据反馈确定与解决方案对应的解决效果的分数值。

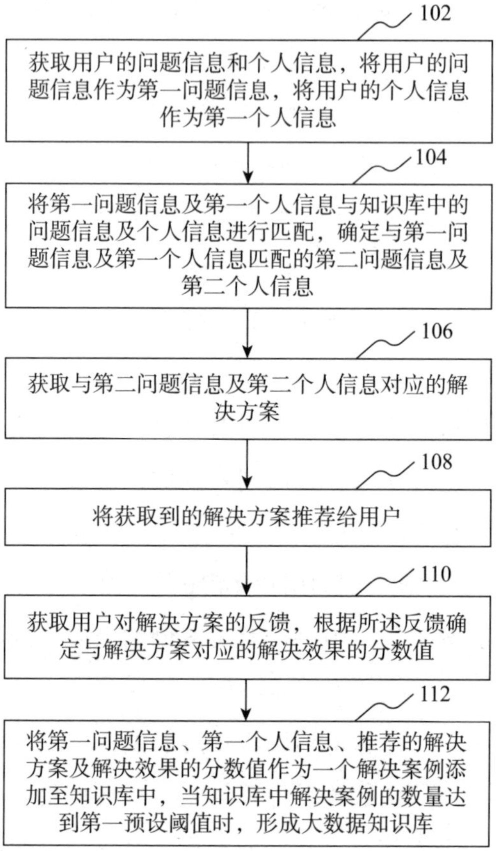
102
获取用户的问题信息和个人信息，将用户的问题信息作为第一问题信息，将用户的个人信息作为第一个人信息
104
将第一问题信息及第一个人信息与知识库中的问题信息及个人信息进行匹配，确定与第一问题信息及第一个人信息匹配的第二问题信息及第二个人信息
106
获取与第二问题信息及第二个人信息对应的解决方案
108
将获取到的解决方案推荐给用户
110
获取用户对解决方案的反馈，根据所述反馈确定与解决方案对应的解决效果的分数值
112
将第一问题信息、第一个人信息、推荐的解决方案及解决效果的分数值作为一个解决案例添加至知识库中，当知识库中解决案例的数量达到第一预设阈值时，形成大数据知识库

图 7.30　共享智能机器人的解答方法的流程图

在本技术方案中，获取用户对推荐的解决方案的反馈，根据用户的反馈来确定与解决方案对应的解决效果的分数值。具体地，用户的反馈可以直接通过打分的形式，比如满分为 100 分，根据解决的效果对推荐方案进行相应的打分，然后将用户的打分作为解决效果的分数值。还可以通过获取用户对解决方案的满意程度，然后将用户的满意程度转换为相应的分数进行存储，具体地，假设满意程度分为五种，分别是非常满意、满意、一般般、不满意、非常不满意，预先设置每种满意程度对应的分数值，比如，非常满意对应的分数值为 100 分，满意对应的分数值

为 80 分，一般般对应的分数值为 60 分，不满意对应的分数值为 30 分，非常不满意对应的分数为 0 分。比如，用户对解决方案的评价为一般般，那么后台将自动对应 60 分作为解决效果的分数值。

步骤 112，将第一问题信息、第一个人信息、推荐的解决方案及解决效果的分数值作为一个解决案例添加至知识库中，当知识库中解决案例的数量达到第一预设阈值时，形成大数据知识库。

具体地，获取用户对推荐方案的评分后，也就是获取了解决效果的分数值。将之前用户的问题信息即第一问题信息、个人信息，为该第一问题信息及个人信推荐的解决方案和上述解决效果的分数值一起作为一个新的解决案例添加至知识库中，通过该方法能够不断地完善知识库。当知识库中的解决案例的数量大于第一预设阈值（比如，第一预设阈值设为 1 万）时，就形成了大数据知识库，大数据知识库中解决案例的数量越大，能找到更为匹配的问题信息的概率就越大。由此，推荐的解决方案也会越来越可靠。

二、共享智能机器人系统

如图 7.31 所示，在一个技术方案中，提出了一种共享智能解答机器人，该系统包括：

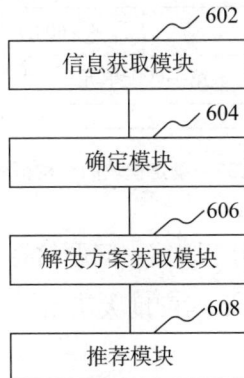

图 7.31　共享智能解答机器人的结构框图

信息获取模块602，用于获取用户的问题信息和个人信息，将用户的问题信息作为第一问题信息，将用户的个人信息作为第一个人信息。

确定模块604，用于将第一问题信息及第一个人信息与知识库中的问题信息及个人信息进行匹配，确定与第一问题信息及第一个人信息匹配的第二问题信息及第二个人信息。

解决方案获取模块606，用于获取与第二问题信息及第二个人信息对应的解决方案。

推荐模块608，用于将获取到的解决方案推荐给用户。

在一个技术方案中，上述解决方案推荐装置还包括：建立模块，用于建立知识库，知识库包括多个解决案例，解决案例包括问题信息、个人信息及与问题信息及个人信息对应的解决方案和解决效果的分数值。

如图7.32所示，在一个技术方案中，确定模块包括：

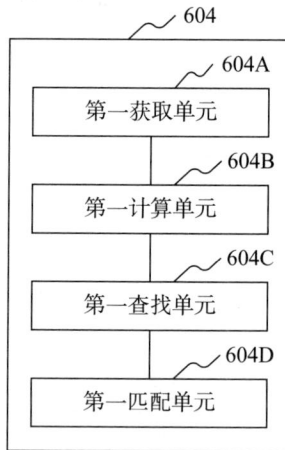

图7.32　确定模块的结构框图

第一获取单元604A，用于将第一问题信息与知识库中的各个解决案例的问题信息进行匹配，获取匹配度大于第一预设阈值的第一解决案例集合。

第一计算单元604B，用于计算第一解决案例集合中每个解决案例的个人信息与第一个人信息的匹配度，获取匹配度大于第二预设阈值的第二解决案例集合。

第一查找单元604C，用于查找第二解决案例集合中每个解决案例的解决效果的分数值。

第一匹配单元604D，用于将分数值最大的解决效果对应的问题信息及个人信息作为与第一问题信息及第一个人信息匹配的第二问题信息及第二个人信息。

如图7.33所示，在一个技术方案中，确定模块包括：

第二获取单元604a，用于将第一问题信息与知识库中的各个解决案例的问题信息进行匹配，获取匹配度大于第一预设阈值的第一解决案例集合。

第二计算单元604b，用于计算第一解决案例集合中每个解决案例的个人信息与第一个人信息的匹配度，获取匹配度大于第二预设阈值的第二解决案例集合。

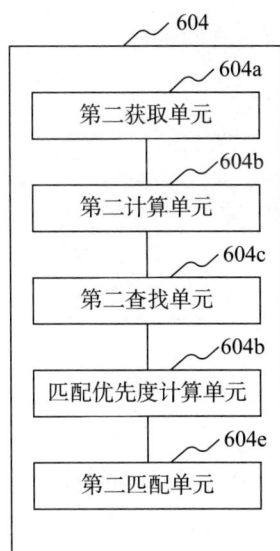

图7.33 确定模块的结构框图

第二查找单元 604c，用于查找第二解决案例集合中每个解决案例的解决效果的分数值。

匹配优先度计算单元 604d，用于根据获取的第二解决案例集合中每个解决案例的问题信息匹配度、个人信息匹配度和解决效果的分数值计算每个解决案例的匹配优先度，将计算得到的最大匹配优先度作为第一匹配优先度。

第二匹配单元 604e，将第一匹配优先度对应的问题信息及个人信息作为与第一问题信息及第一个人信息匹配的第二问题信息及第二个人信息。

如图 7.34 所示，在一个技术方案中，第一计算单元包括：

年龄计算子单元 902，用于计算第一解决案例集合中每个解决案例的个人信息中的用户年龄与第一个人信息的用户年龄的差值的绝对值。

距离计算子单元 904，用于计算第一解决案例集合中每个解决案例的个人信息的用户所在地与第一个人信息中的用户所在地的距离。

个人信息匹配子单元 906，用于个人信息根据计算得到的用户年龄的差值的绝对值和用户所在地的距离确定第一解决案例集合中每个解决案例的个人信息与第一个人信息之间的匹配度。

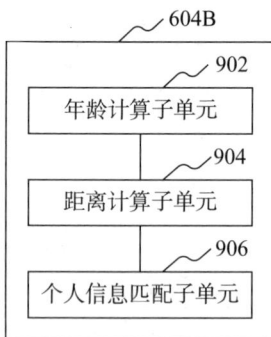

图 7.34　计算单元的结构框图

如图 7.35 所示，在一个技术方案中，上述共享智能解答机器人还包括：

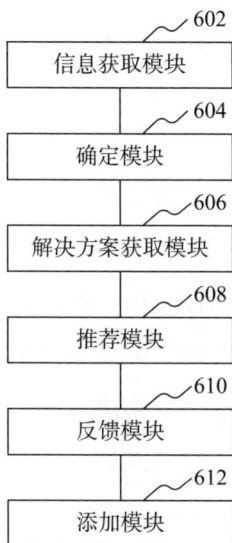

图 7.35 共享智能解答机器人的结构框图

反馈模块 610，用于获取用户对解决方案的反馈，根据反馈确定与解决方案对应的解决效果的分数值。

添加模块 612，用于将第一问题信息、第一个人信息、推荐的解决方案及解决效果的分数值作为一个解决案例添加至知识库中，当知识库中解决案例的数量达到第一预设阈值时，形成大数据知识库。

为了更好地理解与应用本节提出的一种共享智能解答机器人，进行以下示例。

具体地，获取甲用户的问题信息为：被蚊子咬了之后怎么办？个人信息：26 岁，女性，所在地为广州。首先，将甲用户的问题信息与知识库中各个解决案例的问题信息进行匹配，获取匹配度大于第一预设阈值（比如 80%）的第一解决案例集合，此时，第一解决案例集合中的问题信息都与甲用户的问题信息"被蚊子咬了之后怎么办"相似或相同。然后进一步将甲用户的个人信息与第一解决案例集合中的每个解决案例的个人信息进行匹配，由于被蚊子咬了之后不同年龄、不同性别的反应可能不同，而且不同地区的蚊子也有差别，被咬了之后皮肤出现的反应也不同。所以，需要计算每个解决案例中个人信息与甲用户的个人信息的匹配度。具体的计算方法可以分别获取年龄的匹配度、性别的匹配度、用户所在地的匹配度，然后综合考虑年龄、性别、所在地三个因素的匹配度来计算个人信息的匹配度。获取个人信息的匹配度大于第二预设阈值（比如90%）的第二解决案例集合，此时，第二解决案例集合中不但问题信息与甲用户的问题信息相同或相似，并且个人信息与甲用户的个人信息也相同或相似。之后，获取第二解决案例集合中每个解决案例对应的解决效果的分数值，假设其中一个解决案例的解决方案为：在被蚊子咬的地方涂抹肥皂水可以达到止痒消红肿的效果。该方案的解决效果的分数值最大为100分。那么就将该方案作为最佳的解决方案推荐给甲用户。

结 束 语

当前共享经济成为各国政府都非常重视的重要技术革命和商业模式，因为共享经济是一个新事物，共享经济使得不同产品化水平的国家可以重新站在同一起跑点上，在社会转型升级中占领先机。由于以中国为代表的国家在共享经济实践上的成功，使得共享经济吸引了各国的关注，特别是那些为资源短缺和能源危机所担忧的国家领导人、那些没有资金购买服务产品的创业者、那些有着大量闲置服务产品却不赚钱的经济体、那些业务忙时资源短缺的企业，他们要么把共享经济当作救命稻草，要么将共享经济当作空前的机遇，要么把共享经济当作跨越发展的秘诀。共享经济之所以能够解决当前产品产业存在的一系列问题，并能够给产品产业的发展注入革命性的机遇是因为：

第一，当前产品产业的资源积累已经达到了云山云海的量；当前产品产业的技术积累使得对资源的腾云驾雾变为可能。

第二，当前能源危机好比水资源不足，产品产业的发展将受资源短缺和能源危机的限制，好比如果缺少水，云如何形成？而共享经济通过共饮共用的方式，极大地节省了能源的消耗，为解决能源危机提供了新的出路。

第三，当前三网融合、物联网、智慧城市的发展需要大量的生产消费以及流通网络服务，好比夏天的时候人们急需雨水，则天天盼着云行雨施，在这些新兴产业的需求拉动下，有更多的项目资金可以投入共享经济的共享基础设施、共享服务平台、共享产品的建设。

　　第四，当前用户的需求日益增长，好比随着人类开垦田地的增多，需要越来越多的雨水灌溉，而且春夏秋冬、年复一年，这种需求都不会减少。因此，更需要一种可持续发展的经济模式，共享经济因为提供了一种服务提供商与用户双赢的运营模式，使得共享服务平台及其共享服务可以越做越大。

　　第五，共享经济通过整合用户资源再灵活分配给用户，来提高资源利用率，减少资源闲置与浪费，能快速满足各种各样用户的各种需求，这些是传统经济模式所缺乏的，正是因为传统经济模式已经不能适应当前产品产业环境，并难以满足当前日益快速增长的用户个性化需求，所以共享经济才应运而生，可谓风云际会。

参 考 文 献

一、期刊类

1.曹丹:《论共享经济对旅游业发展的影响及其应对》,《四川师范大学学报》(社会科学版)2017年第1期。

2.陈凤琦:《共享经济时代人力资源管理的趋势》,《市场周刊》2016年第10期。

3.陈云等:《产业集群中的信息共享与合作创新研究》,《系统工程理论与实践》2004年第8期。

4.董成惠:《共享经济:理论与现实》,《广东财经大学学报》2016年第5期。

5.邓力凡、谢永红、黄鼎曦:《基于骑行时空数据的共享单车设施规划研究》,《规划师》2017年第10期。

6.甘中学:《多臂协作机器人助推制造迈入"分享经济"时代》,《机器人产业》2016年第6期。

7.高原:《共享经济的现状及其在中国的发展趋势》,《经营管理者》2015年第35期。

8.黄骏:《对我国共享经济发展的研究》,《经营管理者》2016年第2期。

9.Lacy P.:《共享经济如何变废为宝》,《商学院》2015年第10期。

10.李麟:《"互联网＋金融"构建共享经济模式》,《中国银行业》2016年第1期。

11. 李晓雪、赵亮:《浅析共享经济视角下全域旅游的发展趋势》,《当代经济》2016 年第 31 期。

12. 刘建军、邢燕飞:《共享经济:内涵嬗变,运行机制及我国的政策选择》,《中共济南市委党校学报》2013 年第 5 期。

13. 刘根荣:《共享经济:传统经济模式的颠覆者》,《经济学家》2017 年第 5 期。

14. 刘蕾、鄢章华:《共享经济——从"去中介化"到"再中介化"的被动创新》,《科技进步与对策》2017 年第 7 期。

15. 刘奕、夏杰长:《共享经济理论与政策研究动态》,《理论参考》2016 年第 9 期。

16. 陆立军、于斌斌:《基于共享性资源的专业市场与集群企业竞争力:网络,信息与制度——基于浙江省绍兴市 14262 份问卷调查与分析》,《经济地理》2011 年第 2 期。

17. 卢现祥:《共享经济:交易成本最小化,制度变革与制度供给》,《理论参考》2016 年第 9 期。

18. 马强:《共享经济在我国的发展现状,瓶颈及对策》,《现代经济探讨》2016 年第 10 期。

19. 孟凡新:《共享经济模式下的网络交易市场治理:淘宝平台例证》,《改革》2015 年第 12 期。

20. 彭文生、张文朗、孙稳存:《共享经济是新的增长点》,《银行家》2015 年第 10 期。

21. 彭岳:《共享经济的法律规制问题——以互联网专车为例》,《行政法学研究》2016 年第 1 期。

22. 乔洪武、张江城:《共享经济:经济伦理的一种新常态》,《天津社会科学》2016 年第 3 期。

23. 施巧灵:《关于行政事业单位内部控制的探讨》,《当代经济》2011 年第 16 期。

24. 唐纯：《共享经济对经济结构调整的作用机制》，《改革与战略》2016 年第 4 期。

25. 唐鑛、徐景昀：《共享经济中的企业劳动用工管理研究——以专车服务企业为例》，《中国工人》2016 年第 1 期。

26. 唐清利：《"专车"类共享经济的规制路径》，《中国法学》2015 年第 4 期。

27. 汤天波、吴晓隽：《共享经济："互联网+"》，《科学发展》2015 年第 12 期。

28. 吴家喜：《共享经济对创新的影响机制及政策取向》，《中国科技资源导刊》2016 年第 3 期。

29. 杨帅：《共享经济类型，要素与影响：文献研究的视角》，《产业经济评论》2016 年第 2 期。

30. 阮晓东：《共享经济时代来临》，《新经济导刊》2015 年第 4 期。

31. 张建翔：《基于共享单车时空分布的优化调度模型》，《经贸实践》2017 年第 16 期。

32. 张力：《共享经济：特征，规制困境与出路》，《财经法学》2016 年第 5 期。

33. 张宁豫：《海量稀疏时空数据分析方法及应用研究》，学位论文，浙江大学，2017 年。

34. 赵铁：《共享经济催生的商业模式变革研究》，学位论文，重庆大学，2015 年。

35. 赵斯惠：《基于 O2O 视角的共享经济商业模式研究——以汽车共享为例》，学位论文，首都经济贸易大学，2015 年。

36. 郑联盛：《共享经济：本质，机制，模式与风险》，《国际经济评论》2017 年第 6 期。

37. 郑志来：《共享经济的成因，内涵与商业模式研究》，《现代经济探讨》2016 年第 3 期。

38. 郑志来:《供给侧视角下共享经济与新型商业模式研究》,《经济问题探索》2016 年第 6 期。

39. 郑志来:《共享经济的成因》,《党政视野》2016 年第 7 期。

40. 祝碧衡:《共享经济开始改变世界》,《竞争情报》2015 年第 3 期。

二、外文参考文献

1.Belk R., "You are what you can Access: Sharing and Collaborative Consumption Online", *Journal of Business Research*, No.8, 2014.

2.Bond A T., "An App for that: Local Governments and the Rise of the Sharing Economy", *Notre Dame L. Rev. Online*, No.90, 2014.

3.Botsman R., "The Sharing Economy Lacks a Shared Definition", *Fast Company*, No. 21, 2013.

4.Cannon S., Summers L. H., "How Uber and the Sharing Economy can Win over Regulators", *Harvard Business Review*, No. 10, 2014.

5.Ert E., Fleischer A., Magen N., "Trust and Reputation in the Sharing Economy: The Role of Personal Photos in Airbnb", *Tourism Management*, No.55, 2016.

6.Hamari J., Sjöklint M., Ukkonen A., "The Sharing Economy: Why People Participate in Collaborative Consumption", *Journal of the Association for Information Science and Technology*, No. 9, 2016.

7.Heinrichs H., "Sharing Economy: A Potential New Pathway to Sustainability", *GAIA-Ecological Perspectives for Science and Society*, No. 4, 2013.

8.Huang J., Zhu D., Tang Y., "Health Diagnosis Robot Based on Healthcare Big Data and Fuzzy Matching", *Journal of Intelligent & Fuzzy Systems*, No. 5, 2017.

9.Matzler K., Veider V., Kathan W., "Adapting to the Sharing

Economy", *MIT Sloan Management Review*, No. 2, 2015.

10.Miller S.R., "First Principles for Regulating the Sharing Economy", *Harv. J. on Legis.*, No.53, 2016.

11.Möhlmann M., "Collaborative Consumption: Determinants of Satisfaction and the Likelihood of Using a Sharing Economy Option Again", *Journal of Consumer Behaviour*, No. 3, 2015.

12.Richardson L., "Performing the Sharing Economy", *Geoforum*, No.67, 2015.

13.Schor J. B., Fitzmaurice C. J., "Collaborating and Connecting: The Emergence of the Sharing Economy", *Handbook of Research on Sustainable Consumption*, No. 410, 2015.

14.Wallsten S., "The Competitive Effects of the Sharing Economy: How is Uber Changing Taxis", *Technology Policy Institute*, No. 22, 2015.

15.Zhu D., "Extendibility, Scalability and Fault-Tolerance Methods for Cloud Robots especially for Cloud Nanorobots", *Journal of Computational and Theoretical Nanoscience*, No.12, 2015.

16.Zhu D., "Quasi-human Seniority-order Algorithm for Unequal Circles Packing", *Chaos, Solitons & Fractals*, No. 89, 2016.

17.Zhu D., Lian Z., "Parking Robot Based on Fuzzy Reasoning and Parking Big Data", *Journal of Intelligent & Fuzzy Systems*, No. 5, 2017.

18.Zhu D., "Humor Robot and Humor Generation Method Based on Big Data Search through IOT", *Cluster Computing*, No.1, 2018.

19.Zhu D., "Feedback Big Data-Based Lie Robot", *International Journal of Pattern Recognition and Artificial Intelligence*, No.2, 2018.